Der Autor
Achim Lucchesi, geboren 1960, ist gelernter Bäcker und Konditor und arbeitete einige Jahre als Luftsicherheitsassistent am Flughafen Frankfurt. Er lebt mit Frau, Tochter und Hund in der Nähe von Frankfurt am Main.

Achim Lucchesi

unter Mitarbeit
von Timur Vermes

»Die Bombe is'
eh im Koffer«

Geschichten aus dem
Handgepäck

WILHELM HEYNE VERLAG
MÜNCHEN

Verlagsgruppe Random House FSC-DEU-0100
Das für dieses Buch verwendete
FSC®-zertifizierte Papier *Holmen Book Cream*
liefert Holmen Paper, Hallstavik, Schweden.

4. Auflage
Originalausgabe 11/2011

Copyright © 2011 by Wilhelm Heyne Verlag, München,
in der Verlagsgruppe Random House GmbH
www.heyne.de
Printed in Germany 2012
Mitarbeit: Timur Vermes
Redaktion: Angelika Lieke
Umschlaggestaltung: Eisele Grafik-Design, München,
unter Verwendung einer Illustration von
Michael D. Brown/Shutterstock
Innenillustrationen: Martina Eisele
Satz: Buch-Werkstatt GmbH, Bad Aibling
Druck und Bindung: GGP Media GmbH, Pößneck

ISBN 978-3-453-60218-2

Inhalt

Zündstoff 7

Der Schweizer, der Araber und der Deutsche 14

100 Milliliter 25

Von einem, der auszog, das Kontrollieren zu lernen 36

Geschichten vom Herrn Becker 42

Sichere neue Welt 46

Fünf oder acht? 49

Verstrahlt 54

Hell's Kitchen 61

Sitzend reisen 72

Mehmet 78

Neue Geschichten vom Herrn Becker 83

Heaven's Gate 85

Pillen und Pullen 91

Von B nach C 98

Oma unterwegs 105

Lebensmittel auf Reisen 111

Kontrolle der Kontrolleure 126

Der Duft der großen weiten Welt 131

Umwege 144

Osama leuchtet ein 151

Ganz neue Geschichten vom Herrn Becker 156

Wie Terroristen wirklich aussehen 159

Die Lagerhalle der Besserverdienenden 166

Politik hautnah 172

Das Handwerkszeug des Todes 177

Klartext 192

Kinder und Kegel 202

Kundenservice 213

Verschnupft. 218

Kermit der Schwanz 220

Probepackung. 233

Große Klappe 237

Nazi bei der Arbeit 246

Die perfekten Utensilien 253

Die rote Krawatte 260

Bedeutende Leute 267

Russendisco. 276

Beten und transportieren 281

Deutsche Kernseifenkompetenz 287

Abschied vom Herrn Becker 292

Auf der Flucht. 293

Shopping. 296

Das war's 312

 **Zündstoff**

Tja, Nitroglyzerin. Was soll man dazu sagen?

Wenn's hochgeht, ist man besser woanders.

Klar, das ist bei jedem Sprengstoff so. Sprengstoff ist immer scheiße. Aber manche Sprengstoffe sind scheißer als andere.

Wenn man mal eine Liste aufstellt mit Sprengstoffen, und unten schreibt man die Sprengstoffe hin, die scheiße sind, und oben schreibt man die auf, die ganz furchtbar extreme Riesenscheiße sind, dann ist Nitroglyzerin ein hervorragender Kandidat für die Spitzenposition.

Das liegt an der Verbindung von *Wumms* und *Upps*.

Nitroglyzerin hat viel Wumms. Fachleute messen das mit der Detonationsgeschwindigkeit. Die Detonationsgeschwindigkeit ist die Geschwindigkeit, mit der man weglaufen sollte, wenn neben einem Sprengstoff hochgeht. Die ist generell ziemlich hoch. Wenn der Sprengstoff zum Beispiel das gute alte Schwarzpulver ist, empfiehlt sich eine Weglaufgeschwindigkeit von einem Kilometer pro Sekunde. Also 3600 Kilometer pro Stunde. Wer langsamer ist, muss sich nicht schämen. Aber er kann gleich sitzen bleiben.

Mit Nitroglyzerin ist es etwa das Gleiche. Nur neunmal schneller.

Aber das wirklich Üble am Nitroglyzerin ist nicht das Wumms.

Es ist das Upps.

Neben einem Sprengstoff wie C4 zum Beispiel kann man essen, fernsehen, schlafen, campen, alles. Man kann einen Dreijährigen danebensetzen, dem man einen Heimwerker-

7

hammer zum Spielen in die Hand drückt, da passiert nichts. Man kann sogar einstweilen einen Happen essen gehen und hinterher noch einen schönen Espresso trinken, und wenn man zurückkommt, ist noch immer alles in bester Ordnung.

Bei Nitroglyzerin nimmt man dem Dreijährigen den Hammer besser aus der Hand, schnallt ihn hundert Meter weiter weg in einen Kindersitz und betet, dass ihm der Schnuller nicht aus dem Mund auf den Boden fällt.

Wegen der Erschütterung.

Upps.

Aber wir haben bei den beiden Jungs eigentlich auch nicht unbedingt mit Nitroglyzerin gerechnet. Es ist natürlich unser Job, mit allem zu rechnen, aber Nitroglyzerin ist nicht gerade der Standard.

Wir sind 1500. Wir sind Luftsicherheitsassistenten. Wir sind die Männer und Frauen, die Ihnen vor dem Abflug ans Handgepäck gehen. Die sagen, welches Duschbad mitdarf und welches Shampoo nicht. Ihnen und 53 Millionen anderen Menschen, die jedes Jahr vom Frankfurter Flughafen abfliegen. Das sind um die 145 000 Leute an jedem schönen neuen Tag. Wir kontrollieren 365-mal im Jahr die Einwohnerzahl von Darmstadt. Oder von Potsdam. Knapp zwei Jahre lang gehörte ich dazu. Knapp zwei Jahre lang gehörten Menschen wie diese beiden Jungs zu meiner Stammkundschaft.

Sie waren Mitte zwanzig. Sie trugen Freizeitklamotten: Jeans, Cowboystiefel, Karohemden, Jeansjacken. Nichts Besonderes. Das Gepäck war schon seltsamer. Sie hatten Laptops dabei. Und Kulturbeutel. Aber auch dabei hätten wir uns noch nicht mal was gedacht. Es gehört schon mehr dazu, um uns skeptisch zu machen. Bei 53 Millionen Fluggästen im Jahr zieht man nicht nur deshalb einen Reisenden raus, weil der glaubt, man bräuchte im Leben außer einem Laptop nur noch eine Zahnbürste.

Es waren ihre Blicke.

Manche Menschen gucken nervös. Manche gucken betont gleichmütig. Manche gucken komplett ahnungslos, und manchen strahlt die Flugangst bereits jetzt aus dem Gesicht. Manche gucken so, wie man eben guckt, wenn die Anzeigetafel blinkend mitteilt, dass die eigene Maschine schon längst mit dem Boarding begonnen hat. Doch diese zwei guckten anders. Sie guckten cool, arrogant wie Clint Eastwood in »Dirty Harry«. Und dazwischen immer wieder nervös wie ein »DSDS«-Kandidat vor Dieter Bohlen.

Wir sahen uns an. Keiner in meinem Viererteam sagte etwas. Aber jeder wusste:

Wir filzen die beiden. Hundertprozentig.

Der Anfang ist immer Standard. Der unterscheidet sich nicht von dem, mit dem wir alle 53 Millionen Fluggäste untersuchen. Auch hier. Der Laptop kam aufs Band, der Kulturbeutel, die Jacke. Die Hosentaschen wurden geleert. Schlüssel, Kleingeld, Handy landeten in diesem kleinen Plastikkörbchen, in dem man auch ein halbes Kilo Erdbeeren verkaufen könnte. Der Gürtel kam dazu. Dann ging der erste Junge durch die Torsonde. Die Torsonde schwieg.

Der Junge guckte jetzt nicht nervös, sondern herablassend. Wir ließen ihn die Schuhe ausziehen und aufs Band stellen. Dann schickten wir ihn nochmal durch die Torsonde.

Es passierte nichts. Außer dass sich die Herablassung in seinem Blick wandelte. Vorher schienen wir in seinen Augen noch auf dem Level von Straßenkehrern zu rangieren.

Jetzt sackten wir offensichtlich auf die Stufe von unfähigen Klärgrubenreinigern.

Viele Menschen glauben, dass wir einen Anhaltspunkt für eine Untersuchung brauchen. Das ist Quatsch. Luftsicherheitsassistenten können untersuchen, wann immer und so lange sie wollen. Wir sind niemandem Rechenschaft schuldig.

Unsere Aufgabe ist, für die Sicherheit der Passagiere zu sorgen. Wir arbeiten im Auftrag der Bundespolizei.

Theoretisch.

Praktisch sehen es allerdings Fluglinien nicht gern, wenn man ihre Fluggäste scheinbar grundlos filzt. Praktisch mögen das auch die Fluggäste selbst nicht so besonders. Das gilt sowohl für die gerade untersuchten Fluggäste als auch für die hundertfünfzig plus x, die in der Schlange hinter ihnen stehen und deren Maschinen gerade mit dem Boarding beginnen. Nur aus diesem Grund macht sich ein Alarm immer ganz gut.

Wenn die Torsonde pfeift, wenn das Handgerät piepst, wundert sich kein Passagier über eine gründlichere Untersuchung, und die Fluglinie ist auch etwas einsichtiger. Im Übrigen pfeift die Torsonde ja auch gar nicht immer nur, wenn sie etwas findet. Fest eingestellt ist ein sogenannter Quotenalarm, der sicherstellen soll, dass man auch einen bestimmten Anteil der Passagiere näher untersucht, bei denen zunächst kein Verdacht aufkommt. Was aber, wenn die Torsonde stumm bleibt?

Es gab kein Signal, kein Zeichen.

Ich schickte den mit den Augen rollenden Jungen nochmal durch die Torsonde. Ich brauchte gar nicht hinzusehen, um zu wissen, dass der mitsondende Kollege mit einem Fußstupser gegen den Sockel oder mit einem kleinen Zupfen an der Stoffabsperrung dem Gerät sagen würde, was es zu tun hatte.

Die Torsonde lieferte einen erstklassigen Alarm.

»Treten Sie doch bitte mal zur Seite.«

Wir gingen in den Nahkampf über.

Ich knetete seinen Kragen durch. Aus einem einzelnen Hemdkragen habe ich schon mal fünf Rasierklingen rausgezogen. In diesem fand ich keine einzige.

Ich fuhr mit sechs Fingern in seinen Hosenbund, drei der

linken Hand, drei der rechten. Damit tastete ich nach allem, was da wohl nicht hingehören würde. Hosenbünde sind ideal. Sie sind dicker als andere Stoffe, dadurch fällt dort manches nicht auf, weder optisch noch durchs Tasten. Man kann in Hosenbünden Schwerter von einem halben Meter Länge verstecken. Mit einer perfekten Faltmechanik. Ausgehängt sind die Glieder schlapp wie bei einer Schlenkerpuppe. Wenn sie ineinander einrasten, hat man eine Klinge, die man einem Gegner in den Körper rammen kann, und wenn die Spitze auf der anderen Seite rauskommt, schaut noch so viel Klinge raus, dass man locker seinen Hut dran aufhängen kann.

Ich fummelte an seinem Hosenbund entlang. Es gab kein Schwert. Keinen Draht.

Die Frage ist: Warum gibt man dann nicht auf?

Die Antwort ist: Weil der Bauch etwas anderes sagt. Und wir müssen auf den Bauch hören.

Sicher, heute wissen wir, dass sich Rasierklingen gut in Kragen verstecken lassen. Aber bevor wir das wussten, sind sicher einige Hundert Rasierklingen in einigen Hundert Krägen irgendwohin transportiert worden, wo sie nicht hinsollten. Irgendeiner von uns hat dann das Kragenversteck als Erster entdeckt.

Wir müssen also die alten Verstecke abklappern.

Und wir müssen die neuen finden.

Wir *müssen*.

Wir kümmerten uns wieder um den Laptop. Durchleuchteten ihn. Nichts. Wir durchleuchteten den Kulturbeutel. Nichts. Wir drehten den Kulturbeutel und durchleuchteten ihn wieder.

Weil man manches nicht sieht. Zum Beispiel, weil es direkt hinter einem dicken Butterbrot mit Schinken liegt. Das Gerät hat unterschiedliche Farben für Organisches, Anorganisches, Gemischtes. Butterbrote sind organisch – Rauschgift ist es auch. Oder Sprengstoff. Man sieht nicht hinter Metallteile. In manchen Koffern, manchen Kulturbeuteln ist die Bodenverstärkung aus Metall. Ideal für Messer mit flachen Griffen. Man muss Taschen, Koffer drehen, um hinter den Blickschatten solcher Teile sehen zu können. Wir drehten. Vergrößerten. Änderten die Farbeinstellungen. Wir fanden nichts.

Wir baten die Jungs in den Wellnessbereich.

Der Wellnessbereich heißt natürlich nicht wirklich Wellnessbereich. Er ist schlicht die blickdichte Kontrollkabine im Untersuchungsareal. Der Wellnessbereich ermöglicht uns ein Ausziehen bis zur Unterhose. Wenn's sein muss, noch weiter. Wir können die Klamotten einzeln untersuchen. Durchleuchten. Wir haben untersucht. Wir haben durchleuchtet. Und sie haben uns gehasst. In ihrer Herablassungsskala waren wir inzwischen auf das Niveau von Maden gesunken, im freien Fall nach unten. Es war uns egal. Sie fühlten sich offenbar sehr sicher. Aber wir wussten, dass wir was finden würden, wenn es was zu finden gab. Wir hatten ja noch den EGIS-Test.

Die EGIS-Station befindet sich in einem eigenen Bereich, ein wenig abseits von der Kontrollstelle. Sie sieht aus wie ein etwas zu groß geratener Kopierer. Wir nahmen die Jungs mit, ihre verdammten Kulturbeutel, ihre verdammten Laptops. Und wir nahmen eine Probe. Einen Pappstreifen vom Format einer Visitenkarte, in dessen Mitte sich ein extrem feines Metallsieb befindet, in dem auch die feinsten Moleküle hängen bleiben. Wir wischten damit den Laptop ab. Den Kulturbeutel. Dann schoben wir den Streifen in die EGIS-Station. EGIS findet alles. Die Mühle kostet 160 000 Euro, die findet Sprengstoffspuren im Nanobereich. Wenn das Nachbarskind der beiden Jungs unterm Bett noch Silvesterböller vom vorletzten Jahr versteckte, würde EGIS Bescheid wissen. In 20 Sekunden.

Wir guckten auf die Jungs. Wir guckten auf EGIS.

Und der Alarm ging los.

EGIS zeigte Nitroglyzerin.

Es ist immer wieder faszinierend, wie rasch und unauffällig vier, fünf Mann zur Verstärkung auftauchen, sobald EGIS klingelt. Sie kommen nicht mit Seilen von der Decke wie irgendein S.W.A.T.-Team im Film, sie haben keine gezückten Waffen, niemand schreit: »Alles auf den Boden!« und reißt irgendwelche Waffen aus dem Holster. Sie sind einfach da, als wären sie schon die ganze Zeit da gewesen, und man fragt sich nur, warum sie einem bislang noch nicht aufgefallen sind.

Wir haben den Test wiederholt. Mit getrennten Proben für die Klamotten, den Kulturbeutel, den Laptop. Es war der Kulturbeutel.

Es war ein kleines Fläschchen im Kulturbeutel.

Und es roch gut.

Der Typ hatte eine Freundin, die ihm ein Parfüm selbst gemixt hatte. Und ein winziger Bestandteil davon war Nitroglyzerin. Absolut ungefährlich.

Wir ließen die beiden gehen. Und die haben sich schlappgelacht. Ich habe zugesehen, wie sie die Halle hinuntergingen. Sie schlugen sich auf die Schenkel, und immer wieder zeigten sie in unsere Richtung.

Ich weiß nicht, wo sie hinflogen.

Aber den gesamten Rest des Tages behielt ich die Nachrichtenkanäle auf den Monitoren im Auge.

Ich hatte Angst, sie hätten uns ausgelacht.

Weil wir so nah dran waren und doch das perfekte Versteck übersehen hatten.

Das perfekte Versteck für die perfekte Waffe für den perfekten Massenmord.

Der Schweizer, der Araber und der Deutsche

Die Schweizer sind die schlimmsten, da kann man bei der Luftsicherheit fragen, wen man will. Wir hatten einmal ein Schweizer Ehepaar bei uns, die drei Flaschen Champagner im Handgepäck transportierten. Und wir reden hier nicht von Aldi-Champagner, sondern von der Veuve-Clicquot-Preisklasse, irgendeine Sonderedition, locker über 100 Euro pro Flasche. Es gab wohl was Besonderes zu feiern, aber wir mussten ihnen den Spaß verderben. Die waren ruhig, trotzdem freundlich, und als die weg waren, haben wir uns verdattert angesehen und den ganzen Tag gefeiert. Weil niemand von uns begreifen konnte, dass es Schweizer gab, die mal *keinen* Ärger machen. Ein einziger Schweizer kann einem den ganzen Tag versauen. Denn die Schweizer sind nicht nur mit der Art der Kontrolle unzufrieden.

Die Schweizer können einfach nicht verstehen, dass man sie überhaupt kontrolliert.

Und der Standard-Dialog mit einem nölenden Schweizer geht so – erst sagt man ihm:

»Verzeihung, aber das sind eben die Standardvorschriften der EU.«

Und dann sagt der Schweizer:

»Wir sind aber nicht in der EU.«

Im Jahr 2015 werden die Schweizer seit 500 Jahren neutral sein. Ich kann es nicht belegen, aber ich fürchte, dass lange Neutralität nicht gut ist fürs Gehirn. Jedenfalls haben die Schweizer wohl in all der Zeit mehrheitlich angefangen, sich mit so was wie einem Neutralreiniger zu verwechseln. Ein Neutralreiniger, der umgeben ist von Schmutz. Und sobald der Neutralreiniger an die Putzkontrolle kommt, sagt er dann: »Ja, aber ich bin doch sauber!« Die Seife selbst kann nicht schmutzig sein, so was in der Art scheint ihnen durchs Gehirn zu schäumen, und das muss doch jedem anderen einleuchten. Und das Erstaunliche ist: Obwohl jeder sofort sieht, dass der Vergleich hinkt, weil auch ein Schweizer eine Waffe transportieren kann, *vor allem* ein Schweizer, zumal dort ja jeder Exsoldat seine Knarre im Schrank hat – für den Schweizer selbst scheint der hinkende Vergleich absolut sinnvoll zu sein.

»Treten Sie bitte mal kurz hier herüber?«

»Warum? Ich bin nicht in der EU!«

Ich komme mir dann schon extrem oberlehrerhaft vor, wenn ich ganz geduldig sage:

»Es ist Ihnen aber schon klar, dass ich Sie gerade deshalb untersuchen muss, weil Sie sozusagen ringsum von der EU umgeben sind?«

»Ja, gerade deshalb eben nicht!«

Niemand sollte sich hier wundern, wenn er dieses Argument nicht versteht. Man muss Schweizer sein, um es zu begreifen. Des Rätsels Lösung geht meiner Meinung nach so, dass der Schweizer denkt, er nähme sozusagen ein Stück Schweiz mit sich. Er ist derartig verschweizt, dass er jeden Ort, auf den er tritt, für die Dauer seines Aufenthalts in ein kleines Stück Schweiz verwandelt – und die Luft drum herum auch. Der Schweizer schwebt sozusagen in einer kleinen Blase voll Schweiz durch die Welt. Und deshalb, das muss man dann tatsächlich als konsequent betrachten, fühlt sich der Schweizer auch nie im Ausland und muss daher seiner Ansicht nach auch nicht kontrolliert werden.

Das hat zwei Folgen. Die erste ist natürlich, dass es keine Folge hat und der Schweizer trotzdem kontrolliert wird.

Und die zweite ist, dass der Schweizer, der ja wirklich nicht gewalttätig ist, während dieser Kontrolle unablässig nölt. Ich nehme mal an, als mentale Kompensation. Warum das alles sein müsse und jedes Mal das Theater und er sei doch nicht in der EU und das könne er gar nicht verstehen und er sei doch Schweizer und nicht in der EU und ob das Völkerrecht da nicht was anderes vorsieht und unsere Richtlinien sollte man sich da mal ganz genau ansehen und ob die bei einer Klage Bestand hätten, sei noch längst nicht raus, und er sei doch nicht in der EU und schweizschweizschweizschweizschweiz …

»Ist doch schon erledigt. Gueds Wiedrluege!«

»Jetzt werden Sie nicht auch noch frech!«

Das klingt dann fast schon wieder deutsch. Ist es aber nicht. Der Deutsche ist gar nicht so, wie man immer denkt. Gut, der alte Deutsche fragt schon gelegentlich mal beim Sonden:

»Sagen Sie, haben Sie gedient?«

Und die richtige Antwort lautet dann nicht:

»Selbstverständlich!«

Sondern:

»Selbstverständlich. Unteroffizier.«

Bei der Gelegenheit: Das ist eine meiner Lieblingsantworten. Schon allein deshalb, weil ich nie eine Kaserne von innen gesehen habe. Aber auch, weil das vermutlich nur in Deutschland funktioniert, dass man jemandem zwei Worte hinfeuert und der andere bastelt sich dann einen Satz mit Inhalt draus. »Selbstverständlich« und »Unteroffizier«, das heißt ja zunächst mal gar nichts. Es könnte heißen, dass ich einem Unteroffizier zugeteilt war, es könnte heißen, dass ich den fragenden Rentner für einen ehemaligen Unteroffizier halte, aber der Rentner schraubt sich natürlich was anderes zusammen, nämlich dass ich Unteroffizier gewesen bin. Und das ist der dritte Grund, weshalb ich diese Antwort so liebe – sie verrät so viel über den Deutschen. Denn auch der Deutsche hat so seine Probleme, und die kann ein Unteroffizier am besten lösen. Das Hauptproblem des Deutschen sieht so aus:

»Treten Sie mal bitte hier rüber?«

»Sehe ich aus wie ein Terrorist?«

Der Deutsche sagt das ständig.

»Sehe ich aus wie ein Terrorist?«

Und wenn man diese Frage lange genug hört, wird einem eines klar: Der Deutsche glaubt nicht, dass er einfach nur deshalb untersucht wird, weil er in ein Flugzeug steigen möchte – der Deutsche ist felsenfest überzeugt, dass er untersucht wird, weil der Luftsicherheitsassistent denkt, dass er wie ein Terrorist aussähe.

Alles klar? Während ich zu dem Passagier gesagt habe:

»Treten Sie mal bitte hier herüber?«,

übersetzt das Gehirn des Passagiers den Satz in:

»Kommen Sie mal her, Sie sehen mir aus wie ein Terrorist!«

Klingt weit hergeholt, ich weiß. Da kann man gerne einwenden, das sei nichts als Küchenpsychologie und superobergescheites Getue von einem, der zu wissen meint, was in den Leuten vorgeht, dabei denken die vielleicht ganz andere Sachen aus ganz anderen Gründen. Die hatten einen schlechten Tag oder sind gerade von ihrem Chef abgemeiert worden oder was auch immer. Das mag wohl alles sein, man kann mir aber trotzdem ruhig glauben. Ich kann es nämlich beweisen.

Anhand der Medizin, die das verletzte Ehrgefühl des Deutschen wieder heilt.

Denn der gekränkte Deutsche, der findet, dass er nicht aussähe wie ein Terrorist, fühlt sich ungerecht behandelt. Da muss ein Irrtum vorliegen, denkt er. Und dann verlangt er das, was alle Deutschen verlangen, wenn man sie ungerecht behandelt:

»Ich will Ihren Vorgesetzten sprechen.«

Der Deutsche glaubt an den Vorgesetzten. Nicht an den eigenen, das ist klar. In der eigenen Firma bezweifelt der Deutsche die Qualitäten des Vorgesetzten genauso wie jeder andere auch. Aber der Deutsche glaubt an den Vorgesetzten der anderen: Der wird alles Unrecht geraderücken. Und im Übrigen, denkt er, wäre es nur recht und billig, dass nach einer Beleidigung der Vorgesetzte zur Entschuldigung anrückt.

Nun ist der Einsatzleiter bei der Luftsicherheit jemand, der am Tag etwas über drei Euro brutto mehr verdient als die anderen Luftsicherheitsassistenten und der deshalb nicht wie sie eine blaue Krawatte trägt, sondern eine rote. Das weiß der Deutsche aber nicht. Der Deutsche denkt, es kommt mit der roten Krawatte ein besonders qualifizierter Mitarbeiter zu ihm. Sozusagen der Max Planck der Gepäckkontrolle. Das freut den Deutschen. Der Einsatzleiter mit der roten Krawatte wird ihm sagen, dass alles in Ordnung ist, dass das leider sein muss und er die Unannehmlichkeiten entschuldigen möge. Und dann ist der Deutsche plötzlich lammfromm und einsichtig. Weil er wieder versöhnt ist. Die Rechnung in seinem Kopf geht dabei ungefähr so:

Erst hat dieser Knallkopf ihm gesagt, dass er aussieht wie ein Terrorist.

Das war ungerecht.

Dann ist der Chef vom Knallkopf persönlich gekommen.

Und dann haben alle schon an der Anwesenheit vom Chef vom Knallkopf gesehen, dass der Deutsche nicht aussieht wie ein Terrorist und dass da ein Irrtum passiert sein muss.

Gesagt hat ihm das keiner. Aber der Deutsche denkt sich das so, der formt sich die Wirklichkeit so zurecht. Ist wahr. Es gibt eine Geschichte, die das sogar noch deutlicher macht. Ich habe mal einen deutschen Geschäftsmann gesondet. Ende fünfzig, gut sitzender Anzug, eine ordentliche Erscheinung, der na-

türlich nicht aussah wie ein Terrorist, aber die ganze Untersuchung mehr oder weniger reibungslos hinter sich brachte.

»Dass das jedes Mal nötig ist …«

»Jaja«, habe ich gesagt und weitergesondet.

Dann ging er zum Nachschautisch, um seine Tasche in
Empfang zu nehmen. Und ich winkte den Nächsten heran.
Einen Mann zwischen dreißig und vierzig. Er war auffällig
tätowiert, an den Armen, am Hals, trug Leder, sagen wir: Er
hätte sich gut gemacht als das lange vermisste siebte Bandmit-
glied von »Rammstein«. Und wie ich den Herrn Rammstein
so auf- und absondete, erkannte ich den Geschäftsmann am
Nachschautisch nicht wieder.

Er sah zu uns herüber, fassungslos vor Wut.

»Ja – so geht das aber nicht!«

Er lief knallrot an und stand definitiv kurz vorm Explodieren.

»Das darf ja wohl nicht wahr sein!«

Was ihn so fuchste, war, dass er mit ansehen musste, wie ich
Herrn Rammstein untersuchte. Und dass er daraus messerscharf folgern musste, dass ich den tätowierten Rocker genauso behandelte wie ihn. Dabei war er, der Geschäftsmann, davon
ausgegangen, er hätte eine Sonderbehandlung bekommen, die
Sonderbehandlung, die ihm zustand. Und zwar warum?

Richtig: Weil er nicht aussah wie ein Terrorist.

Und das kommt öfter vor. Hier schließt sich auch der Kreis
mit der Frage nach meinem Militärdienst.

»Haben Sie gedient?«

»Selbstverständlich. Unteroffizier.«

Der Rentner ist sofort beruhigt, weil er sich denkt: »Alle
anderen, die aussehen wie Verbrecher, die kriegen das Ka-
nonenfutter aus dem Schützengraben, aber für mich haben
sie einen Unteroffizier abgestellt. Weil ich nicht wie ein Terrorist aussehe.«

Und mit diesem Wissen dreht sich der Herr Rentner zu seiner Frau Rentnerin um und strahlt sie an.

»Siehst du, Elli«, sagen seine Augen, »ein Unteroffizier!«

Man kann sich dann schon vorstellen, wie sie nach ihrer Reise ihren Freunden erzählen: »Ja, das ist schon manchmal unangenehm an der Kontrolle, aber das ist dafür auch extrem geschultes Personal. Die sehen mit einem Blick, wen sie da vor sich haben – den Hilmar hat sogar ein Oberst untersucht.«

Und ich muss gestehen, gelegentlich darüber nachgedacht zu haben, ob auf die Frage »Haben Sie gedient?« nicht die Antwort besser wäre:

»Selbstverständlich. Brigadegeneral.«

Aber das klingt schon etwas dick aufgetragen, wenn man das zum Besten gibt, während man auf Knien vor dem Passagier herumrutscht und ihm mit der Handkante die Hoden checkt.

So ist der Deutsche, und das übrigens nicht nur in der Luftsicherheitskontrolle. Da braucht man nur den Fernseher anschalten, freitagabends, im Ersten, wenn der neue deutsche Heimatfilm wieder Christine Neubauer ernährt: Das Beste, was dem Deutschen passieren kann, ist, wenn ihn im Hotel der Direktor persönlich begrüßt. Oder wenn in der Klinik der Chefarzt ans Bett kommt. In der »Schwarzwaldklinik« ist eine Sorge nur dann eine echte, wertvolle Sorge, wenn sie sich der Professor Brinkmann macht. Und hier findet sich auch das Erfolgsrezept vom »Traumschiff«.

Eigentlich denken die meisten beim »Traumschiff« eher an Sascha Hehn oder an die exotischen Landschaften, in denen das Schiff rumkurvt, aber das ist alles nur Lametta. Der tatsächliche Trumpf der Serie ist, dass hier der Deutsche jedes Mal sehen kann, wie sein großer Traum vom Hauptgewinn wahr wird: Der kleine bescheidene Fahrgast wird eingeladen zum Captain's Dinner an der Seite von Heinz Weiss oder Siegfried Rauch. »Guckt mal, der Kapitän isst seine Bratkartoffeln mit mir, nicht mit den anderen« – das ist dann jedes Mal wie Weihnachten und erste Liebe und Bundesverdienstkreuz mit Stern auf einmal. Und deutlicher kann man den deutschen Wunsch nach einer optischen Unbedenklichkeitserklärung nicht mehr darstellen:

»Oooh, der Herr Kapitän isst mit mir zu Abend, denn ich sehe nicht aus wie ein Terrorist.«

Aber genau deshalb wundert es mich auch so, dass der Deutsche den Araber nicht besser versteht.

Denn der Araber ist genauso leicht in seiner Ehre verletzt wie der Deutsche, wenn auch aus anderen Gründen. Der Araber, der Türke, der ganze Vordere und Mittlere Orient fragt nie:

»Sehe ich aus wie ein Terrorist?«

Gott sei Dank. Manchmal wüsste man da auch wirklich nicht, was man sagen soll.

Diesen Menschen geht es um ihr Auftreten vor anderen Menschen. Aufgefallen ist mir das bei dem kleinen Palästinenser.

Der kam zu mir in die Kontrolle, so Ende zwanzig, Anfang dreißig, knapp über eins sechzig groß, ein hochtrainierter Kraftklops, den ich sonden sollte. Anfangs war er noch friedlich, die Tasche stellte er ganz normal auf die Rollen, er sah zu, wie sie im Durchleuchter verschwand, dann trat er durch die Torsonde. Und wenn ich ihn einfach weitergewinkt hätte, wäre auch noch alles in Ordnung gewesen, aber die Torsonde hat geklingelt. Also musste ich ihn von Hand untersuchen. Und da fuhr er so richtig schön aus der Haut.

»Ich brauche mich nicht befummeln lassen«, zeterte er in einem recht tadellosen Deutsch, »haben Sie keinerlei Ehrgefühl?«

Ich schaltete meine Stimme auf »begütigend« und sagte freundlich:

»Also, das hat doch nichts mit Ehre zu tun, sondern mit Sicherheit. Sie wollen ja auch nicht in die Luft gesprengt werden ...«

»Sie arbeiten doch nur mit den Juden zusammen!«

Keine Ahnung, warum es mir ausgerechnet bei ihm auffiel. Seine Argumente waren so abstrus wie die der meisten Nervensägen. Vielleicht war es nur, weil mein Blick durch die Sonde auf seine Frau fiel. Irgendwie war mir schlagartig klar: Das Problem ist weder meine Person noch das mangelnde Ehrgefühl. Er fühlte sich herabgesetzt. Und zwar durch die Situation.

An der Haltung und an dem Blick der Frau konnte man sehen, dass er in der Beziehung ganz deutlich das Sagen hatte. Er hatte es vor der Kontrolle, und er würde es nach der Kontrolle haben. Aber in diesem Moment, in dem ich ihn untersuchte, hatte er es nicht.

Genau das fürchtete er – und da haben wir den Unterschied zum deutschen Fluggast: Hier hilft es nicht, wenn der Einsatzleiter kommt. Der Mann fühlte sich bloßgestellt, und es war ihm völlig schnurz, wer ihn gerade bloßstellte.

Die Lage ist ja durchaus nachvollziehbar. Wer nicht zu den richtigen Vielfliegern gehört, fühlt sich vermutlich in dem Moment, in dem er durch die Torsonde geht, ebenfalls, als hätte er einen klitzekleinen Auftritt. Man kann kaum anders, und man ist deswegen auch nicht egozentrisch: Mindestens einer sieht ja tatsächlich zu – ich oder wer immer gerade der sondende Kollege ist. Und damit einher geht dann natürlich der Gedanke: Wie steht man jetzt da? In dieser Situation fühlt sich der Palästinenser, als zöge ich ihm die Hosen herunter, und alle gucken zu.

Ist Quatsch, sicher, kein Mensch guckt in dem Moment hin.

Niemand macht sich darüber Gedanken, was es wohl für die gesellschaftliche Position des kleinen Palästinensers bedeutet, wenn ihn ein Luftsicherheitsassistent mit der Sonde absucht, es geht allen – auf gut Deutsch – völlig am Arsch vorbei. Aber das sah der Mann in dem Moment nicht so. Ein Vorhang hätte daran etwas geändert.

Mit Vorhang kein Auftritt.

Ohne Auftritt keine Sorgen ums Auftreten.

Ohne Sorge ums Auftreten – sind alle entspannt.

Wie beim Arzt.

Ich kenne keinen Arzt, der dauernd erzählt, dass sich seine Patienten irgendwie herabgesetzt fühlen würden. Der Patient kommt rein, und was dann passiert, bleibt zwischen Arzt und Patient. Beim Arzt ist garantiert auch der kleine Palästinenser ganz relaxed. Ungünstig ist nur, dass man in Sicherheitsbereichen nicht jedem sein Untersuchungszimmer zur Verfügung stellen kann. Weshalb man es bei uns an der Kontrollstelle wohl in Kauf nehmen muss, dass sich manche Leute hin und wieder auf den Schlips getreten fühlen.

Aber eins möchte ich bei der Gelegenheit schon sagen: Manchmal sieht man hinter kleinen Dingen ein bisschen von den großen Zusammenhängen. Man kann zum Beispiel an den Blicken und am Unwohlbefinden vieler orientalischer Reisender ziemlich gut nachvollziehen, wie sich die Bevölkerung in Afghanistan oder im Irak fühlt. Denn im Grunde, denke ich manchmal, machen die westlichen Soldaten den ganzen Tag dort nichts anderes als eine 24-Stunden-Handgepäckkontrolle, bei der der versammelte Orient ganz genau zuguckt. Und selbst die, die nicht kontrolliert werden, denken sich dabei: Frechheit, so kann man das doch nicht machen. Was vermutlich mit einer der Gründe ist, warum die Araber und Iraner und Afghanen und Pakistaner alle so sauer sind. Die denken nämlich wie der kleine Palästinenser. Und während sich der kleine Palästinenser immerhin noch sagen kann: »Na ja, ich bin ja selbst schuld, ich will ja unbedingt mitfliegen«, sind keineswegs alle Araber selbst schuld, dass fremde Leute sie in ihrem Land betatschen. Das macht die Sache so gefährlich.

Und da hilft es wahrscheinlich ziemlich wenig, dass die Amerikaner mit Barack Obama 2009 den Kapitän ihres Traumschiffs nach Kairo geschickt haben – die Araber sind halt keine Deutschen.

100 Milliliter

Der Wahnsinn begann, als ich aus meinem ersten Urlaub kam, 2006. Ich landete im reinsten Irrenhaus. Passagiere befanden sich in Scharen am Rande des Nervenzusammenbruchs, die Mitarbeiter waren völlig aufgelöst, neben den Kontrollstellen standen zwei neue Gegenstände: riesige Mülltonnen und jede Menge Kartons voller kleiner Plastiktüten. Und der Einsatzleiter sagte:

»Ouh, stimmt, Mensch, Achim, komm mal her, ich muss dich da noch schnell einarbeiten.«

Da hatten sie die Sache mit den Flüssigkeiten ausgeknobelt.

In London Heathrow war ein Terroranschlag aufgeflogen. Die Terroristen hatten mit Wasserstoffperoxid in Plastikflaschen mehrere Flugzeuge sprengen wollen. Wasserstoffperoxid ist durchsichtig, sie wollten noch Farbe dazumixen, damit das Ganze aussieht wie ein Fitnessdrink. Zünden wollten sie die Flaschen mit Batterien. Geklappt hat es nicht, aber damit das künftig auch garantiert nicht mehr vorkommt, hatte man sich eine Regelung ausgedacht. Und ab sofort herrschte am Flughafen das Chaos.

Die Regel besagte – und besagt noch heute –, dass man kein Gefäß mehr mitnehmen durfte, das mehr Inhalt fasste als 100 Milliliter. Davon durfte man höchstens zehn Stück bei sich haben. Und die mussten in eine durchsichtige, wiederverschließbare Plastiktüte, die nur einen Liter Inhalt haben durfte, was die erste Regel schon mal komplett ad absurdum führte. Um in diese Tüten einen Liter zu packen, hätte der Liter selbst so flexibel in Folie eingeschweißt sein müssen wie ein Ketchuptütchen von McDonald's oder ganz früher mal die H-Milch. Ansonsten war die Tüte schon überfordert, wenn man mehr reinpacken wollte als einen Deoroller, ein kantiges Duschbad und eine Tube Zahnpasta.

Man muss wirklich mal versuchen, einem geistig gesunden Menschen, der dringend zu seinem Flugzeug will, zu erklären, dass heute nicht mehr gilt, was gestern noch möglich war. Dass er ab sofort nur zehn winzige Behälter mitnehmen darf. Und wenn er es denn geschafft hat, sagen Sie ihm, dass er die Behälter in eine Tüte pressen soll, die ungefähr so groß ist wie die Papierschiffchen auf dem Kopf der Praktikanten an der nächsten Frittenbude. Da muss man schon sehr vorsichtig mit dem Erklären sein, denn wenn der Passagier ein psychiatrischer Gutachter ist, kann es leicht vorkommen, dass er einen einweisen lässt.

In weiser Voraussicht hatte man von dem Unfug vorher niemandem etwas gesagt. Was hätte es auch geändert? Sie können ja gerne selbst mal in Ihrem Haushalt nachsehen, welche Flüssigkeiten in Behältern bis 100 Millilitern aufbewahrt werden. Wenn Sie nicht zufällig zu den Sammlern von Duftpröbchen gehören, werden Sie ganz schön lange suchen. Bei den Getränken gibt's da so gut wie nichts, abgesehen von den kleinen Schnapsflaschen an der Supermarktkasse. Wer richtigen Durst hat, will schließlich keine 100 Milliliter von irgendwas, das sind ja gerade mal fünf Schnapsgläser. Und Duschbäder, Shampoos, Bodylotions, Hautcremes, Zahnpasta, das alles ist meistens in größeren Behältern. 125 Milliliter zum Beispiel, um mal eine besonders ärgerliche Größe zu nennen, denn das ist nicht viel mehr, aber trotzdem zu viel, und wir mussten gnadenlos sein. Die Passagiere haben uns angesehen, als hätten wir nicht mehr alle Tassen im Schrank. Und wir haben ihre Blicke möglichst seriös erwidert, ihre Taschen gefilzt und Dinge weggeschmissen ohne Ende. In diesen Tagen haben wir vermutlich ein mehrstelliges Millionenvermögen vernichtet, ungelogen.

Denn die Leute kaufen am Flughafen gerne ein. Am Flughafen, haben sie mal gelernt, ist alles billig. Also kaufen sie, und sie kaufen viel. Parfüms in Fünfer-Gebinden, Luxusdüfte aller Sorten, in Sondergrößen, denn wer viel kauft, spart auch viel. Und wir sammelten alles ein und entsorgten es. Fünf Tonnen wurden pro Tag weggeschmissen, die Mülleimer waren unablässig derart überfüllt, dass die Putzkolonnen kaum mit dem Ausleeren hinterherkamen. Und bei uns schlug alles auf. Prachtvolle Pralinenpackungen, Whisky aller namhaften Sorten, Edelbrände, Sondereditionen großer Spirituosen. Ich werde nie den stolzen Ausdruck auf dem Gesicht des Herrn vergessen, der glücklich seine Tüte mit einer Flasche Remy Martin Louis XIII. auf unser Tischchen stellte. In der echten Baccarat-Karaffe, ein Verschnitt von Grande Champagne Cognacs, in ganz Deutschland gibt es pro Jahr nur tausend von den Dingern zu kaufen, und am Frankfurter Flughafen kostet eine 0,7-Liter-Flasche 1160 Euro. Das Ding landete bei uns. Jim Beam, Jack Daniel's, Chivas Regal, Courvoisier, Hennessy, Roederer, Moët & Chandon, hinter unseren Tischchen sah es aus wie in der Bar vom Münchner Vier Jahreszeiten. Mit der Ausnahme, dass im Vier Jahreszeiten vermutlich nicht so viel Nivea-Duschbäder zwischen den Flaschen herumstehen.

Anfangs haben wir da noch Unterschiede gemacht. Wir sind nicht so erzogen worden, dass man alles wegschmeißt, und selbst wenn, tut es einem doch bei einem 170-Euro-Duft mehr weh als bei einem 2,99-Shampoo. Also feuerten wir manches nicht einfach in die Mülltonne, sondern stellten es respektvoll auf den Regalboden unterhalb des Nachschautischs. Aber die Menge war einfach irrsinnig, letztlich sammelte es sich dann doch in den Tonnen, die die Putzkolonnen wegkarrten wie die Wahnsinnigen. Und es passierte, was passieren musste.

Wer bei den Putzkolonnen arbeitet, verdient erbärmlich, und das ist noch beschönigt. Fünf, sechs Euro Stundenlohn, natürlich brutto, damals jedenfalls, für einen schweren, teilweise ekelhaften Job, den die neue Regel nicht unbedingt schöner machte. Es gab ja nicht jeder seinen 100-Euro-Cognac mit Freuden aus der Hand, da waren einige dabei, die versuchten, die 100-Milliliter-Regel mittels des einzigen Behälters zu umgehen, den wir nicht beschlagnahmen konnten: ihres Magens. Und nicht jeder Magen verträgt zu jeder Zeit klaglos eine halbe Flasche Schnaps.

Die Leute, die das wegwischen mussten, waren und sind arm, nur schlecht oder gar nicht ausgebildet. Sie stammen aus afrikanischen oder fernöstlichen Ländern oder überhaupt aus Gegenden, in denen man normalerweise nur als Schiffbrüchiger landet. Es waren die Menschen, die üblicherweise in der Hierarchie des Flughafens ganz unten stehen, und ebendiese Menschen wurden nun mit Tonnen und Abertonnen von sündteuren Kosmetika überschüttet, von Spirituosen ohne Ende, Eaux de Toilette, Eaux de Parfum der exklusivsten Hersteller. Und die Folge davon war natürlich nicht, dass sie ständig besoffen waren und geschminkt wie Lindsay Lohan. Sondern dass es keine Woche dauerte, bis in den Räumen des Putzpersonals regelrechte Verkaufsstände entstanden waren.

Es gab praktisch nichts, was es dort nicht gab. Obwohl: Es gab von allem nur das Beste, für einen 8x4-Deoroller wäre der Platz zu schade gewesen. Mugler, Armani, Chanel, Givenchy, Gucci, das waren die gängigen Angebote, und die Konkurrenz sorgte zusammen mit dem immensen Nachschub für verbraucherfreundliche Preise. Es war sozusagen die praktizierte Umverteilung des trink-, sprüh- und cremebaren Reichtums von oben nach unten, es war, als hätte die SPD zusammen mit der Linkspartei in den Katakomben des Flughafens eine Parfümerie mit angeschlossener Spirituosenabteilung eröffnet. Es war nicht richtig legal, aber so ganz illegal war es auch nicht, schließlich hatten wir das ganze Zeug mehr oder weniger als Müll deklariert, da konnte es niemand den Müllmännern so recht übelnehmen, wenn sie in den Abfällen ein wenig nach Brauchbarem kramten. Und in diesem Fall erübrigte sich das Kramen.

Es dauerte etwa zwei Wochen, bis den Verantwortlichen aufging, dass infolge ihrer Vorschriften ständig enorme Mengen an hochwertigsten Konsumartikeln anfielen, und dass diese Mengen sich am Ende des Tages eben nicht einfach in Luft auflösten, sondern in einem willkommenen Zusatzeinkommen. Die Müllverkaufspraxis wurde explizit verboten, es wurden Taschenkontrollen eingeführt und in den ersten Tagen danach tatsächlich auch einige Missetäter erwischt und ruck, zuck entlassen. Seitdem werden die beschlagnahmten Gegenstände gesammelt und wohltätigen oder gemeinnützigen Organisationen zur Verfügung gestellt. Die Tafeln rund um Frankfurt freuen sich regelmäßig über große Fuhren von Senf oder Nutella, ungeöffnet, ladenneu. Mit Düften und Spirituosen werden wohltätige Flohmärkte oder Tombolas bei Vereinen organisiert. Die Regelungen bei der Handgepäckkontrolle hingegen sind noch immer die gleichen. Und genauso unsinnig wie zuvor. Denn tatsächlich ist diese 100-Milliliter-Praxis nichts als ein Teil der großen Showbühne.

Ich will hier keine Angst machen und niemanden auf dumme Ideen bringen, aber man muss kein Genie sein, um zu merken, dass man auch mit einigen 100-Milliliter-Portionen in der richtigen Mischung eine Menge bedrohlicher Sachen her- und anstellen kann. Wer ein Flugzeug sprengen will, braucht keine Bombe, die so groß ist wie ein Kühlschrank. Und wer mit dem Flugzeug selbst was anstellen will,

auch nicht. Das Gefährlichste und für die Terroristen Reiz-
vollste, was die Maschinen am 11. September 2001 an Bord
hatten, das, was aus den Flugzeugen erst fliegende Bomben
machte, hätte keine Handgepäckkontrolle der Welt beschlagnahmen können, weil es nämlich schon längst an Bord war:
das Kerosin in den Tanks der Tragflächen. Nein, wer glaubt,
dass Flüssigkeiten gefährlich sein können, der sollte sie komplett verbieten, anstelle sie in 100-Milliliter-Einheiten abzu-
messen.

Manche Aspekte der Kontrolle entlarvt auch der Laie sofort als komplett hirnrissig: So ist, weil es Sprengstoffe auch
in Gasform gibt, pro Passagier nur ein Gasfeuerzeug erlaubt.
Das hat einerseits zur Folge, dass wir immer einen großen
Vorrat an Einwegfeuerzeugen haben. Es bedeutet aber auch,
dass ein Familienvater mit Frau und drei Kindern und einem
Sixpack Gasfeuerzeuge die Dinger vor unseren Augen auf alle
Familienmitglieder verteilte, das letzte, sechste Gerät bei uns
abgab, und nach der Kontrolle einfach alles wieder einsam-
melte, weil er ohnehin der einzige Raucher der Familie war.
Kurz: Die Luftsicherheit dezentralisiert die Gefahrenquelle,
der Fluggast zentralisiert sie hinterher wieder, erreicht worden ist gar nichts – aber alle haben den Eindruck, es würde
irgendwas getan.

Ohnehin ist nichts leichter, als Sprengstoff in Zahnpas-
tatuben zu stecken. Da guckt keiner rein, in unserem wun-
derschönen transparenten Beutelchen fällt das nicht weiter auf. Und ich bin auch nicht der Einzige, der das weiß.
Die Terroristen der Roten Brigaden in Italien haben so ihren Sprengstoff versteckt, und der *Spiegel* hat das in Deutschland längst allen verraten, vor 30 Jahren schon, damals war
Helmut Schmidt noch Bundeskanzler. 1980 warnte das Bun-
deskriminalamt schon vor der bedenkenlosen Verschrei-
bung bestimmter Medikamente an Häftlinge: Mit dem Hals-

schmerzmittel »Mallebrin«, dem Herzmittel »Nitrolingual«, das Nitroglyzerin enthält, oder mit Kaliumpermanganat könne man schon ziemlich viel sprengen. Kaliumpermanganat ist nicht giftig, nicht schlimm und auch nicht so abwegig, wie man annehmen könnte: Es hilft ausgezeichnet in der Medizin und zur Desinfektion, beispielsweise gegen Fußpilz. Ich habe Kaliumpermanganat dennoch nie beschlagnahmt und wurde auch noch nie dazu aufgefordert.

Als Kinder haben wir aus Zucker, Kohlestaub und Düngemittel wunderschöne Sprengsätze zusammengemixt. Damit konnte man zwar keine Kriege gewinnen, aber wenn das Zeug hochging, war es trotzdem besser, man hatte einen Helm auf oder wenigstens den Kopf in Deckung. Man braucht zu alldem vielleicht mehr Zeit, als man auf Inlandsflügen zur Verfügung hat. Aber niemand hat so viel Zeit wie ein Terrorist. Der überlegt nämlich vorher wochenlang, monatelang, jahrelang, was er so alles womit zusammenrühren könnte. Wie gesagt: Notfalls mixt er sich die Paste einfach selbst zurecht, füllt sie in eine Zahnpastatube und kneift hinten den Falz wieder zu. Wenn er das Zeug selbst zusammengequirlt hat, kommt er damit womöglich sogar beim EGIS-Test durch, denn EGIS reagiert nur auf konventionelle Sprengstoffe wie Dynamit, Semtex, TNT, C4, Nitroglyzerin. Bei uns fliegt der Herr Terrorist mit seiner Bombe nur dann auf, wenn er so dämlich ist, eine Tube zu nehmen, die größer ist als 100 Milliliter.

Jedes Mal, wenn ich einen Bericht über ein Attentat im Fernsehen sah, dachte ich bei mir: Jungejunge, da kommt morgen sicher ein Haufen neuer Regelungen auf dich zu.

Und jedes Mal lag ich falsch. Unter den Kollegen war so was schon Thema, aber auf unsere Arbeit hatte das praktisch keine Auswirkung. Nach der Sache mit den Anschlägen auf die spanischen Züge zum Beispiel hatte ich eigentlich mit lauter Änderungen gerechnet. War aber nicht so. Wir saßen morgens in der Einsatzbesprechung, und dann hieß es: Der tut dies, jener tut das, alles klar.

»Und was ist mit dem Attentat?«, hab ich dann mal gefragt.

»Was soll damit sein?«

»Na, hat das irgendwelche Auswirkungen auf uns …?«

»Davon weiß ich nichts.«

Und das wundert mich nicht.

Denn was wir machen, ist keine Kontrolle, sondern ein Kompromiss. Und wir kontrollieren nicht immer gleich.

Auch das ist kein Geheimnis. Wenn wir vor Flügen in die USA die Kontrollen übernehmen, kontrollieren wir selbstverständlich so, wie die Vereinigten Staaten das vorschreiben. Und das ist ein ganz anderes Kaliber. In Deutschland machen wir Stichproben, auch wenn wir auf dem Monitor nichts Verdächtiges sehen: Wir untersuchen jedes zehnte Gepäckstück. Die Amerikaner machen das genauso, aber die checken jedes zweite Gepäckstück, auch ohne irgendeinen besonderen Anlass. Da ist schon das Risiko ganz anders, erwischt zu werden. Und da versuche ich als Terrorist bestimmte Sachen erst gar nicht, weil ich davon ausgehen kann, dass von meiner Truppe nach der Kontrolle höchstens noch die Hälfte der Leute da ist. Den EGIS-Test, der nach Sprengstoff sucht, den setzen wir nur bei einem konkreten Verdacht ein. Die Amerikaner checken damit jeden dritten Passagier, und da ist denen völlig egal, ob das eine neunzigjährige Frau ist, ein gehbehinderter Mann oder ein Säugling. Das mag nicht sonderlich sensibel sein, auch nicht besonders einfallsreich, aber es ist konsequent, und die Amerikaner ziehen das seit dem 11. September durch. Bei uns hingegen ändert sich einiges alle nasenlang. Die Gürtelhandhabung zum Beispiel.

Eine Zeit lang musste man den mal ausziehen, dann reichte es wiederum, wenn man ihn öffnete. Die Schuhe musste man ausziehen, dann wieder sollte es reichen, wenn der Passagier das Bein nach hinten anwinkelt und der Luftassi den Huf mit der Handsonde checkt. Die Beschwerden der Vielflieger sanken, dafür kippten uns bei der ungewohnten Gymnastik reihenweise die Großmütter um. Und die Passagiere sahen uns an, als würden wir jeden Morgen auswürfeln, was wir heute wohl wieder Lustiges von ihnen verlangen. Derzeit wird der Gürtel übrigens ausgezogen, aber das kann sich übermorgen schon wieder geändert haben. Denn der Schwachsinn hat Methode.

Die Frage ist ja: Warum kontrollieren wir hier so und dort anders? Liegt es am Geld? Nein. Etwa sechs Euro bezahlt jeder Flugreisende an Sicherheitsgebühren. Allein von der Arbeitszeit her hätte er bei unseren Stundenlöhnen ein Anrecht auf eine fünfunddreißigminütige Privataudienz bei seinem persönlichen Luftsicherheitsassistenten, wir könnten ihn nicht nur nach seinem Reiseziel und seinem Kofferinhalt fragen, sondern auch nach dem Wohlergehen seiner Familie und der Zufriedenheit mit dem Abschneiden der Frankfurter Eintracht in den Heimspielen seit Einführung der Bundesliga 1963. Diese Audienz wird er aber nie bekommen. Denn die Kontrollen sind an den meisten deutschen Flughäfen eben auch eine Komfort- und Zeitfrage.

Die Kontrollen schreibt das Luftsicherheitsgesetz vor. Ob die Bundespolizei diese Kontrollen dann durchführen muss oder private Dienstleister damit betrauen darf, kann jedes Bundesland selbst bestimmen. Bayern, wo manches anders ist, hat eigens in einer staatlichen Firma Leute angestellt, die unter Aufsicht der Bundespolizei und der Regierung von Oberbayern kontrollieren. Darum sind diesen Angestellten Komfort und Zeit deutlich gleichgültiger, deren Priorität ist die Sicherheit. In Frankfurt (und den meisten anderen Flughäfen Deutschlands) sind die Kontrollen Sache eines privaten Dienstleisters, den die Bundespolizei ausgesucht hat. Und damit die Bundespolizei sich nicht zu sehr auf die Sicherheit konzentriert, sondern auch schön ans Geldsparen denkt, hat man das in einer Grundlagenvereinbarung 2009 sogar schriftlich festgehalten. Alle Beteiligten, nämlich Land, Polizei, Fraport und FraSec haben sich nicht nur für die Luftsicherheit verantwortlich erklärt, sondern auch für die Effizienz und die Wirtschaftlichkeit. Und daher vereinbart, dass die Bundespolizei die Fluglinien und den Flughafenbetreiber immer schön bei den Kontrollen mitreden lässt. Das ist ein bisschen, als müsste die Feuerwehr vor jedem Brand unterschreiben, dass sie zum Löschen ganz bestimmt nicht mehr Wasser nimmt als nötig und am besten zehn Prozent des Wassers durch eigene Spucke ersetzt. Und als dürften alle Hotels der Stadt mitbestimmen, wie stark beim Einsatz das Martinshorn aufgedreht wird, damit die Gäste nicht so behelligt werden. Also: Tatü-Tata auf Zimmerlautstärke. Und auch das ist in der Vereinbarung festgeschrieben: Künftig sollen »die Luftverkehrsgesellschaften … stärker als bisher Einfluss erhalten«. Nämlich, »um Komfort, Effizienz, Schnelligkeit und Kundenfreundlichkeit der Sicherheitskontrollen weiter zu steigern«. Es ist kein Zufall, dass in der Aufzählung genau das fehlt, was man eigentlich wirklich steigern sollte: die Sicherheit.

Dieser Geist weht selbstverständlich jetzt schon durch die Kontrollen in Frankfurt. Denn die Airlines machen das, was ihnen am meisten Passagiere bringt. Und die Passagiere sind wie alle Menschen, sobald sie in Massen auftreten, nicht immer vernünftig. Die wollen gerne schnell kontrolliert werden und großzügig, eben so, wie Leute, die keine Terroristen sind und auch nicht so aussehen. Wenn sich zu viele Passagiere beschweren, drohen Fluglinien abzuwandern. Internationale Airlines drohen damit, sich in Deutschland andere Ziele zu suchen. Nationale Linien drohen mit der Verlagerung des Schwerpunkts. Es stehen Jobs auf dem Spiel, Umsätze, Gewinne, Aktienkurse, weshalb die Flughäfen zu einem heiklen Eiertanz gezwungen sind: So viel Kontrolle, wie vom Gesetz vorgeschrieben, so viel Kontrolle, dass der Passagier sich sicher fühlt – aber eben auch nicht belästigt. Weshalb sich die Vorschriften auch immer wieder ändern. Kein Wunder, dass die Passagiere die ständigen Änderungen eher für Schikane halten als für eine sinnvolle, durchdachte Kontrolle.

Mein persönlicher Vorschlag: die Übernahme des Münchner Modells für ganz Deutschland. Die Sicherheit der Bürger kann man nicht vom wirtschaftlichen Wohlergehen des Flughafenbetreibers abhängig machen. Zu zufriedeneren Passagieren würde es ganz automatisch und nebenher führen, weil alle überall die gleiche Prozedur durchmachen müssten; nicht mehr heute so, morgen so und in Düsseldorf mit einer Pappnase.

Von einem, der auszog, das Kontrollieren zu lernen

Als Luftsicherheitsassistent wird man nicht geboren. Früher war das vielleicht mal eine Lebensaufgabe, so wie Postbeamter oder Polizist. Früher gab's sicher auch mal Luftsicherheitsassistenten so wie Sean Connery in »Die Unbestechlichen«. Mit einem einzigen Blick haben die praktisch die Koffer schon von außen durchleuchtet. Solche erfahrenen Mitarbeiter gibt's heute nicht mehr. Leute, die so lange dabei sind, sind zu teuer. Die wollen womöglich Gehaltserhöhungen und was weiß ich noch alles. Nein, die mag kein Mensch mehr bezahlen. Wer heute am Frankfurter Flughafen Luftsicherheitsassistent ist, war das in den seltensten Fällen vor zwei Jahren auch schon, und vor fünf Jahren war er es erst recht nicht. Und obwohl ich langsam so auf die fünfzig zu altere, bin ich da auch keine Ausnahme gewesen. Ich bin so was wie ein beruflicher Rumtreiber. Man kann auch sagen: Vom Lebenslauf her bin ich meiner Zeit voraus.

Ich bin so flexibel, wie der Arbeitsmarkt noch gar nicht ist.

Gelernt habe ich Bäcker, in einer kleinen Familienbäckerei. Der Meister war ein Freund meines Vaters, der wiederum Metzger war. Das war insgesamt alles keine schlechte Wahl, ich esse nämlich nicht nur gern, ich koche auch mit Begeisterung. Also habe ich mich mit großer Freude aufs Backen gestürzt und die Lehre auch richtig ordentlich beendet. Das einzig Unangenehme an der Lehre war der Dauerschnupfen, den ich hatte. Ständig lief mir die Nase, und kurz nach meiner bestandenen Prüfung kamen auch noch heftige Fieberschübe dazu. Irgendein Internist hatte dann die Idee, mich mal auf Allergien zu checken, heute würde man wohl etwas eher auf den Gedanken kommen. Jedenfalls war ich im Jahre 1982 ein begeisterter Bäcker mit Mehlallergie. Berufsunfähig.

Also versuchte ich etwas anderes. Ich machte mich an die nächste Ausbildung und wurde Versicherungskaufmann. Ein Bürojob, aber auch was Solides. Und darin war ich so brauchbar, dass ich ein Angebot von der Neckura erhielt und auch annahm. Das war ein Job, den ich richtig gern gemacht habe.

Ich sollte ein Paket aus festen Bestandskunden betreuen. Die hatten schon langjährige Verträge, mit denen sie alles in allem sehr zufrieden waren. Ich beriet sie, wenn sie Hilfe brauchten, aber ich musste ihnen nicht dringend dauernd was Neues verkaufen. Man wurde – das kann man nicht anders sagen – hervorragend bezahlt und konnte ohne Furcht jeden Morgen in den Spiegel schauen. Insgesamt gefiel mir das ausgezeichnet.

Dann kamen die Aktiengurus.

Anfangs war das nicht weiter schlimm. Ich sollte ab sofort mehr Umsatz machen, und für die fünfundzwanzig besten Mitarbeiter Deutschlands gab's jedes Jahr Belohnungsreisen. »Incentives« heißt das im Marketingdeutsch, und unter »Incentive« versteht man eigentlich nichts anderes als eine Rübe, die man seinem Esel vor die Nase hängt, damit er schneller läuft. Ich lief genauso schnell wie sonst und nahm die Rüben im Vorbeigehen mit. Diese Rüben waren Reisen, die mich nach Grönland brachten, nach Finnland, Alaska, um die halbe Welt. Dann sind die Aktiengurus etwas durchgedreht: Der Umsatz sollte ab sofort verdoppelt werden.

»Das ist Quatsch!«, hab ich gesagt.

»Nein, Sie werden sehen, das geht!«

»Das müssen Sie mir zeigen!«

Und sie haben's mir gezeigt.

Eine halbe Woche wurde ich mit anderen Gruppenleitern geschult. In dieser Zeit zählte nur Erfolg und der Glaube an sich selbst und wie man den Leuten den überflüssigsten Dreck mit den schönsten Worten andreht. Fragenstellen war nicht erwünscht, die ganze Veranstaltung hatte was von einer Gehirnwäsche bei Scientology. Ich war völlig durch den Wind, als ich heimkam. Und habe mir erst mal Urlaub genommen.

Eine Woche lang hab ich mir alles durch den Kopf gehen lassen. Und als ich zurückkam, hab ich die Kündigung auf den Tisch gelegt. Nach sechs Jahren.

Kündigen ist nicht schlimm und nicht schwer, vor allem, wenn man nicht davon ausgeht, dass man danach unbedingt einen besser bezahlten, besser angesehenen Job haben muss. Es ist nicht wirklich wichtig, ob man Hirnchirurg ist oder Bademeister, solange der Job Spaß macht und einen ernährt. Also begann ich als Briefträger.

Briefträger, dachte ich immer, wäre eigentlich ein angenehmer Beruf. Man ist viel an der Luft, die Leute kennen und begrüßen einen, so wie den Heini Lüders in »Neues aus Uhlenbusch«. Aber davon habe ich nicht viel mitbekommen. Ich bekam als Anfänger natürlich keinen eigenen Zustellbezirk, sondern sprang jeden Tag an einer anderen Ecke ein. Nur die unangenehmen Überraschungen, die blieben überall gleich. Es ist ja ohnehin schwer, eine ungewohnte Strecke in einer halbwegs vernünftigen Zeit zu absolvieren. Vollends unmöglich wird es, wenn man eines Morgens zweihundert Otto-Kataloge zusätzlich präsentiert bekommt, die in zwei Tagen zugestellt werden sollen. So ein Otto-Katalog füllt ganz schön Platz. Man kann auch nicht mehr die komplette Post in einen Arm nehmen, man braucht also praktisch für jeden Gang die doppelte Zeit. Ein erwähnenswerter Stundenlohn bleibt dann nicht mehr übrig. Also hab ich meinem Arbeitgeber gesagt, wohin er sich seine Kataloge zustellen kann, und bin gegangen.

Zweifellos die richtige Wahl: Beim nächsten Job hatte ich mehr Glück. Wenn auch nicht ganz so viel Glück wie der Chef selbst: Er hatte ein ziemlich großes Los gezogen. Irgendwann beim Tanken hatte er ein belegtes Brötchen gegessen und sich dabei einigermaßen über den hygienischen Zustand der Tankstelle gewundert. Das war kurz nach der Zeit, als alle Tankstellen auf einmal anfingen, auch noch Fertigbäcker und Brötchenanbieter zu werden. Mit seiner Beobachtung ging er zu BP, machte denen ordentlich Angst und bot ihnen zugleich an, ein hauseigenes Kontrollsystem zu installieren nach dem Motto: Besser, man schlägt selbst Alarm, als dass die Lebensmittelaufsicht es tut. Berufserfahrung hatte er bis dahin ungefähr so viel wie ich als Molekularbiologe. Er war ehemaliger BWL-Student, ich bin nicht mal sicher, ob er einen Abschluss hatte. Aber er bekam tatsächlich den Zuschlag. Sein einziges Problem war: Er hatte nicht nur keine Erfahrung, er hatte auch nicht genug Leute. Nur den Auftrag. Also tat er, was man halt so tut: Er schaltete Anzeigen. Und als ich mich bewarb, wurde ich auch prompt genommen – die Erfahrung aus meiner Lehrzeit als Bäcker war da natürlich hilfreich.

Mein Chef kann in seinem BWL-Studium nicht nur geschlafen haben: In puncto Sparsamkeit hatte er jedenfalls ausgezeichnet aufgepasst. Für sämtliche BP-Tankstellen der Bundesrepublik heuerte er fünf Außendienstmitarbeiter an. Und ab da lebte ich ein Jahr lang im Hotel.

Am Laptop tüftelte er für uns Fahrpläne aus, aber irgendwie scheint es kein richtig vernünftiges Programm zum günstigen Preis für solche Sachen gegeben zu haben. Meine längste Strecke war: Sonntagnachts in Frankfurt weg nach Kiel. Und Montagabends zum Termin nach Rosenheim. Tags drauf ging es dann nach Rostock. Jede Kontrolle dauerte drei Stunden. Und dementsprechend sah dann mein Leben auch aus.

Jetzt muss ich schon zugeben, dass ich eigentlich sehr gern Auto fahre. Man sieht mal die Republik, das ist ja auch nicht so verkehrt, man hört gute Musik. Aber so gern kann man gar nicht Auto fahren, wie man es in diesem Job tun musste. Nach einem Jahr hatte ich praktisch überhaupt keinen Hintern mehr in der Hose, so dünn gesessen war der. Und auf die Dauer sind Hotels auch nicht so lustig. Gut, manchmal waren richtige Edelhäuser dabei, das war schon prima. Dafür ist man dann in Messezeiten in den gruseligsten Motels abgestiegen. Und wenn man zwei Meter groß ist wie ich, dann ist das mit den Betten auch nicht immer so einfach.

Die Arbeit selbst war auch nicht ermutigend. Das ist ja eine schöne Idee mit dem Essen beim Tanken, aber ich fürchte, wenn man die deutschen Tankwarte zu Nebenerwerbsgastronomen machen möchte, dann kann man auch gleich versuchen, sie nebenher zu Zahnärzten auszubilden. Ich hab da jedenfalls Sachen gesehen, die waren reichlich beunruhigend. Da wurden von Brötchen, die nicht verkauft worden waren, die Beläge säuberlich heruntergepflückt, samt Butter und Krümeln in Zellophan gelegt und tags drauf auf neuen Brötchen platziert. Das ist mir in den neuen Bundesländern unter die Augen gekommen, aber die alten Bundesländer waren auch nicht besser. Es gab da zum Beispiel eine Tanke in Hamburg Rotherbaum, in der irrsinnig nette Leute gearbeitet haben, aber ausgesehen hat's da wie auf der letzten Müllhalde. Dabei war das Ding angeblich neu eröffnet. Also hab ich den Leuten dort tief in die Augen gesehen und ihnen gesagt, woran es hapert und was sich dringend ändern muss, wenn sie nicht wollen, dass ihnen mal irgendeine Lebensmittelaufsicht den Laden dichtmacht. Zwei Tage später kam ich an derselben Tanke wieder vorbei, da sah es noch genauso aus. Und es wäre ja schön gewesen, wenn dafür wenigstens von den 600 Mark pro Mann und Stunde, die BP berechnet wurden, sagen wir: ein Viertel bei mir angekommen wäre. Aber letztlich war es halt doch nur ein ganz normales Gehalt, für das ich mir den Hintern dünn rodelte wie Butterbrotpapier.

Nach einem Jahr war ich derart leergefahren, dass ich nur noch von Autobahnschildern geträumt habe. Also habe ich gekündigt. Es gab ja genug andere Jobs. Meine Frau zum Beispiel, mit der ich seit 1986 verheiratet bin, ist Altenpflegerin. Also dachte ich mir: Probierst du das doch auch mal. Das ist wenigstens ein richtig sinnvoller Beruf, da hilft man Menschen, die es brauchen – warum denn nicht?

Als ich dort meine nächste Ausbildung anfing, war ich der einzige Vierzigjährige und der einzige Mann in einem Haufen von jungen Mädels. Aber das war nicht meine Welt. Was ich da mitkriegte, war eine ziemlich frauenlastige Gesellschaft, in der ich zwar ganz gut durchkam, in der allerdings unter den Kolleginnen furchtbar übereinander hergezogen und aufeinander eingehackt wurde. Ich kenne ja nicht viele Heime, nur das, in dem ich war, aber das ging mir extrem gegen den Strich. Für die Festangestellten waren die Alten nur die Leute, die das Geld ins Haus spülten – ihre fürsorgliche Ader kam nur vorübergehend zum Einsatz, wenn zum Beispiel die Verwandtschaft der Heimbewohner zu Besuch kam. Die Einzigen, die sich wirklich Zeit für die alten Leute nahmen, waren die ehrenamtlichen Helfer, Leute um die fünfzig, sechzig. Also warf ich auch dort das Handtuch und machte mich auf den Weg zu den Experten vom Arbeitsamt.

Ich kann von dort nicht allzu viel Gutes berichten, aber eines muss man den Leuten lassen: Sie haben mich auf die Idee mit der Security-Arbeit gebracht.

 # Geschichten vom Herrn Becker

Das erste Mal hab ich Boris Becker morgens um sechs gesehen. Wir standen an der Transitkontrolle vor Gate B. Er rollte auf dem Laufband langsam in unsere Richtung. Ich hab ihn erst gar nicht entdeckt, aber der Kollege neben mir schon.

»Guck mal«, sagte er, »das ist der Becker.«

Ich guckte hin. Das war der Becker, tatsächlich.

Er sah aus wie der Becker, er stand wie der Becker, er fuhr auf dem Laufband wie der Becker. Wie der spätere, der gereifte Becker. Es gab ja mal eine Phase, da sah er aus wie der Becker mit zwei Fingern in der Steckdose, in dieser Phase hätte ich ihn vermutlich schon von Offenbach aus erkannt. Es war aber der gemäßigte Becker, der da im legeren Freizeitlook ans Ende vom Laufband rollte. Dort nahm er seinen Koffergriff in die Hand und lief los, genau auf uns zu. Der Kollege neben mir rollte mit den Augen.

»Nee, ich mach den net. Mach du den!«

»Mir wurscht«, sagte ich. »Ich hab da keine Berührungsängste.«

»Wirst schon sehen.«

Becker schlenderte zu uns und knallte sein Handgepäck auf den Nachschautisch.

»Guten Morgen, Herr Becker!«

»Ja, schon in Ordnung.«

»Treten Sie mal kurz zu mir.«

»Wieso das denn? Ich will doch nur in die Lounge!«

Bei der Lounge handelte es sich um die Senator Lounge für betuchte Vielflieger. Sie liegt ebenfalls hinter dem Gate B.

»Dann wissen Sie ja, dass ich Sie vorher kontrollieren muss …«

»Ich bin doch schon kontrolliert worden!«

»Nicht von uns.«

»Wissen Sie eigentlich, wie anstrengend so ein Transatlantikflug ist?«

»Sie haben Recht, entschuldigen Sie bitte, Herr Becker. Das hatte ich ganz vergessen. Transatlantikflüge sind ja nun wirklich außerordentlich anstrengend. Ist es Ihnen recht, wenn ich Ihnen die Tasche abnehme? Oder soll ich Sie gleich selbst in die Lounge tragen?«

Sollte man vielleicht sagen.

Aber man bleibt ja höflich. Und sagt stattdessen:

»Natürlich, Herr Becker, das ist anstrengend, aber sehen Sie: Was soll ich machen? Ich habe meine Vorschriften.«

»Ich war in Florida!«

»In Florida? Warum sagen Sie das denn nicht gleich? Das ändert natürlich alles.«

Sagt man selbstverständlich auch nicht.

»Bitte, Herr Becker, das geht doch ganz schnell. Nur kurz die Arme ausbreiten – sehr schön …«

»Jedes Mal derselbe Schwachsinn!«

»Bitte einmal umdrehen …

Man kann ein Hemd auf zwei Arten abtasten. Variante eins: Ganz, ganz leicht, dann kriegt man ein schönes Gefühl für den Stoff und kann sich überlegen, ob man vielleicht selbst auch mal die Marke kaufen sollte. Man kann auch vergleichen, ob andere Prominente weichere Hemden tragen. Oder Variante zwei: Man tastet mit so viel Druck, dass man anschließend weiß, ob an dem Kettchen dahinter ein Kreuz hängt oder ein Messer. Da muss man nicht drücken wie ein Schmied, aber doch so kräftig, dass man durch den Stoff den Körper spürt.

Ich weiß nicht, wie es Ihnen geht, aber von einem Sicherheitsbeamten erwarte ich Variante zwei.

Boris Becker sah das anders. Er hatte ja auch einen anstrengenden Transatlantikflug hinter sich.

Und war in Florida gewesen.

»Nicht so fest!«

»Das war doch nicht fest ...«

»Doch! Seh' ich aus wie ein Terrorist?«

»Aber wir sind doch schon fertig. War doch nicht so schlimm.«

»Jedes Mal dasselbe Theater. Unmöglich.«

Becker nahm entrüstet seinen Koffer und zerrte ihn zur Senator Lounge. Und vielleicht habe ich ihm auch Unrecht getan.

Die Senator Lounge ist ja ein kleines Paradies. In das kommt auch nicht jeder. Man muss viel dafür fliegen, und das nicht gerade auf den billigen Plätzen. Man muss bereit sein, 7000 Euro für einen Flug nach New York zu bezahlen. Und wenn man das macht, ist es nur gerecht, dass man eine eigene Lounge bekommt.

Zur Entschädigung.

Zur Erholung.

Die Leute glauben zwar immer, wie entspannend das doch wäre in der Ersten Klasse, aber die haben ja keine Ahnung. Das macht die Transatlantikflüge doch nicht angenehmer, wenn man sich in diesen großzügigen First-Class-Abteilen verliert. Wenn einem in der Economyclass mal die Zeitung vom Schoß rutscht, weiß man wenigstens sofort, wo man zu suchen hat. Aber wenn einem in diesen First-Class-Sälen die Olive aus dem Martini kugelt, da muss die Stewardess oft zwanzig Minuten auf dem Boden herumkriechen, bis sie sie findet. Dann immer die ständige Aufmerksamkeit: Wollen Sie dies? Wollen Sie das? Einen Film, ein Menü, ein Getränk, eine Fußmassage, ständig diese Entscheidungen! Diese Verantwortung! Und wenn man dann am Flughafen gerädert aussteigt, nachdem man stundenlang ein Dutzend Stewardessen beaufsichtigt und gemanagt hat, dann ist die Senator Lounge einfach der ideale Ort, um auszuspannen.

Die Senator Lounge hat Ledersessel und Mahagoniwände. Sie hat leise Musik, sie ist klimatisiert. Sie hat alle Zeitungen der Welt, hundert verschiedene Kaffeesorten und sie hat keine Speisekarte, weil der Wunsch des Gasts hier Befehl ist.

Man sagt »Steak!«, und man kriegt ein Steak.

Man flüstert »Hummer«, und es wird Hummer.

Man denkt »Eine Drittelscheibe Parmaschinken. Geschnitten aus dieser altmodischen Maschine, die bei Manufactum 3000 Euro kostet, aber die Kurbel soll bitte ein Philosophieprofessor bedienen, der schon mal in der Auswahl für den Nobelpreis stand!« – und so geschieht es. Wie von Zauberhand. In der Zwischenzeit trinkt man einen Schluck Wein oder raucht eine Zigarre oder man lässt jemanden hinausgehen, der die Zigarre dort für einen raucht.

Und, ganz ehrlich: Wenn ich in Florida gewesen wäre, wenn ich nicht aussähe wie ein Terrorist, dann würde ich mich vielleicht auch nach meinem anstrengenden Transatlantikflug dorthin zurückziehen, so für ein bis zwei Wochen.

Drei Minuten später schleifte Boris Becker seinen Koffer wieder an uns vorbei nach draußen. Er guckte kurz zu uns und brummelte:

»'n Scheißkaffee haben die heute Morgen.«

Sichere neue Welt

An Arbeitsämtern wird ja viel genörgelt. Aber eines muss man ihnen lassen: Ich wäre nie auf die Idee gekommen, mich ohne jegliche Vorkenntnisse bei einer Firma als Security-Chef zu bewerben. Und obwohl ich versuchte, konstruktiv zu bleiben und ein Bild von mir als Security-Chef vor meinem inneren Auge entstehen zu lassen, platzte ich irgendwann doch heraus mit:

»Davon hab ich doch überhaupt keine Ahnung!«

»Aber das lernen Sie doch da alles«, sagte mein Agentur-Experte. »Und da verdienen Sie richtig gut!«

»Die suchen aber einen Chef. Und keinen Lehrling!«

»Sie machen das schon!«

Und es stimmte: Ich machte das schon, aber nicht gut. Ich fuhr zwar brav hin und versuchte das zu tun, was man so »sich verkaufen« nennt. Aber die Verantwortlichen der Firma im Westerwald sahen mir auf hundert Schritte an, dass ich zum Security-Chef nicht viel besser geeignet war als der Hamster der Chefsekretärin. Also schickten sie mich wieder heim. Aber die Idee an sich war nicht so schlecht.

Ich bin groß, ich bin nicht superdünn, und wenn ich mir Mühe gebe, kann ich ziemlich sportlich sein. Als ich also in einer Anzeige der Firma POND las, dass man sich dort ausbilden lassen konnte, fuhr ich sofort hin. POND, das sind die Leute, die die Anlagen der US-Army bewachen.

Insgesamt war das keine schlechte Schule. Die Maßstäbe, die die Jungs vorgeben, sind schon mal härter als die vieler 08/15-Kleinunternehmer in der Branche. Man musste einen

Sporttest bestehen, der die Meile in fünf Minuten abverlang-
te, dreißig Kniebeugen, dreißig Liegestütze. Man bekam ein
gutes Nahkampftraining, eine gründliche Schießausbildung
nach US-Art – das ist die, nach der man eine Waffe nicht zum
Spaß zieht. Wenn eine US-Sicherheitskraft eine Waffe zieht,
dann drückt sie in 99 Prozent der Fälle auch ab. Wir haben
gelernt, was man bei Bombendrohungen macht, wie man Tü-
ren öffnet, Sprengfallen umgeht und aushebelt.

So was ist schon grundsätzlich ganz praktisch zu wissen.
Das Ganze bei den Amerikanern zu lernen, hat aber noch
weitere Vorteile, abgesehen davon, dass man nebenbei dieses
amerikanische Englisch verstehen lernt. Nämlich weil man da
mitbekommt, dass andere Länder auch bei Bedrohung anders
vorgehen. So hat der Amerikaner, wenn er einen Geiselneh-
mer verfolgt, die Faustregel: »Do never shoot in the head!«
Seine Begründung lautet: »That's never a good picture!«, weil
es nicht gut aussieht also, woran man sieht, dass der Amerikaner auch immer schon den Öffentlichkeitsarbeiter mit im
Blut hat. Der Amerikaner schießt lieber in die Lunge oder ins
Herz. Oder nehmen wir das Thema Bombendrohungen: Da
wird in Deutschland ja zunächst das Gebäude geleert. Alles
raus, alles raus, so schnell wie's geht. Das sieht der Amerikaner ganz anders.

Der Amerikaner denkt: Ich habe ja keine Ahnung, wo die
Bombe ist. Und vielleicht ist sie ja genau da, wo ich die Leute
hinschicke. Also bestimmt der Amerikaner zuerst einen Versammlungsort, den er bombensicher absucht. Und dann erst
lässt er das Gebäude räumen. Und die Leute aus dem Gebäude versammelt er am vorher gesicherten Versammlungsort.
Scheint mir im Vergleich die bessere Vorgehensweise, vielleicht haben sie's mir auch nur besser erklärt – aber es ist in
jedem Fall mal gut zu wissen, dass es die allein seligmachen-
de Lösung nicht gibt.

Mit der Ausbildung von POND habe ich dann erst mal ein Jahr bei der Limburger Firma Heym gearbeitet. Die haben vor allem Objektschutz gemacht, zum Beispiel bei der Psychiatrie in Hadamar. Und nach einem Jahr war Schluss. Das war meine erste Begegnung mit dieser neuen personalpolitischen Regelung: Man gibt nur befristete Verträge aus, und nach einem Jahr schickt man die Leute weg, weil man sie sonst irgendwann unbefristet einstellen müsste. Das ist eine reine Kostenentscheidung, das macht man auch, wenn man mit den Mitarbeitern gar nicht unzufrieden ist. Das sah man auch daran, dass ich vier Monate, nachdem mein Vertrag nicht verlängert worden war, erneut Post von Heym bekam. Ob ich nicht wieder bei ihnen anfangen wollte. Nö, wollte ich nicht. Immerhin hatte ich inzwischen gar nicht so wenig Berufserfahrung gesammelt, und mit der wollte ich die weite Welt kennenlernen. Oder zumindest den Frankfurter Teil der weiten Welt. Bei der FraSec, denn die suchte Leute für die aufregende Welt des Flughafens. Und die Zusatzausbildung war inklusive. Das war so günstig, dass ich es gleich zweimal gemacht habe. Nicht, weil ich etwa durchgefallen wäre. Im Gegenteil.

Das Problem war, dass ich direkt nach der bestandenen Prüfung ein Angebot von einer weiteren Sicherheitsfirma bekam. Die zahlte deutlich besser, also griff ich zu. Aber womöglich zahlte der Laden etwas zu gut – jedenfalls war die Firma nach sechs Wochen pleite. Und ich ging wieder zur FraSec, die Prüfung hatte ich ja bereits bestanden. Leider war inzwischen mein Führungszeugnis etwas über ein Vierteljahr alt. Und damit war es für die FraSec nicht mehr aktuell genug. Und ohne Führungszeugnis galt auch die Prüfung nicht mehr – weshalb ich eben die ganze Testerei nochmal machen musste.

Fünf oder acht?

Es gibt eine gefährliche Hürde bei der Ausbildung zum Luftsicherheitsassistenten. Gefährlich, nicht schwierig. Die 8000-Euro-Frage bei Günther Jauch ist schwieriger. Nein, die Hürde ist nur gefährlich, und zwar deshalb, weil man sie praktisch gar nicht bemerkt. Sie ist ganz unscheinbar, und sie kommt erst am Schluss der Ausbildung. Dann, wenn man schon bestanden hat. Denn dann fragen sie einen: Paragraf fünf oder Paragraf acht?

Manche werfen hier eine Münze oder sie zählen es an den Knöpfen ab, weil sie denken, es sei eh wurscht. Und das ist ein mächtig großer Fehler.

Paragraf fünf und Paragraf acht sind Paragrafen aus dem Luftsicherheitsgesetz. Normalerweise ist es völlig unwichtig, wer von ihnen welche Nummer hat. Für die Passagiere sowieso. Für Passagiere ist nur wichtig, dass man den Inhalt kennt, und für einen selber auch, jedenfalls die meiste Zeit. Aber in diesem Augenblick eben nicht. In diesem Moment ist für den Luftfahrtassistenten nichts wichtiger als zu wissen, dass Paragraf fünf »Handgepäck« bedeutet. Also das Zeug, das die Passagiere mit an Bord nehmen. Und Paragraf acht »Reisegepäck« – alles, was die Leute beim Check-in-Schalter aufgeben. Der Unterschied ist klein, macht aber viel aus, und wer ihn kennenlernen will, muss sich nur mal ansehen, was jemand macht, der sich für Handgepäck entscheidet.

Wenn man mit dem Check-in fertig ist, dann kommt man ja vor dem Weg zum Gate an die Handgepäckkontrolle. Da gibt es gleich vorne den Kollegen, der einen in die Kontrolle lotst. Der einem die Plastikkisten hinstellt. Der einem sagt, was man wo rausnehmen soll und was nicht. Wo das Kleingeld reinkommt. Ob der Gürtel aufgemacht werden soll oder ganz raus muss. Und dass man die Jacke bitte auch noch ablegen möchte. Das ist der Einweiser.

Dann gibt es den Kollegen, der einem zunickt, dass man jetzt bitte durch die Torsonde gehen möchte. Und wenn man durchgegangen ist, dann hat er diese Handsonde, mit der er einen nochmal untersucht, wenn was piept. Von hinten nach vorn, von oben nach unten. Er untersucht Hals und Kragen, dann die Arme, die man ausstreckt, erst oben am Arm entlang, dann unten. Wenn man mal drauf achtet, wird man feststellen, dass er mit der einen Hand die Sonde an einem entlangführt und die andere Hand immer brav hinter der Sonde hertastet, so als wäre die Sonde der Blindenhund von der Hand. Dann macht der Kollege das so, wie's sein soll, die Faustregel lautet: Hand folgt Sonde. Er untersucht die Achselhöhlen, den Rücken, die Brust und die Brusttaschen, den Hosenbund, die Hosenbeine, die Schuhe. Das ist der Sonder.

Weiter gibt es den Kollegen, der einem wieder die vollen Kästchen zuordnet, wenn sie auf den Rollen aus dem Röntgengerät rutschen. Manchmal fragt er, ob er in das eine oder andere Teil einen Blick werfen darf. Er fummelt sich vielleicht durch die Unterwäsche, und wenn man die Reise gerade erst angetreten hat, duftet alles noch ein bisschen nach Waschmittel, und dann ist man darüber genauso froh wie der Posten, der einem gegenübersteht: die Nachschaukraft.

Und dann gibt es noch den einzigen Kollegen, der sitzen darf. Das ist der, der den Koffer gerade durchleuchtet hat. Den Gürtel und das Kleingeld. Der sitzt da und sieht auf seinem Bildschirm den Kofferinhalt in Orange, in Blau, in Grün, je nachdem, was so drin ist, Legosteine oder Wurstbrote. Er sieht in die Ecken, er sucht nach allem Verbotenen. Das ist der Monitorer. Und das ist eine wirklich teuflisch anstrengende Aufgabe.

Der Monitorer hat eine ganze Latte von gefährlichen und verbotenen Gegenständen im Kopf. Und wie die von verschiedenen Seiten aussehen. Weil man eine Pistole von der Seite ja ganz gut erkennt, aber wenn man von oben draufsieht, dann besteht da kein allzu großer Unterschied zu einer mittelgroßen MagLite-Taschenlampe. Und ein dünnes Messer kann von der Seite auch mal aussehen wie eine Stricknadel. In seiner Ausbildung haben sie den Kollegen getriezt, bis er in Tests alles Gefährliche gefunden hat. Dazu hat er zehn Bilder ansehen müssen, zehn von diesen Kunstwerken in Orange-Blau-Grün, und keines davon länger als zehn Sekunden. Und anschließend hat er alles gehabt. Und ich versichere: Dieser Teil der Ausbildung ist die Hölle. Für jedes von diesen Bildern muss man vorher ungefähr hundert andere Bilder ansehen. Mit dem Zoom ranfahren, Ausschnitte vergrößern oder verkleinern, die Kontraste verändern oder auch ganz auf Schwarz-Weiß zurückfahren. Man muss die ganzen echten Verstecke kennen, doppelte Böden, Seitenfächer, und die vermeintlichen Verstecke, wo niemand was versteckt, sondern die Sachen einfach nur schwer zu sehen sind. Wenn man das einen Tag lang geübt hat, sieht man zum Schluss in den Koffern überhaupt nichts mehr außer Sternchen. In Blau-Grün-Orange.

Wenn man die Prüfung mit den zehn Bildern erst mal bestanden hat, dann darf man das auch nicht mehr länger als zwanzig Minuten am Stück machen, damit man nicht irgendwann anfängt, Handgranaten mit Radieschen zu verwechseln. Danach wird man abgelöst. Praktisch wird zwar meistens eine Dreiviertelstunde draus, das ist schon auch noch vertretbar, aber dann ist wirklich Feierabend.

Für den Kollegen vom Handgepäck, den vom Paragrafen fünf.

Wer sich hingegen für Paragraf acht entscheidet, macht den ganzen Tag nichts anderes. Der sieht acht Stunden am Tag Koffer vorbeirollen. Er spricht mit keinem Menschen, außer gelegentlich einem Kollegen. Oder mit dem Kofferknacker. Wenn er was Gefährliches entdeckt, ruft er den Kofferknacker, der öffnet ihm dann den Koffer. Und in New York oder Paris oder sonst wo holt dann sechs Stunden später jemand seinen Koffer ab mit einem kleinen Zettel: »Wir mussten Ihr Gepäckstück leider öffnen.« Und wenn's verbotene Gegenstände sind, dann ist sogar der ganze Koffer weg und dafür kommt eine Strafanzeige. Aber von diesen ganzen Abenteuern kriegt der Paragraf-acht-Mann leider nicht mehr viel mit. Der sieht von früh bis spät nur KofferKofferRucksackKofferKofferGolftascheKofferTauchzeugKofferKoffer.

Diese Menschen verlernen das Sprechen. Und das Denken. Die sitzen da und werden geistige Pantoffeltierchen. Ich musste das im Rahmen meiner Ausbildung auch mal vier Wochen mitmachen, man kommt da morgens mit seinem Kopf rein, und wenn man abends rausgeht, hat man nur noch Gemüse zwischen den Schultern. Und die Leute, die das immer machen, die sind praktisch auch nirgendwo sonst mehr einsetzbar. Wir hatten mal eine Krankheitswelle, wegen der wir einige Kollegen vom Paragrafen acht anfordern mussten. Die kamen aus ihrer Koffergruft hoch, da hat's nur noch gefehlt, dass sie im Tageslicht zu blinzeln anfangen wie gerettete chilenische Bergarbeiter. Jedenfalls taumelten sie völlig überfordert von Station zu Station. Das war ein Heulen und Zähneklappern ohne Ende: So viele Menschen, so viele unterschiedliche Sachen! Man konnte aber auch richtig zusehen, wie sie in den vier Wochen Aushilfe dann ganz, ganz langsam wieder Farbe angenommen haben. Und zum Schluss wollten sie gar nicht mehr weg. Aber dann ist es zu spät.

Weil: Gewechselt wird dann nicht mehr. Und wenn, dann

höchstens umgekehrt. Ein Paragraf-Fünfer kann sich schon noch in den Pantoffeltierchenkeller vergraben. Aber umgekehrt? Nahezu ausgeschlossen. Und deshalb ist es so wichtig, bei der Paragrafenfrage einmal im richtigen Moment aufzupassen.

Man nehme die Fünf, unbedingt!

Sonst ist man für die nächsten Jahre nur noch als Kofferlurch verwendbar.

Verstrahlt

Wohl jeder Flugpassagier kennt bei der Handgepäckkontrolle diesen grauen Kasten, in den die ganzen Taschen und der Laptop rollen. Wo das Kleingeld in seiner Extrawanne reinfährt und die Jacke, der Mantel und der Gürtel in der großen Wanne. Vorne, an der Öffnung dieses Kastens, hängen breite Fransen nach unten, die aussehen wie viele hellgraue Gürtel. Diese Fransen schiebt die Tasche beim Durchrollen beiseite, und wenn die Tasche dann drin ist, schließen sie sich wieder hinter ihr. Und viele Leute glauben, diese Fransen wären dazu da, um das Gerät zu schützen. Wahrscheinlich vor dem Staub, denken sie, und dass da drin hochkomplizierte Technik ist und eine Superlinse und was weiß ich. Und tatsächlich sind die breiten Fransen zum Schutz da, aber nicht für das Gerät.

Sondern für die Passagiere.

Die Fransen sind aus einer Bleilegierung. Und sie sollen die Strahlung abschirmen. Denn auch, wenn unser Durchleuchtungsgerät auf Deutsch so harmlos Durchleuchtungsgerät heißt, ist das Ding das, was die englische Bezeichnung X-Ray viel klarer sagt: ein Röntgenapparat. Und im Betriebshandbuch steht darum auch, dass man sich keine Sorgen machen muss, wenn die Bleifransen mal ein bisschen angekratzt sind.

Aber wenn eine fehlt, dann ist das Ding sofort abzustellen.

Das ist kein Grund zu sofortiger Panik: Wir haben da keine Atombombe herumstehen und auch kein kleines Kernkraftwerk. Aber das Gerät ist auch keine Wellnessfarm, und Körperteile sollte man da auch nicht unnötig hineinhalten.

Gut, das macht normalerweise auch keiner. Ich dachte nur, ich sag's für den Fall, dass jemand mal sein Haustier durchschleusen will.

Die Dame war ein echter Hingucker, das kann man nicht anders sagen, und sie war auf dem Weg nach Mallorca. Ihre weißblonde Mähne fiel wallend auf ihre Schultern. Unter den leuchtenden Haaren strahlte ein intensiv geschminktes Gesicht, das mich von der Farbgebung her ein bisschen an Lady Gaga erinnerte. An ihrem Hals, ihren Ohren, ihren Handgelenken glitzerte es golden wie in einem Schmuckladen auf dem Ponte Vecchio in Florenz. Ein weißes, fließendes Hemd verbreitete Sommerstimmung über atemberaubend knallengen Jeans. Die braun gebrannten Füße steckten in goldenen, mit Strass besetzten Sandaletten, und sobald sich die Augen an das Glitzern gewöhnt hatten, erkannte man auf ihren Fußnägeln irgendwas, mit dem ein Dutzend thailändischer Lackiererinnen etwa eine Woche lang beschäftigt gewesen war. Die Dame war, wohlwollend geschätzt, Anfang siebzig. Und in ihrer Armbeuge lag ein hechelnder Pekinese. Sie legte ihr Gepäck routiniert in die grauen Rollkästen und machte sich auf den Weg durch die Torsonde. Die Torsonde klingelte wie ein Weltmeister. Und da denken sich jetzt viele: »Klar, wegen dem Gold!«, weshalb es hier Zeit wird, auf eine Kleinigkeit hinzuweisen.

Theoretisch ist es nicht schlimm, wenn man bei der Torsonde seinen Schmuck anbehält. Klingeln macht die Torsonde nicht kaputt. Und häufig klingelt die Torsonde wegen des Schmucks auch überhaupt nicht: Auf Gold, Platin, Silber springt die nämlich überhaupt nicht an. Aber auf Blech. Also: Wenn Sie die Cartier-Ohrringe Ihrer Frau in Wahrheit aus einem Kaugummiautomaten gezogen haben, sorgen Sie unauffällig dafür, dass die Gute die Teile ablegt, bevor sie durch die Torsonde geht. Wenn Sie Ihren Freundinnen vorgeschwindelt haben, Ihr Bijou-Brigitte-Armband sei von Armani, dann vor der Kontrolle runter damit!

Meine Kollegin Judith suchte die Dame also nochmals mit der Handsonde ab und die bestätigte mit viel lautem Gejaule aufs Neue an jedem Schmuckstück exklusiv: echt Blech. Dann ging unser lackierter Augenstern vor zum Nachschautisch. Ich bestaunte das Schauspiel und hatte den Eindruck, dass irgendwas an der Zusammenstellung des Gesamtpakets anders war als vorher. Ich sah mich um und fragte:

»Wo is'n der Hund?«

Der Hund war nirgends zu sehen. Aber aus unserem Röntgengerät kam ein gedämpftes »Waffwaff«. Und Lady Mallorca wandte sich mit einem souveränen Abwinken zu mir um und meinte beiläufig: »Ach, den hab ich doch in den Koffer gesperrt. Der beißt nämlich gern ein bisschen.«

Die Bleimanschetten des Durchleuchtungsgeräts wichen zur Seite, und ein Koffer kam langsam und dumpf bellend auf mich zugerollt. Ich machte ihn vorsichtig auf. Drinnen saß tatsächlich der Hund auf den Klamotten und glotzte hechelnd zu mir herauf. Ich sah mir das überreife Blondchen an, dann den Hund und überlegte, wer von beiden wohl verstrahlter war. Der Hund lag knapp vorne, nachdem das ganz offensichtlich nicht seine erste Reise durch das Röntgengerät gewesen zu sein schien. Die Dame nahm gelassen den Koffer mit dem Hund und stolzierte weiter zu ihrer Maschine.

Komischerweise waren so ziemlich die einzigen Tiere, die ich selbst auf dem Monitor gesehen habe, quadratisch. Es war ein Transitflug, ich saß an der Transitkontrolle, und ich hielt die Tiere zunächst überhaupt nicht für Tiere. Es sah von der Größe her aus wie fünf Ritter-Sport-Schokoladentafeln übereinander, aber mit ganz präzisen Kanten und auf dem Monitor stockschwarz, also definitiv keine Schokolade, sondern irgendetwas aus sehr dichtem, anorganischem Material. Denn schwarz wird's immer, wenn die Röntgenstrahlen kapitulieren. Also sagte ich zu Judith, die nach mir als Nachschaukraft an der Reihe war:

»Schau dir das mal an ... was ist das denn ...?«

Bedrohlich wirkte es vom Monitorbild her nicht, vielleicht war's ja auch nur eine neue Form von Edel-Lego, Judith griff also zu, und ich wollte mich schon der nächsten Tasche widmen, als ich sie entsetzt aufschreien hörte. Dann ließ sie das Ding fallen und sprang panisch vom Nachschautisch zurück. Und wie ich die Lage einschätzte, hätte ich das an ihrer Stelle womöglich auch so gemacht.

Die Tasche enthielt Mitbringsel aus Thailand. Vogelspinnen, tot und in Plexiglas gegossen. Ich brauch so was ja nicht auf dem Schreibtisch. Und diese hier würden auch nicht auf einem Schreibtisch enden, weil wir sie beschlagnahmen mussten. Vogelspinnen unterliegen dem Washingtoner Artenschutzabkommen. Nicht alle Arten sind wirklich gefährdet, aber wenn man sie ein- oder ausführen will – egal ob in lebendem oder totem Zustand –, muss man ihre Herkunft nachweisen und dass man mit ihrer Ausfuhr dem Bestand nicht schadet. Deswegen blieb auch der Kobraschnaps bei uns.

Den gibt's ja auf den Philippinen, in Südkorea, vor allem aber in Thailand, der gilt da als Medizin. Dabei wird der Schnaps nicht aus Kobras gemacht. Die brauen nämlich zuerst ihren Schnaps aus etwas anderem, anschließend wird die Kobra drin ersäuft oder woanders ersäuft und dann dazugesteckt. Die Schlange ist sozusagen als Würze drin oder als Gag. Und ein Schluck davon, das schwören eine Menge Menschen in Asien, macht Blinde sehend, Lahme gehend und hilft besser gegen Pickel als Clearasil. Aber nicht bei uns.

Bei uns geht man so nicht mit Schlangen um, und mit Kobras schon gar nicht. Denn die sind ebenfalls geschützt.

Und als mir dann tatsächlich mal so ein riesiges Fünf-Liter-Gurkenglas mit Kobra und Schnaps auf den Nachschautisch kam, hab ich dafür gesorgt, dass es aus dem Verkehr gezogen wurde.

Andererseits darf man, wenn man tatsächlich einen Herkunftsnachweis vorlegen kann, die erstaunlichsten Dinge mitnehmen. Wir haben mal bei einem Passagier das Horn einer Oryx-Antilope gefunden, und wir reden hier nicht von einem Hörnchen, sondern von einem wirklich beeindruckenden Teil, knapp einen Meter lang. Wenn man einen Nordic-Walking-Stab in der Länge mitnähme, müsste man ihn bei uns abgeben, weil er bei fachgerechtem Gebrauch eine erstklassige Hieb-, Stich- und Stoßwaffe abgeben kann. Das Horn hingegen durfte mit an Bord. Das versteht manchmal echt kein Mensch. Mein Kommentar ist da meistens: »Sehen Sie, wenn Sie eine Fahrradklingel dranschrauben, wer weiß, dann sieht die Sache rechtlich vielleicht schon wieder ganz anders aus …« Und manchmal rätseln bei uns alle gemeinsam, das ist dann die reinste Familienquizshow. Wie damals, als mich Judith zum Monitor gerufen hat.

Es war die Tasche von irgendeinem Russen oder Ukrainer, er sprach jedenfalls gut, aber akzentuiert Deutsch, und auf dem Monitorbild von seiner Tasche waren sechs merkwürdige Gegenstände zu erkennen. Die waren rundlich, grauorange, irgendwie sahen die Teile aus wie faustgroße Marshmallows. Also ging ich zur Nachkontrolle. Die Tasche rollte aus unserem Strahlenschränkchen und machte »rruh, rruh«. Ich sah vorsichtig hinein.

Es waren sechs Tauben. Brieftauben der edelsten Sorte, wie ich erfuhr. Der Herr hatte sie extra in Omsk gekauft. 800 Euro kostete eine dieser Edeltauben, da war schon klar, dass man die nicht ins Reisegepäck stopft wie einen alten Socken. Andererseits wussten wir auch nicht, was wir mit den Tauben tun sollten. Sind Tauben erlaubt? Wir riefen den Einsatzleiter. Der Einsatzleiter sah uns an, dann sah er die Tauben an.

»Rruh, rruh«, machten die Tauben.

»Keine Ahnung«, sagte er schließlich. »Da müssen wir die Bullen fragen.«

Wir alarmierten die Bundespolizei. Zwei Kollegen kamen und begutachteten den Herrn, dann uns, dann die Tauben. Die Tauben blickten die Polizeibeamten treuherzig an.

»Rruh, rruh«, sagten sie.

»Süß«, sagte der eine Beamte. Dann richtete er sich auf, blickte uns fest in die Augen und verkündete mit entschlossener Stimme:

»Keine Ahnung. Tauben hatten wir noch nicht.«

»Und jetzt?«

»Müssen wir den Stations-Chef fragen.«

Wir waren inzwischen eine ganz stattliche Versammlung. Die Schlange am Kontrollpunkt wurde länger. Zwei Polizisten, vier Luftsicherheitsassistenten, der russische Herr, die Tauben, die immer wieder ihren Senf zu allem gaben. Zwischenzeitlich kam dem einen der beiden Polizisten eine Idee.

»Wissen Sie«, meinte er verschwörerisch, »wir haben doch noch ein wenig Zeit, bis der Flug geht. Warum lassen Sie die Tauben nicht einfach heimfliegen?«

»Und wie soll das gehen?«

»Na, Sie bringen die Viecher raus und fertig.«

Der Russe verdrehte die Augen.

»Ihnen ist aber schon klar, dass die Tauben dann wieder nach Omsk fliegen? Die waren doch noch nie bei mir zu Hause!«

»Rruh, rruh«, bestätigten die Tauben aus Omsk.

Der Stations-Chef kam. Der Stations-Chef blickte erst auf die Volksversammlung, dann auf uns, die Polizisten und besah dann die Tauben. Die Tauben setzten ihr freundlichstes

Gesicht auf. Der Stations-Chef legte die Stirn in Falten. Dann hob er den Kopf und sagte:

»Ist okay.«

Jubel brach aus. Wildfremde Menschen fielen sich um den Hals. Der Russe machte den beiden Polizisten einen Heiratsantrag.

Na ja, das stimmt so nicht ganz.

Er nahm eigentlich nur seine Tauben und ging zu seinem Gate.

Aber mit einer Fahrradklingel dran hätte die Sache auch ganz anders ausgehen können.

Hell's Kitchen

Es ist möglich, Mist zu bauen. Also im konstruktiven Sinn: Unsinn zu errichten. Jeder Luftsicherheitsassistent am Frankfurter Flughafen weiß das, auch wenn er es vielleicht nicht für möglich gehalten hätte, bevor er seine Arbeit antrat. Der größte anzunehmende Unsinn, der baulich organisierte Irrsinn hat einen Namen: Kontrollstelle B Mitte. Aber niemand nennt die Kontrollstelle B Mitte »Kontrollstelle B Mitte«, denn inzwischen wurde sie intern umgetauft: Wir nennen sie Hell's Kitchen, die Küche der Hölle.

Hell's Kitchen liegt im Terminal 1. Sämtliche Gates, die mit A, B oder C anfangen, gehen von Terminal 1 weg, insgesamt 117 Stück. Der mittlere Abschnitt ist Gate B. Hier liegt der Zugang zu den B-Gates, die so ziemlich genau die Hälfte aller Gates im Terminal 1 ausmachen. Und Gate B ist aufgebaut wie ein großes Ypsilon. Unten, am Fuß vom Y ist die normale Kontrollstelle. Hier gehen alle Leute durch, die in Frankfurt einfach nur den Flughafen betreten und wegfliegen wollen. Auf dem Weg zu ihrem Gate gehen sie den unteren Stiel des Y nach oben entlang, und kurz, bevor sich das Y gabelt, gehen sie an B Mitte vorbei. Das ist in Ordnung so, denn sie sind ja schon kontrolliert. Für sie ist B Mitte auch nicht vorgesehen. B-Mitte ist für andere Leute da – für die Menschen, die per Flugzeug am Terminal 1 eintreffen.

Die Menschen, die per Flugzeug in Frankfurt eintreffen, kann man in zwei Gruppen einteilen. In diejenigen, die weiterfliegen wollen, und in diejenigen, die einfach nur nach Hause möchten. Oder zum Zug. Die Aufgabe beim Dienst in

B Mitte lautet: alle kontrollieren. Und hier beginnt die Hölle das erste Mal zu brodeln.

Denn tatsächlich müsste man niemanden kontrollieren, der bei seinem Heimatflughafen aussteigt und nach Hause ins Bett fährt. Warum auch? Er fliegt ja nicht mehr weiter. Und Tausende erfahrener Fluggäste können hier zu Recht einwenden, dass sie schon sehr oft an einem deutschen Zielflughafen angekommen seien und dort hätte sie natürlich niemand mehr vor ihrer Taxi- oder S-Bahn-Fahrt kontrolliert. Das mag sein. Das Problem in Frankfurt liegt an der spezifischen Beschaffenheit von B-Mitte. Und es hat mit einem Begriff zu tun, der sich »Vermischungsverbot« nennt.

Hinter diesem Begriff steht die Sicherheitsvorschrift, dass man kontrollierte und unkontrollierte Fluggäste nicht durcheinandermischen darf. Weil man dann nicht mehr weiß, wer kontrolliert wurde und wer nicht. Das Irreführende an dem Begriff ist der Teil mit dem »Verbot«. Wenn es trotzdem vorkommt, wird niemand bestraft – es hat nur eine unangenehme Vorgehensweise zur Folge: Es werden einfach alle Passagiere nochmal kontrolliert. In B Mitte ist es nun so, dass alle Passagiere von den Ankunftsflügen gemeinsam aufschlagen: diejenigen, die weiterfliegen wollen, und diejenigen, die hier zu Hause sind. Und weil wir nicht wissen, wer nun zu welcher Gruppe gehört, und weil uns ja die Leute viel erzählen könnten, kontrollieren wir alle. Wir kontrollieren also sehenden Auges Leute, die gar nicht kontrolliert werden müssten. Und das trifft nicht nur eine kleine Gruppe, die eben besonderes Pech hat. Das trifft ziemlich genau die Hälfte aller Passagiere, die hier durchkommen, und deren Zahl ist beachtlich.

Man kann die Menge dieser Passagiere in Zahlen fassen, aber ich möchte sie gerne anders beschreiben. Normalerweise beginnt der Tag eines Luftsicherheitsassistenten in seinem

Aufenthaltsraum, wo er von den Monitoren aus der Steuerungszentrale erfährt, für welche Kontrollstelle er an diesem Tag eingeteilt ist und mit wem. Dann macht er sich dorthin auf den Weg, nimmt nebenbei vielleicht noch ein belegtes Brötchen mit. Man kommt an, untersucht sich gegenseitig, verteilt die Positionen an der Kontrollstelle und lässt den Tag so nach und nach anrollen. Und mit den Flugzeugen schwillt der Betrieb an und ebbt wieder ab, wie die Gezeiten an einem etwas windigen Tag am Mittelmeer. Nicht so bei B Mitte.

Wenn man morgens um fünf Uhr seinen Posten auf B Mitte mitgeteilt bekommt, nimmt man vielleicht so grade eben noch einen Kaffee mit, aber man kann nicht früh genug an der Kontrollstelle sein. Um 5 Uhr 59 ist die Halle noch leer. Dann sieht man den ersten Fluggast von Terminal 1 links um die Ecke rollen. Und von der Treppe rechts sieht man die ersten Passagiere von Terminal 2 ankommen. Und um 6 Uhr 01 ist die gesamte Halle gesteckt voll. Fünf Kontrollstellen sind vorhanden, fünf Kontrollstellen sind besetzt, meistens mit zwei Leuten am Nachschautisch statt der sonst dort üblichen One-Man-Show. Im Vorfeld sind zusätzliche Leute im Einsatz, die noch vor den Einweisern die Fluggäste zu den Kontrollstellen dirigieren. Aber Ebbe und Flut setzen hier trotzdem komplett aus: So voll, wie es jetzt ist, bleibt es bis mindestens um 12 Uhr. Ein kleines Päuschen gibt es vielleicht so gegen 13 Uhr, aber spätestens ab 14 Uhr geht es dann hier genauso weiter bis Ultimo.

Man kann bei der Beschreibung nicht übertreiben. Es herrscht ein Höllenlärm, das Klappern von fünf Kontrollstellen nebeneinander mit ihren Plastikkisten, die über die Stahlrollen dröhnen. Und obwohl man durchleuchtet wie der Teufel, obwohl man versucht, hundertarmig alles noch schneller und präziser als sonst zu machen, wird die Arbeit nicht weniger. Es gibt eine schöne Stelle in Otfried Preußlers »Krabat«, wo Krabat mit einem Besen die Mehlkammer ausfegen muss, und sobald er einmal durch ist, sieht's vorne wieder genauso aus wie vorher. So ist die Arbeit an B-Mitte. Wenn man einen guten Tag erwischt.

Aber in Hell's Kitchen gibt es keine guten Tage.

Es kann sie nicht geben.

Denn man kann es nicht oft genug betonen: Die Hälfte aller Menschen, die in dieser Hölle stehen, stehen zu Unrecht dort. Weil die Organisatoren des Frankfurter Flughafens diese Leute in ihrer unendlichen Weisheit nicht vorher durch Einbau eines Ausgangs aussortiert haben.

Um die Lage korrekt einzuschätzen, muss man sich vor Augen halten, dass diese Passagiere nicht von Inlandsflügen kommen. Die saßen nicht mal eben eine Stunde im Flieger, weil sie aus Hamburg oder Berlin oder München kommen. Diese Menschen kommen aus Brasilien, Südafrika, aus Kanada, aus New York, Kairo, Istanbul. Diese Menschen sind hochgradig müde, sie fühlen sich zerknittert, schmutzig, verschwitzt, ausgelaugt, und die Hälfte von ihnen will nichts sehnlicher als ins Bett oder wenigstens in die sehr relative Bequemlichkeit eines Zugsitzes. Was diese Menschen nicht wollen, ist, sich ihren Kulturbeutel durchleuchten zu lassen. Diese Menschen stehen hier in der vermutlich sinnlosesten Schlange ihres Lebens, sie können förmlich zusehen, wie ihre kostbare Zeit aus den nicht vorhandenen Fenstern geschmissen wird. Und irgendwann wird einer von ihnen ärgerlich. An guten Tagen erst etwa um 6 Uhr 05.

»Herrgott, was soll denn das? Ich wohne doch hier!«

»Himmel, ich will doch nur in den Zug nach Hannover!«

Es gibt keine Kirche, in der der Name des Herrn öfter und flehentlicher erwähnt wird als in Hell's Kitchen zwischen sechs und 12 Uhr. Aber Gott hört nichts. Vermutlich weil die grauenhaften Kisten an den Kontrollstellen so höllisch klappern. Oder weil die Menschen alle durcheinanderschreien. Und das ist kein Witz: Sie schreien, sie brüllen ohne Ende.

In jeder Schlange gibt es normalerweise einen Typen oder eine Frau, die sich aufregt. Oft wird der Schreihals dann von den Leuten drum herum beruhigt oder getadelt. In Hell's Kitchen ist das nicht so. Weil der Schreihals genau das ausspricht, was jeder zweite andere Fluggast in diesem Moment fühlt.

»Gütiger Gott, ich muss doch nur nach Düsseldorf!«

»Und ich nach Köln! Nehmen Sie mich mit?«

»Die haben sie doch hier nicht alle!«

»Jetzt spinnen sie komplett!«

»Kontrollen im Inland – das gibt's doch überhaupt nicht!«

»Das ist doch die pure Schikane!«

»Herr, wirf Hirn vom Himmel!«

»Ich fliege jetzt seit fünfzehn Jahren, aber so was vollkommen Bescheuertes habe ich überhaupt noch nicht erlebt!«

Ich schon. Jeder Tag in Hell's Kitchen ist so. Und das ist nur das Grundrezept. Die richtige Würze kommt von den Zutaten, die man an zwei Positionen der Kontrollstelle erhält, nämlich als Sonder oder als Mann am Nachschautisch. Um deren Position zu verstehen, muss man nochmal kurz an den Anfang dieses Kapitels zurückdenken. An das Y, an die Passagiere, die nicht aus Flugzeugen kommen, sondern aus Frankfurt, die am Fuß des Y ganz normal durch die andere Kontrollstelle gegangen sind und hinter B-Mitte vorbeiströmen. Diese Angabe stimmt nicht so ganz, denn nicht alle strömen vorbei. Eine bestimmte Gruppe kommt zu uns: die »Excuse-Me«s.

Ein Excuse-Me ist jemand, der eine Information braucht. Und der sich an alles wendet, was eine Uniform trägt. Er sagt »excuse me«, was englisch ist für »Pardon«, und dann fragt er, was er fragen will. Das kann durchaus wichtig sein, zum Beispiel wenn er einen allein stehenden Koffer gefunden hat, der tickt und raucht, und wissen will, was damit geschieht. Aber von 100 000 Excuse-Mes fragt kein einziger nach tickenden Koffern.

»Excuse me, where is the toilet?«

»Excuse me, where is the station?«

»Excuse me, where is B-Mitte?«

Dem Excuse-Me ist es egal, was man gerade macht. Ich kann gerade der übernächsten Generation der RAF zwei Handgranaten und eine Maschinenpistole aus dem Ärmel ziehen, das ist dem Excuse-Me grade wurscht.

»Entschuldigung, wo ist Mallorca?«

Der Begriff »Excuse-Me« ist allerdings auch nicht ganz zutreffend, weil der Excuse-Me es nur selten beim »Pardon« belässt. Es ist für den Excuse-Me eine altbekannte Tatsache, dass uniformierte Menschen manchmal etwas langsam reagieren, und dass für diesen Fall zwei Mechanismen installiert wurden. Man kann den Uniformierten an der Schulter packen und rütteln wie den Apfelbaum in »Goldmarie und Pechmarie«. Und dann wird irgendwann schon die vermaledeite Antwort aus ihm herauspurzeln. Wenn der Uniformierte sehr groß ist, kann man ihn auch schon mal am Ärmel ziehen. Kräftig.

»Excuse me, where ist Gate C?«

»Excuse me, where is the bathroom?«

»Excuse me, have you seen my wife?«

»’tschuldigung, gibt’s hier einen Kiosk, wo ich die neue *Vogue* kriege?«

Tatsache ist, dass es uns verboten ist, während des Dienstes Privatgespräche zu führen, weil wir uns auf unsere Aufgabe konzentrieren müssen und sollen. Das ist eine absolut vernünftige Anweisung, aber der Excuse-Me ist davon überzeugt, dass wir sie nur deshalb befolgen, damit wir mehr Zeit für ihn haben.

Verschärfend kann ein Jumbojet mit fünfhundert Japanern in Hell's Kitchen einfallen. Die sind an und für sich pflegeleicht, aber dennoch aufwendig, weil man sich mit ihnen so schwer verständigen kann. Einige Kollegen haben sich tapfer die wichtigsten Begriffe auf Japanisch angeeignet – Koffer, öffnen, so was in der Art. Aber die können nicht überall sein.

»'tschuldigung, wo kann ich mich hier denn mal frischmachen?«

»Excuse me, what time is it?«

»Haben Sie mal 'ne Zigarette?«

»Foto? Foto?«

Das ist natürlich wieder rührend am Japaner. Zahlreiche Japaner kommen nach Europa, um 14 Tage lang zu fotografieren. Eine sehr sinnvolle Einrichtung, denn zwei Wochen später, wenn die Japaner die Kamera dann langsam wieder vom Auge nehmen, können sie an den Bildern erkennen, wo sie eigentlich gewesen sind, wer dabei war, und ob es sich lohnt, selbst mitzugehen oder ob man nicht nächstes Mal einfach einem Mitreisenden die Kamera in die Hand drückt und in der Zwischenzeit selbst ein paar lukrative Überstunden macht. So weit sind wir aber noch nicht, einstweilen wollen die Japaner erst ein Erinnerungsfoto zusammen mit ihrem Luftsicherheitsassistenten. Das Foto wird leider unscharf, weil jemand den Luftsicherheitsassistenten fortwährend am Ärmel zieht.

»Excuse me, where is the restroom?«

»Excuse me, where is the restroom?«

»Excuse me, where is the restroom?«

Es kommt manchmal vor, dass man die Frage trotz mehrfacher Wiederholung nicht beantworten kann. Nicht aus Unhöflichkeit, sondern weil man gerade die Schuhe eines vermeintlichen Terroristen mit der Handsonde untersucht. Es ist gut möglich, dass man anschließend die Frage auch nicht beantwortet, weil Stille eingetreten ist und man daher annimmt, der Frager habe sich wohl resigniert entfernt. Also verabschiedet man sich von dem Schuhterroristen, der mal wieder kein Terrorist war, sondern nur dringend in den ICE nach Hannover muss. Und während man also gerade kurz durchschnauft und den nächsten Passagier herwinkt, um ihn –

»EXCUSE ME!!!
WHERE IS THE RESTROOM??!«

Anhand zahlreicher Beinahe-Herzinfarkte habe ich gelernt: Ein Excuse-Me verschwindet nicht von selbst. Überrascht hat mich eigentlich nur, dass nie einer von den Excuse-Mes erst die Verstärkeranlage von Motörhead aufgebaut hat, um mich und die gesamte Halle B Mitte mit seiner idiotischen Frage nach dem Scheißhaus in die nächste, hoffentlich leisere Welt zu blasen.

»Himmel, in zwanzig Minuten fährt mein ICE, verdammt nochmal, ich habe reserviert!«

Das kommt verschärfend hinzu: der Zeitdruck. Man kennt ja den Moment, wenn man ziemlich spät am Flughafen ankommt und noch durch die Kontrolle muss, da wird man einfach hibbelig, aber es muss ja nun mal sein. Hier haben wir die Situation, dass die Leute aufgehalten werden, weil sie etwas völlig Schwachsinniges tun sollen – weil sie, man kann es nicht deutlich genug sagen, nicht vorher aussortiert worden sind. Die Folge ist, dass die Situation an sämtlichen Kontrollgeräten ständig kurz vor einer Schlägerei steht. Und die Passagiere sind genauso geladen wie die Luftsicherheitskräfte. Fehler darf es da keine geben – aber gerade hier entstehen sie.

Ich habe einmal eine Flasche Champagner nicht abgenommen. Ein Manager hatte sie dabei, ich wollte sie ihm schon abnehmen. Dann nahm er mich zur Seite, zeigte mir seinen Personalausweis: Er war in Frankfurt geboren, er wohnte in

Frankfurt, und er erzählte mir kurz die Geschichte mit der Champagnerflasche. Eine Stewardess hatte ihm auf seinem gerade beendeten Lufthansa-Flug die Brille beim Zurückbeugen vom Servieren vom Kopf gewischt. Die Brille segelte in den Zwischengang, die Stewardess hatte sich vielmals entschuldigt, sich umgedreht, um die Brille aufzuheben und war dabei ganz folgerichtig auch noch auf sie draufgetreten. Der Schaden würde natürlich ersetzt, aber als kleine Wiedergutmachung gab sie ihm die Flasche Champagner mit.

Ich sah mir den Typ an, die Tasche war clean, die Handsonde hatte nichts ergeben, der Flaschenverschluss wirkte komplett unverdächtig, nicht geöffnet, also guckte ich mich um, ob irgendjemand hersah von der Einsatzleitung, schob ihm die Flasche in die Tasche und sagte: »Alles in Ordnung, auf Wiedersehen.« Einfach nur, damit es voranging. So was hätte ich an einer anderen Stelle nicht gemacht.

Einmal habe ich einen Mann erlebt, der ebenfalls nur seinen Zug erwischen wollte. Er kam durch die Torsonde, und ich bat ihn, den Gürtel abzulegen. Der Einweiser hatte vergessen, ihn darauf hinzuweisen. Der Mann kochte, er brüllte (völlig zu Recht), dass man ihm das doch vorher hätte sagen können, ging wieder zurück, zog wutentbrannt den Gürtel aus den Schlaufen, packte ihn am einen Ende, um ihn mit voller Wucht auf das Kontrollband zu knallen. Und mit der Gürtelschnalle erwischte er den Einweiser voll am Auge.

Der Einweiser schrie auf, hielt sich entsetzt das Auge. Und mir platzte der Kragen.

Ich baute meine gesamten zwei Meter vor dem Mann auf.

»WAS SOLL DENN DAS? WAS GLAUBEN SIE EIGENTLICH? SIE KRIEGEN HIER KEINEN SCHEISSZUG MEHR! HABEN SIE NOCH ALLE TASSEN IM SCHRANK? WIR HOLEN JETZT DIE POLIZEI, UND DANN IST DER TAG FÜR SIE ERST MAL GELAUFEN!«

Und daraufhin begann der Mann zu weinen.

Er entschuldigte sich, er war sichtlich verzweifelt und zog hastig einen Fünfzigeuroschein aus der Tasche.

»LASSEN SIE IHR BLÖDES GELD STECKEN! DAS HÄTTEN SIE SICH VORHER ÜBERLEGEN SOLLEN!«

Er bat, die Polizei rauszulassen, er entschuldigte sich sehr geknickt und glaubwürdig bei meinem Kollegen, also ließen wir ihn durchgehen. Es ging ja vor allem um einen reibungslosen Ablauf. Der Kollege hatte leider noch einige Tage ein richtig hässliches Veilchen.

»Mir wenn das passiert wäre, ich hätte den Kerl umgetreten«, sagte mein Kollege Peter danach, als ich ihm davon erzählte.

»Ach Quatsch«, lachte ich, »so einer bist du doch nicht. Du hast das doch im Griff.«

Eine Woche später hatte ich mit Peter Dienst in Hell's Kitchen.

Peter stand am Nachschautisch, als einer von den dringenden Hannoveraner Zugfahrern vorbeischäumte. Er zeterte in einem fort, er fluchte, und Peter blieb gelassen.

Während ich ihn sondete, drehte der Typ noch ein bisschen auf. Wir waren Arschlöcher, Wichser sowieso, kleine verkommene Drecksäcke, schlichtweg das Letzte. Und Peter blieb gelassen, so wie ich es von ihm kannte.

Dann nahm der hoffnungsvolle Zugreisende sein Gepäck entgegen, das Peter untersucht hatte. Und er feuerte stinksauer seinen Kulturbeutel Peter an die Brust. Und Peter senkte den Kopf und ging um den Tisch herum.

Er stellte sich direkt vor den Mann, der einen ganzen Kopf größer als Peter war. Dann trat er, den ich noch nie auch nur eine Sekunde hatte die Fassung verlieren sehen, dann trat Peter, der Coolste und Ruhigste von allen, dem Typ die Beine weg, ging schwungvoll in die Knie, packte den Kerl am

Kragen, holte aus und versenkte die Faust wortlos in seinem Gesicht.

Er wurde noch am selben Tag gefeuert. Aber es gab keinen einzigen Luftsicherheitsassistenten am Flughafen, der nicht verstanden hätte, was in ihm vorgegangen war.

Sitzend reisen

Der Anblick des Mannes hatte zunächst etwas zutiefst Beruhigendes. Ich saß hinter dem Monitor und sah ihn, wie er in seinem Rollstuhl auf die Kontrollstelle für Behinderte zurollte, und mein erster Gedanke war: »Na, das Problem mit den Sozialkassen haben sie ja offenbar wieder in den Griff bekommen.« Nicht dass er gesünder wirkte. Aber er hatte nicht nur einen Pfleger, sondern zwei, und das, obwohl er selbst nicht mal unbedingt aussah wie ein Millionär. Man sah es schon am Rollstuhl.

Rollstühle sind inzwischen für die, die drinsitzen, auch ein Lifestyle-Artikel. Bunter Rahmen, Leichtmetallfelgen, Leichtbauweise, für einen schicken Rollstuhl kann man inzwischen problemlos so viel Geld ausgeben wie für ein Hightech-Fahrrad. Der Typ mit den zwei Pflegern hatte keinen Lifestyle-Rollstuhl. Er saß in einem 08/15-Modell, Kunstlederlehne, Sechziger-Jahre-Optik, Schwermetallbauweise. Er war klein, dürr, hatte kurze Haare, saß unter einer Wolldecke, wie man sie üblicherweise im Wohnzimmer einer neunzigjährigen Rentnerin findet. Er trug eine olivgrüne Kappe im US-Army-Look und schaute teilnahmslos durch eine Brille mit Kassengestell. In den Reifen fehlte etwas Luft, das machte dem schiebenden Pfleger erkennbar zu schaffen, obwohl er ein kräftiger Bursche war.

Der schiebende Pfleger trug einen raspelkurzen Igelhaarschnitt und hatte sich für den Flug schick gemacht, schicker als der Mann im Rollstuhl: Er trug einen schlichten schwarzen Anzug, eine schwarze Krawatte, schwarze Schuhe, bequem, aber klassisch, gut geputzt. Er hätte genauso gut Bestatter sein können. Sein Kollege hinter ihm sah genauso aus. Die gleiche Frisur, die gleichen Klamotten, die gleichen Schuhe. Allerdings schob er niemanden, sondern trug das Handgepäck. Die drei reisten auch nicht wie Millionäre. Das Gepäck bestand aus zwei Aktenkoffern und einem labbrigen Karton, gerade groß genug für einen Fußball. Er stellte ihn aufs Rollband und ließ ihn ins Röntgengerät rutschen. Dann sagte er seinem Pflegekollegen ein paar stark zerkaute Worte. Amerikaner.

Amerikaner mit eigenwilligem Gepäck.

Wenn man die Gepäckstücke der Optik nach zuordnen wollte, musste der Fußballkarton dem Behinderten gehören. Er enthielt ein Häufchen Klamotten, sonst nichts. Dem ersten Aktenkoffer nach zu urteilen, war einer der beiden Pfleger zugleich eine Art Sekretärin. Er enthielt einige Papiere, ein paar Kugelschreiber, Heftklammern und ein Diktiergerät. Der Kofferinhalt ähnelte stark dem der anderen männlichen Sekretärin, die allerdings noch eine Vorliebe für Spielchen mit Handschellen hatte. Außerdem lagen im Koffer noch zwei Aktenlocher von Sig Sauer.

Nicht viele Schreibkräfte haben diese Aktenlocher. Das liegt daran, dass Sig-Sauer-Aktenlocher am effektivsten auf rund fünfundzwanzig Meter Entfernung arbeiten und neun Millimeter große Löcher machen, fünfzehn Stück, ohne nachzuladen. Das ist auch der Grund, weshalb Sig-Sauer-Aktenlocher im Büroalltag vergleichsweise unbeliebt sind: Erstens, weil alles, was sich unter oder hinter dem Dokument befindet, dabei ein bisschen kaputtgeht, Tischplatten, Computer, Telefone, Leute und so. Und zweitens natürlich, weil man viele Dokumente dann auch nicht mehr so gut lesen kann. Diese beiden Schreibkräfte hier an unserer Kontrollstelle schienen jedoch gern auf Nummer sicher zu gehen. Für den Fall, dass auf dem zersiebten Dokument noch zusammenhängende Sätze zu erkennen wären, hatten sie vier weitere geladene Magazine eingepackt. Ich winkte mit einem Augenblick meinen Kollegen Jan zu mir, zeigte ihm meine Entdeckung und rief den Einsatzleiter.

Die beiden Kurzhaar-Tippsen reagierten sofort.

»Hey, that's okay!«, sagte der Schieber.

»No«, sagte ich bestimmt, »that's *not* okay. That's *definitely* not okay.«

»It *is*«, sagte der Schieber. »We're from the FBI. It's a transport. This«, und er zeigte beiläufig auf den Behinderten, »this man is a prisoner. We're bringing him to the US. Take a look at the paperwork. It's in the case.«

Er zeigte auf den Koffer ohne Handschellen und Locher.

»Okay«, sagte ich, »we'll have a look.«

»Was gibt's?«

Zwischenzeitlich war die Einsatzleiterin eingetroffen. Carmen. Hübsch, aber harmlos.

»Nichts gibt's. Wenn diese Herren vom FBI sind.«

»Und wenn sie nicht vom FBI sind?«

»Dann haben sie für ihre USA-Reise einen Behinderten und zwei Pistolen zu viel eingepackt.«

»Wie bitte?«

»The police is informed«, seufzte der Anzug, der den Behinderten geschoben hatte.

»Carmen, weißt du was von einem FBI-Gefangenentransport?«

»Ich weiß von nichts.«

»Und die Bullen?«

Carmen klemmte sich ans Telefon, um bei den Kollegen der Bundespolizei nachzufragen.

»Die Bundespolizei weiß auch von nichts«, meldete Carmen kurz darauf. »Ich frag mal bei denen in der Zentrale nach. Aber in der Zwischenzeit können wir ja schon mit der Personenkontrolle anfangen.«

Da hatte sie Recht. Wir baten die Herren zu uns. Vor uns lag die schnellste Kontrolle aller Zeiten.

Zweifellos wussten die beiden Herren mindestens so gut Bescheid wie wir selbst. Es gab an ihnen kein unnötiges Stück Blech, sie drehten sich in Position noch während man Luft holte, um sie dazu aufzufordern. Das mit dem FBI wirkte allmählich glaubhaft.

Dann kam ich hinter dem Monitor hervor, damit wir uns den Behinderten vornehmen konnten. Die beiden Anzüge wurden unruhig.

»Be careful«, mahnte der Koffer- und Kartonträger. »This man is extremely dangerous.«

»He was convicted for armed robbery and murder«, erklärte der andere. »He killed three people.«

Jan und ich sahen uns an. Das dürre Männchen im Rollstuhl sah überhaupt nicht aus wie jemand, der bei einem Raubüberfall drei Menschen umgebracht hatte.

»Aha«, sagte ich, »and why is he in Germany?«

»He managed to escape«, sagte der Kartonträger, und die Art, wie er es sagte, hatte etwas überaus Beunruhigendes. Er sprach ohne jedes Lächeln, er zwinkerte nicht, er fand an der Situation überhaupt nichts skurril. Er sprach so wie die Leute, die in Filmen hilflosen Menschen sagen, was sie jetzt tun müssen: »Lassen Sie den Bären nicht aus den Augen. Sie gehen ganz langsam rückwärts. Sie fangen *nicht* an zu laufen. Wenn Sie laufen, sind Sie tot.«

»Okay«, sagte ich, »er ist euch also abgehauen. Und wie habt ihr ihn wiedergefunden? How did you get him again?«

Die Polizei hatte ihn bei seinem ersten deutschen bewaffneten Raubüberfall festgenommen. Freiwillig war er nicht mitgekommen. Sie hatten ihn erst ein wenig anschießen müssen.

Weshalb er wohl im Rollstuhl saß, vermuteten wir. Aber wir lagen falsch. Einer der Agenten zog die Wolldecke weg.

»He is extremely dangerous«, sagte er nochmals.

»Sometimes«, fügte der andere hinzu, »sometimes he bites.«

Ein Gefangener, der beißt? Das musste jetzt wirklich ein Gag sein. Ich forschte in seinem Gesicht nach irgendwelchen Anzeichen für einen Scherz. Aber der Mann war so sehr zu Scherzen aufgelegt wie ein Totengräber. Also kümmerten wir uns vorsichtig um unseren kleinen Dreifachmörder.

Den Bauch umgab ein massiver, zehn Zentimeter hoher Ledergurt mit Stahlschlaufen. Seine Hände lagen in Handschellen, an den Verbindungsstücken der Handschellen war eine Edelstahlkette befestigt, die durch die mittlere Schlaufe hindurch nach unten zu den Beinen führte. Die Füße waren ebenfalls mittels einer Kette aneinandergebunden. Der kleine Mörder konnte keinen Schritt machen, der größer war als dreißig Zentimeter. Unter diesen Umständen war der Rollstuhl zweifellos das schnellere Transportmittel. Der Typ war gut verpackt, daran war nicht zu rütteln – das Einzige, was noch fehlte, war Hannibal Lecters Unterkiefergesichtsmaske gegen mögliche Beißattacken.

Wir schoben den Rollstuhl zu unserer Kontrollkabine. Dort nahmen wir den Mann zu zweit unter je einer Achsel, hoben ihn an und achteten streng darauf, dass sein Kopf immer schön senkrecht war, mittig und keinem von uns zu nahe. Anderthalb Meter trugen wir ihn, dann stellten wir ihn in der Kabine in die Ecke, mit dem Rücken zur Wand. Danach teilten wir uns auf: Jan, ähnlich groß wie ich, drückte ihn mit der gespreizten Rechten auf der Brust in die Ecke. Ich führte die Personenkontrolle durch.

Jan stand der Schweiß auf der Stirn. Während der gesamten Zeit blieb seine linke Faust geballt. Der kleine Mann ließ es über sich ergehen. In seinen Schuhen war nichts. Seine Mütze war leer. Der Mann war durch und durch unbewaffnet. Dann richtete ich mich auf.

»Okay«, sagte ich, mehr zu mir selbst als zu Jan. Dann sah ich das Männlein an.

Das Männlein sah durch mich hindurch.

Wir packten ihn respektvoll wieder unter den Armen und schleppten ihn zurück zu seinem Rollstuhl. Nachdem wir ihn hineingesetzt hatten, warteten wir auf die Stellungnahme der Polizei. Inzwischen waren zwei Bundespolizisten eingetroffen.

Die Angaben stimmten, von vorne bis hinten. Wir gaben den FBI-Beamten ihre Koffer, die der eine von ihnen an sich nahm. Der andere packte wieder den Rollstuhl und begann, ihn zum Gate zu schieben. Da fiel mir die Decke auf, die noch am Nachschautisch lag. Die sollte man schon über den kleinen Mann breiten. Mitflieger in Handschellen machen Passagiere meist ein wenig nervös.

»Moment«, sagte ich.

Ich nahm die Decke und packte das Männchen blickdicht ein. Und als ich mich aufrichten wollte, sah er mich das erste Mal an.

Und lächelte.

Ein tadelloses Gebiss.

Man konnte direkt neidisch werden.

 **Mehmet**

Etwa ein Drittel der Luftsicherheitsassistenten in Frankfurt sind Türken. Das ist nicht schlimmer als ein Drittel Schwaben oder Thüringer, man versteht sie sogar besser. Zudem hat die Drittelung einen großen Vorteil: Die Ungerechtigkeit ist gerecht verteilt. Wenn ein türkischer Kollege in einer Truppe voller deutscher Luftsicherheitsassistenten kontrolliert, muss er sich dieselben dummen Sprüche über die Türken gefallen lassen wie ein Deutscher in einer türkischen Truppe. Die Türken kriegen dumme Witze über ihre Rückständigkeit erzählt, ihre anatolische Verwandtschaft und deren vermottenkugelte Pakete. Und wenn ich in einer Gruppe mit türkischen Luftassis arbeitete, war ich praktisch wahlweise so was wie ein Lederhosenkasper oder der hessische Hitler. Derb, aber wahr. Es gab nur eine Ausnahme: Nämlich, wenn ich mit Mehmet arbeitete und wir in einer völlig fremden Truppe waren.

Mehmet war mein absoluter Favorit unter den türkischen Kollegen. Lag vielleicht daran, dass er so ungefähr in meinem Alter war, also Mitte vierzig. Oder daran, dass er schon seit fünf Jahren am Flughafen war und genau wusste, was er wann wie zu tun hatte. Mehmet ist nicht sehr groß, vielleicht knapp über eins siebzig, aber kräftig, leicht untersetzt, mit grau melierten Haaren und einem grauen Schnauzer. Er kann verschmitzt grinsen wie kein zweiter, aber wenn er möchte, kann er so seriös gucken, dass man bei ihm sofort eine Lebensversicherung abschließen möchte. Nicht dass ihm daran gelegen wäre, Mehmet hat an den größeren und kleineren Geschäften am Flughafen kein besonderes Interesse. Mehmet möchte seinen Job gut machen und seine Ruhe haben. Außerdem liest er gern und viel, vor allem Historisches.

Wenn wir mal wieder zu zweit in einer völlig gemischten anderen Mannschaft waren, nahm mich Mehmet gerne mal beiseite. Und dann erklärte er mir die großen Fehler der Weltpolitik und der Militärgeschichte unter besonderer Berücksichtigung des Zweiten Weltkriegs. Das unwiderlegbare Fazit lässt sich etwa wie folgt zusammenfassen: Wenn Mehmet sehr viel früher geboren wäre, nämlich so früh, dass die Türken und die Nazis alle beizeiten auf ihn und seine Ratschläge hätten hören können, dann würden jetzt die Nazis und die Türken gemeinsam die Welt beherrschen. Und nun kann man da manches für ziemlich abstrusen Unsinn halten, zum Beispiel schon mal die Befürwortung irgendeiner Weltherrschaft. Aber ich muss ehrlich sagen: Bevor ich lange über Mehmets politische Weisheiten nachdachte, habe ich mir lieber ausgemalt, wie schön blöd unsere Neonazis da glotzen würden. Weil sie ihre No-go-Areas zumachen könnten, auf sämtlichen Postern Adolfs Chaplinbart verbreitern müssten und ab sofort meterhoch plakatieren: »Ein echter Deutscher kauft gern bei Özlem-Export!« Das wär's mir dann beinahe schon wieder wert. Vor allem, weil ich mir bei einem Blick in Mehmets Gesicht immer dachte, dass das überhaupt nur der eigentliche Grund war für seine Weltherrschafts-Fantasien – den Neonazis Adolf, den Türkenfreund, aufs Auge zu drücken. Das würde zu ihm passen. Bei Mehmet muss man mit allem rechnen.

Ich erinnere mich an einen Tag, an dem wir wieder die große Schweinefleischdiskussion hatten. Das ist ja nicht nur ein Klischee, die Sache mit dem Schweinefleisch, das man nicht essen darf oder will, das ist wirklich ein Thema, gerade in deutsch-türkischen Crews. Wir waren in einer Gruppe, die bis auf mich rein türkisch war, und wir hatten überlegt, wo wir mittags eine Kleinigkeit essen gehen würden. Ich hatte eine große Hamburgerkette vorgeschlagen und scheiterte am allgemeinen Protest, wegen des Schweinefleischs.

»Kannst du nicht essen!«

»Schmeckt furchtbar!«

»Schweine essen ihre eigene Scheiße, das sind grauenhafte Tiere!«

Und abgesehen davon, dass die Hamburgerketten eigentlich vor allem Rindfleisch verarbeiten, saß Mehmet daneben, nickte entrüstet mit. Gesagt hat er nichts, aber es war klar ersichtlich, dass Schweinefleisch eine völlig unzumutbare Angelegenheit war, und er, Mehmet, eher verhungern würde, als ein Schweineschnitzel zu essen. Wir haben das Nahrungsproblem dann also schweinefleischfrei gelöst, aber am nächsten Tag hatte ich wieder mit Mehmet Dienst, als zwei Flüge ausfielen und wir auf einmal relativ viel Zeit hatten. Also sagte ich zu ihm: »Komm, wir gehen mal was Gutes essen.« Und dann gingen wir zu Tegut, einer ganz ordentlichen Supermarktkette, an die Essenstheke, wo ich mir eine kleine Schweinshaxe aussuchte. Plötzlich hörte ich neben mir Mehmet sagen:

»O Mann, gute Idee! Die nehm ich auch! Eine Schweinshaxe!«

Ich sah ihn an. Wahrscheinlich hatte ich mich verhört. Kann ja immer mal vorkommen. Da hat man vielleicht schlecht geschlafen oder eine Erkältung ist im Anzug, und dann sagt jemand »Tofuwürstchen« und man versteht prompt »Schweinshaxe«.

Oder vielleicht war's auch Sarkasmus. Andererseits schob die Dame hinter der Theke eben zwei glänzende Schweinshaxen über den Tresen. Und Mehmet holte sich freudestrahlend einen der beiden Teller. Das sah nicht sarkastisch aus, sondern hungrig.

Wir luden also unsere Haxen auf unsere Tabletts, und auf dem Weg zur Kasse fragte ich ihn: »Du, Mehmet …?«

»Hmmm?«

»Was wird denn das jetzt?«

»Wieso?«

»Gestern Mittag sitzt du noch neben deinen Kumpels und nickst dir den Hals wund, wenn es gegen Schweinefleisch geht ...«

»Ja und?«

»Wie – ja und? Und jetzt trägst du eine Haxe zur Kasse.«

»Ja und?«

»Das ist doch ein totaler Widerspruch! Das geht doch gar nicht!«

Mehmet verstummte. Er sah nachdenklich drein. Er guckte nachdenklich, als er sein Tablett abstellte, nachdenklich, als er zahlte, nachdenklich, als er zum Tisch ging. Nachdenklich setzte er sich, holte nachdenklich das Besteck aus der Papierserviette, säbelte nachdenklich ein beeindruckendes Stück furchtbaren Schweinefleischs ab und biss nachdenklich hinein. Er kaute nachdenklich, schluckte nachdenklich. Dann sah er mich an und sagte nickend:

»Mmmh, die ist gut. Deine auch?«

»Hervorragend«, sagte ich, »was ist mit dem Widerspruch??«

»Ach so, der«, sagte Mehmet und schob sich gut gelaunt noch einen Bissen Schweinshaxe in den Mund.

»Ich weiß auch nicht. Schau, ich bin mit sechs Jahren nach Deutschland gekommen. Ich bin also praktisch schon vierzig Jahre lang hier. Ich bin so lange hier, dass sie in der Türkei bei meinen Besuchen immer sagen: Der Deutsche kommt. Und in Deutschland bin ich immer der Türke. Aber eigentlich bin ich beides. Also, wenn ich mit Deutschen zusammen bin, beim Grillen oder so, da gibt's doch nichts Schöneres als ein Schweinesteak. Wenn das richtig gut gemacht ist, dafür könnte ich sterben! Aber wenn ich mit Türken grillen gehe, gibt's nur Lamm oder Huhn. Und dann merke ich: Ich kann das Schweinesteak nicht ausstehen, ehrlich – wenn ich mit Türken zusammen bin, dann hasse ich das wie die Pest!«

Was soll ich sagen? Wenn all die jungen Türken mit Mitte vierzig so sind wie Mehmet, dann ist das hier auch in zwanzig Jahren noch ein ganz angenehmes Land.

 # Neue Geschichten vom Herrn Becker

Unser zweites Treffen verlief für unsere Verhältnisse ziemlich reibungslos. Wir waren an der normalen Personenkontrolle, am Gate nach London. Boris war nicht gut drauf, aber er hatte auch kein Gepäck dabei, das würde ja wohl alles viel einfacher machen.

Ich winkte ihn durch die Torsonde, dann suchte ich ihn mit der Handsonde ab.

»Eyyyy!!! Nicht so fest!«

»Das war doch nicht fest!«

»Doch! Seh' ich etwa aus wie ein Terrorist?!«

Ich hatte ein kurzes Déjà-vu, fand aber auch nichts Verdächtiges.

»Das war's schon wieder.«

»Echt das Letzte. Man kommt sich vor wie ein Gangster. Ich fliege hier ja schließlich ständig.«

Er verließ die Kontrollstelle und ging ein paar Meter weiter zu seinem Gate. Dort wandte er sich sofort zum Counter und fragte die Dame dahinter etwas. Die Dame antwortete etwas. Was immer sie antwortete, es war das Falsche.

»WIESO?«

»Wir haben hier keine Reservierung vorliegen …«

»WIESO HAT MEINE ASSISTENTIN KEIN ERSTER-KLASSE-TICKET???«

»Das kann ich Ihnen nicht sagen, aber wir haben hier keine Reservierung vorliegen …«

»WISSEN SIE, WIE WEIT WEG LONDON IST?!?!?«

»Das hilft uns doch jetzt nicht weiter …«

»WISSEN SIE, WIE LANG MAN DA FLIEGT? IN DER ZEIT KÖNNTE ICH MIT MEINER ASSISTENTIN VERDAMMT VIEL WEGARBEITEN!«

Allmählich wurde ich neugierig, wie auch sämtliche Menschen um mich herum. Becker tobte wie ein Weltmeister, und alle wollten natürlich wissen, was unser Rekord-Wimbledon-Sieger da zu zetern hatte. Und vor allem hätten wir alle gerne gesehen, wie denn diese sagenhafte Assistentin aussah, die in den bestenfalls anderthalb Flugstunden offenbar ganze Arbeitstage wieder hereinholte.

Becker wetterte noch einige Minuten auf die arme Dame hinter dem Counter ein, dann zog er kopfschüttelnd ab. Die Assistentin habe ich nie gesehen. Vielleicht arbeitete sie noch ein paar Unterlagen auf.

 **Heaven's Gate**

Eine der schwierigsten Prüfungen des Flugreisenden ist das fehlerlose Durchschreiten der Torsonde. Das ist für Außenstehende schwer nachvollziehbar, denn die Torsonde wurde eigens barrierefrei konstruiert. Sie ist zwei Meter zwanzig hoch, ein bisschen schmaler als eine Wohnungstür, aber sie hat keine Klinken oder sonstige Hindernisse. Der Sondenrahmen ist abgerundet, da kann sich nichts verfangen, auf dem Boden sind keine Stufen und Stolperkanten, die Torsonde ist eigentlich ein perfekt gerahmtes Nichts. Und dennoch stellt der Schritt durch dieses Nichts für viele Menschen eine unerwartete Herausforderung dar. Mitunter hat das mit dem Alter zu tun. Oder damit, dass noch zu wenig Alter vorhanden ist.

So fängt angesichts des hellgrauen Rahmens etwa jedes hundertste Kind zwischen drei und sechs Jahren zu heulen an, als wären sämtliche Leute, die vor ihm durch die Sonde gegangen sind, im Nichts verschwunden. Obwohl ja alle völlig unbeschadet auf der anderen Seite zu sehen sind. Da kann sogar die Mutti vorher durchgehen und winkend auf der anderen Seite stehen, das überzeugt den kleinen Justin noch lange nicht. Da hilft dann im Extremfall nichts anderes, als mit Kind und Mutter um die Kontrollstelle herum zu gehen und die Untersuchung eben mit der Handsonde nachzuholen. Die sieht dann aus wie ein Seifenblasenreifen oder Muttis Lockenstab, das ist manchmal für Kinder weniger bedrohlich. Und wenn das alles nicht hilft, ist es auch kein Problem. Denn das Geheul eines Kindes beim Absonden beeinflusst das Ergebnis nicht im Geringsten.

An der Torsonde gilt eine Spielregel, und die lautet: Wenn die Torsonde pfeift, piept oder klingelt, muss von Hand gesondet werden. Und unser Ziel war, nicht öfter handzusonden als nötig. Das passiert ohnehin oft genug, und in vielen Fällen dazu noch völlig grundlos. Die Torsonde pfeift nämlich nicht nur, wenn sie Metall findet. Die pfeift auch einfach mal aus Prinzip.

Dieses Prinzip wird ihr regelmäßig neu eingetrichtert. Nicht von den Luftsicherheitsassistenten, sondern eigens von einem spezialisierten Team. Ich war nie dabei, wenn dieses Team kam, ich gehe sogar davon aus, dass die Leute normalerweise nachts an den Geräten herumschrauben, wenn die Kontrollstelle unbesetzt ist. Dann prüfen sie, ob das Gerät technisch in Ordnung ist, etwa so, wie wir das täglich zum Arbeitsbeginn an der Kontrollstelle machen, aber noch etwas gründlicher. Und dann geben sie der Torsonde den Nervensägenfaktor des Tages ein. Der besteht aus zwei Parametern: dem Quotenalarm und der Berührungsempfindlichkeit.

Der Quotenalarm besagt dabei, wie viele Passagiere aus Prinzip mit der Handsonde untersucht werden sollen. Sagen wir: jeder dritte oder jeder fünfte. Wir könnten selbstverständlich auch jeden fünften per Hand abzählen, aber die Torsonde verhindert Diskussionen mit den Passagieren wie »Aber das hat doch gar nicht geklingelt!« Und sie verhindert, dass die Quote der Bearbeitungsunlust genervter Luftsicherheitsassistenten zum Opfer fällt. Und diese Unlust wäre nicht mal so unverständlich, denn es gibt Tage, da ist die Torsonde so kleinlich eingestellt, sagen wir auf »vier von fünf Leuten«, da kommt man aus dem Kontrollieren überhaupt nicht mehr raus. Und das, obwohl einem völlig klar ist, dass es auf der ganzen Welt gar nicht so viel Metall geben kann, wie einem die Torsonde weismachen will. Den Quotenalarm korrigieren können wir jedoch nicht, das Gerät und die Befugnis dazu haben nur die Fachteams. Und man weiß ja auch nicht, ob's tatsächlich am Quotenalarm liegt. Die Berührungsempfindlichkeit ist schließlich beinahe genauso wichtig. Da gibt es Tage, da klingelt die Sonde schon, wenn eine Fliege drauf landet. Und dann wieder solche, da wäre die Torsonde sogar bei einem Erdbeben das Einzige im Flughafen, was sich nicht muckt.

Um uns nicht wundzusonden, war unser Ziel daher ein Zweifaches: den Passagieren das Metall vorher abzunehmen und gleichzeitig dafür zu sorgen, dass sie die Sonde um Gottes willen nicht berühren oder sonst irgendwie gegen sich und uns aufbringen. Üblicherweise gibt der Einweiser dabei sein Bestes, indem er eine Variante folgender Luftsicherheitsassistenten-Volksweise aufsagt: »Gehen Sie bitte zügig geradeaus, gehen Sie ohne anzuhalten durch die Torsonde, ohne sie zu berühren.« Aber selbst, wenn der Kollege sich die größte Mühe gibt, nicht in einen monotonen Singsang zu verfallen, wenn er schön betont spricht, wenn er sich konzentriert wie Al Pacino bei der dreiundsechzigsten Wiederholung einer Szene, und wenn er es tatsächlich auch beim zweihunderteinundvierzigsten Mal so klingen lässt, als sei ihm der Satz gerade erst eingefallen, selbst dann gibt es Leute, die an dieser doch mäßig herausfordernden Übung scheitern. Und zwar jede Menge. Das fängt schon beim Durchschreiten an.

Eigentlich kann man beim Durchschreiten nichts falsch machen. Man kann im Stechschritt durch, man kann ganz eckig gehen wie die alten Ägypter auf ihren Wandzeichnungen, man kann auch auf einem Bein durchspringen. Einer der Klassiker für Kinder zwischen acht und zehn Jahren ist das Torsonden-Diving: Das kann man Kindern manchmal vorschlagen, manche kommen auch selber drauf, nämlich mit Anlauf durch die Torsonde zu hechten, das gibt oft einen Riesenlacher bei allen Beteiligten und Umstehenden und funktioniert dennoch auch technisch tadellos. Durchschreiten ist narrensicher, sofern man in der Lage ist, beide Teile des Wortes nachzuvollziehen. »Schreiten« und »durch«. Zwei von hundert können das allerdings nicht. Die gehen zügig los – und bleiben dann mitten in der Torsonde stehen und schauen fragend.

»Und was jetzt?«

»Wie, was jetzt?«

»Kann ich jetzt durch?«

»Was sonst? Wollen Sie jetzt duschen oder was?«

»Nee, ich dachte nur, weil …«

Dann schickt man sie nochmal zurück und schaut, ob sie's diesmal in einem Zug schaffen: *Durch*schreiten, bitte! Bei manchen Passagieren, glaube ich, ist es auch eine Prinzipsache: Die wollen's dann besonders gut machen, und besonders gründlich durchsucht wird man in deren Vorstellung offenbar nur, wenn man in der Torsonde stehend abgesucht wird. Hilft natürlich gar nichts. Nochmal raus, nochmal durch, die Faustregel lautet: Die Torsonde ist kein Stehplatz, die ist ein Gehplatz. Wenn Sie also bitte …?

Besondere Talente knallen dann mit einer Hand an den Rahmen, es gibt einen einwandfreien Erschütterungsalarm, und dann wird natürlich trotz bester Schreit- und Haltungsnoten gesondet. Auch das ist eine Spezialität: Eine normale Tür streift man üblicherweise so gut wie nie. Schön, wenn man jung ist, wenn man seine Freundin heimfährt, wenn man unter der Tür noch ein bisschen knutscht und tuschelt, da können Türrahmen ganz wesentlichen Halt bieten, da können sich ganze – Achtung, Gag! – Türrahmenhandlungen abspielen, aber im Normalfall geht man – *fffft* – durch eine Tür, da hat die Tür gar nichts davon. In der Torsonde ist das anders. Da kann man Dutzende Male vorher darauf hinweisen, wie es in dem alten Assistentenlied heißt: »Gehen Sie durch die Torsonde, ohne sie zu berühren.« Patsch, schon wieder sind irgendwelche Finger dran.

Ein Rentner samt Gattin war dabei mein besonderer Liebling. Er hatte ein Beinleiden, war aber sonst leidlich beieinander, schlurfte an die Kontrollstelle und wurde vom Kollegen darauf aufmerksam gemacht, wie er sich beim Durchschreiten der Torsonde zu verhalten hätte.

»Gehen Sie durch die Torsonde, ohne sie zu berühren.«

»Na klar, Mann, ich bin doch nicht blöd!«

Und tatsächlich wackelte er los, schaffte es auch tadellos in die Sonde, wo er leicht schnaufend ein Päuschen einlegte, gemütlich am Rahmen Halt suchte, und sich zu seiner Frau umdrehte:

»Erna, kommst du?«

In jedem Fall darf man die Aufgabe nicht unterschätzen. Es gibt Leute, die sich derart auf die richtige Performance an der Torsonde konzentrieren, dass sie den Rest der Übung vergeigen, wie der Experte mit Trainingsanzug und Sporttasche. Dabei war er so schön methodisch vorgegangen.

»Guten Tag«, keuchte er, »ich fliege zum ersten Mal und hab's saueilig. Mein Flieger geht gleich. Was muss ich machen?«

»Bitte leeren Sie Ihre Hosen- und Jackentaschen und legen Sie alles ins Körbchen.«

»Da ist nix. Weiter, weiter!«

»Legen Sie Ihre Sporttasche aufs Band. Sie wird durchleuchtet, kommt dann da hinten wieder raus, und wenn alles unauffällig ist, können Sie sie nehmen und zum Gate gehen.«

»Okay, okay, und was muss ich jetzt noch machen?«

»Gehen Sie bitte flott durch die Torsonde, ohne sie zu berühren.«

»Okay, tschau!«

Das ging tatsächlich so schnell. Der Kontrollnovize rannte förmlich durch die Torsonde, schnappte sich seine Sporttasche und verschwand spurtend in der Menge. Blöderweise hatte der Mann am Nachschautisch überhaupt noch keinen Blick in seine Tasche werfen können. Ergebnis: Wir mussten die Bundespolizei alarmieren, die den gesamten Sicherheitsbereich räumte, um den Mann mit der Sporttasche wiederzufinden. Es gab Flugverspätungen ohne Ende.

Tröstlicherweise schaffen es dann aber doch die meisten relativ schnell fehlerfrei durch die Sonde. Und bis auf einen Passagier haben es bislang auch alle überlebt.

Das war ein Mann mittleren Alters. Ein völlig unauffälliger Typ mit Jeans, braunen Schuhen, schwarzem Trolley, und dabei sogar sehr nett und zuvorkommend, anscheinend ein richtig guter, routinierter Vielflieger. Er war nur etwas blass, als er durch die Torsonde ging, stehen blieb und sich plötzlich an ihr festhielt.

Dann öffnete er den Mund und erbrach sich in bemerkenswerten Mengen. Er verdrehte die Augen, fiel um wie ein Baum und knallte ohne jede Reaktion auf den Boden.

Und dann war er tot.

Herzinfarkt.

Aber an der Torsonde lag's nicht. Die schlug dabei noch nicht mal Alarm.

 **Pillen und Pullen**

Natürlich gibt es Flüssigkeiten, die in großer Menge mit an Bord dürfen. Sogar vollkommen unkontrolliert. Nur eben nicht da, wo man es vermutet. Diese Flüssigkeiten befinden sich nicht im Handgepäck, sondern sind in speziellen Behältern an Behinderten befestigt. Man kann auch Urinbeutel dazu sagen. Und am Beispiel des Urinbeutels kann man generell ganz gut den Aberwitz der deutschen Luftsicherheitskontrolle nachvollziehen.

Mit Behinderten ist das sowieso insgesamt etwas knifflig. Nicht zuletzt auch wegen der Behinderten selbst. Meiner Erfahrung nach gibt es da drei Gruppen: Die erste ist die höfliche, freundliche Sorte, der es letztlich unangenehm ist, dass die Krücken im Weg sind oder der Rollstuhl so breit ist, dass man eben mit ihnen mehr Mühe hat als mit anderen Leuten. Ein sehr sympathischer Zug, da möchte man sich immer sofort zurückentschuldigen, weil man ihnen wiederum solche Umstände bereitet, dann versichert man ihnen auch, dass sie überhaupt keine besondere Belastung sind, und dann glauben sie's nicht und entschuldigen sich noch mehr und man entschuldigt sich auch noch mehr, und wenn man nicht aufpasst, gerät man in eine ganz üble Entschuldigungsspirale, wie zwei Herren, die sich so lange vor einer Tür gegenseitig den Vortritt anbieten, bis irgendwann das Haus abgerissen wird. Fazit: Alles in allem erfreulich im Umgang.

Die zweite Gruppe ist ebenfalls problemlos, wenn auch aus einem anderen Grund: Sie ist lethargisch, und damit ganz einfach zu untersuchen. Die dritte Gruppe hingegen ist das genaue Gegenteil der ersten Gruppe. Auf Anhieb würde man sagen: arrogant. Aber das sind sie meiner Erfahrung nach gar nicht. Die sind meistens mit ihrer Situation einfach noch nicht im Reinen: Sie sind vielleicht noch nicht lange in dieser Lage, sie machen sich Vorwürfe, sie machen der Welt Vorwürfe, sie erfahren, wie viele Nachteile sie als Behinderter haben, und dann kommt auch noch die Nerverei mit der Sicherheitskontrolle, am liebsten würden die aufstehen und den ganzen Behindertenmist hinschmeißen. Aber weil das leider nicht geht, pfeifen sie stattdessen den Luftsicherheitsassistenten an, weil er nicht rücksichtsvoll genug ist oder auch zu rücksichtsvoll:

»Was bilden Sie sich ein?!«

»Warum fassen Sie mich an?«

»Warum fassen Sie mich nicht an? Sehe ich Ihnen nicht gefährlich genug aus? Ich bin verdammt nochmal mordsgefährlich! Ich bestehe darauf, dass Sie mich anfassen!!«

Gut, die letzten Sätze habe ich noch nie gehört. Es würde mich aber nicht wundern, denn der Vorwurf wäre berechtigt. Wir durchsuchen Behinderte nämlich tatsächlich nicht richtig. Zumindest dann nicht, wenn sie in einem Rollstuhl sitzen. Was zunächst daher kommt, dass der normale Rollstuhl gar nicht durch die Torsonde passt. Deswegen müssen Behinderte im Rollstuhl auch durch ein spezielles Gate. Je nach Örtlichkeit ist das eines der Gates, die mit einem blauen Schild gekennzeichnet sind, das auf Kinderwagen und Rollstühle hinweist. Oder sie rollen gleich durch den Personaleingang. Aber egal, welchen Weg sie wählen – eine vollständige Kontrolle findet nicht statt.

Einen Behinderten im Rollstuhl kontrolliert man so: Man bittet ihn, sich nach vorne zu beugen. Dann tastet man ihn am Rücken und den ganzen Oberkörper ab. Dann bittet man ihn, sich kurz hochzustützen, wenn möglich. Dann kann man kontrollieren, was unter seinen Beinen los ist, und man kann auch einen Blick unter das Dekubituskissen werfen, ein Spezialkissen, auf dem die meisten Rollstuhlfahrer sitzen, damit sie keine Druckstellen bekommen. Dann klappt man die Fußstützen am Rollstuhl hoch und runter, und das war's. Es gibt keine Torsonde, meist auch keine Handsonde. Und während man einen Kinderwagen zusammenfalten und durch das X-Ray-Gerät schicken kann, bleibt der Rollstuhl so, wie er ist. Da passen nämlich allein schon die Räder nicht durchs Gerät. Und man könnte ihn natürlich durch die Torsonde schieben, aber das hätte wenig Sinn: Die gibt dann halt einfach jedes Mal Alarm, weil das ganze Ding ja sowieso aus Metall ist. Und wer jetzt noch auf die superclevere Lösung wartet, kann noch lange warten, denn: Das war's. Der Rollstuhl wird schlicht nicht untersucht, obwohl da mehr Patronen reinpassen als in fünfzig Magazine. Fertig, aus. Querschnittsgelähmte dürfen ja auch Flüssigkeiten mit an Bord nehmen. In ihren Urinbeuteln.

Nicht alle Querschnittsgelähmten tragen Urinbeutel. Aber viele, und wenn ich richtig informiert bin, anfangs sogar alle. In diese Beutel geht bis zu einem halben Liter Flüssigkeit. Man ertastet sie bei der Kontrolle, sie sind üblicherweise am Bein befestigt, dann tastet man den Schlauch entlang nach oben. Der Beutel ist manchmal leer, manchmal aber auch nicht. Wenn nun die ganze Flüssigkeitsregelung irgendeinen Sinn haben soll, dann muss man jetzt sagen: So nicht. Das Zeug ist zwar gelblich, aber das kann ja genauso gut Benzin sein. Nein, ich will jetzt nicht, dass alle Querschnittsgelähmten nur 100-Milliliter-Beutel haben dürfen. Aber es wäre überhaupt kein Akt, den Behinderten zu bitten, einfach den Beutel auszutauschen. Den schraubt man unten ab und an, das ist nicht komplizierter, als eine Glühbirne zu wechseln. Und wir werfen den Beutel dann weg wie eine Nachfüllpackung Shampoo.

Aber das macht niemand.

Ich hab einmal probiert, das vorzuschlagen. Aber die Reaktion war nur ein kollektiver Aufschrei: »Ach was, jetzt sollen wir wohl auch noch in der Pisse rumrühren?!?«

Also endet hier die Kontrolle. Ganz offiziell. Übrigens auch bei den Amerikanern, obwohl die generell gründlicher gucken. Man kann es auch so übersetzen: Hier sagt der Staat nichts anderes als: »Ach lass nur, die sind doch behindert.« Hier hört sozusagen ganz offiziell die Gleichberechtigung auf: Behinderte, sagt der Staat, sind ungefährlich, und freundlicherweise lässt er noch offen, aus welchem Grund – vielleicht weil sie arm dran sind oder doof oder körperlich eh nichts auf die Reihe bringen. Nach dem Motto: Unsere Behinderten – dumm, aber harmlos. Zum Ausgleich bemüht man sich dann aber um eine besonders schöne Formulierung des Sachverhalts: Es gibt bei uns eigentlich keine Behinderten, es gibt nur Fluggäste mit Mobilitätseinschränkungen.

Man könnte sagen, dass an dieser Stelle die Diskriminierung, die Geringschätzung sogar erst richtig anfängt. Behinderte sind nicht dümmer als andere, also sind sie auch nicht harmloser als andere. Gleichbehandlung beginnt mit der Einsicht, dass auch ein Behinderter keineswegs automatisch ein Engel ist.

Ansonsten ist medizinisches Zubehör eher unproblematisch, und das muss auch so sein, weil sonst die Amerikaner überhaupt in kein Flugzeug mehr dürften. Auch von uns hat wohl jeder irgendwo in seinem Badezimmerschränkchen ein paar Tabletten, und es stimmt auch, dass die mit den Jahren immer mehr werden. Wenn ich also hier und da einen deutschen oder einen italienischen Trolley durchsucht habe, da sind mir halt mal eine oder zwei Schachteln Tabletten entgegengefallen, und das war's dann. Aber bei den Amerikanern fängt's da erst an.

Der Amerikaner verpackt alle seine Tabletten in diesen orangefarbenen Döschen, die man auch aus Filmen kennt. Alle. Und er nimmt reichlich davon mit. Von hundert Amerikanern haben garantiert fünfundneunzig diese Döschen dabei, und nicht nur eins davon. Ich würde sagen, im Durchschnitt mindestens zehn. Wenn's drei Döschen sind, dann staunt man, weil's so wenig sind, wenn's zwanzig sind, dann ist das zwar noch nicht die absolute Spitze, aber schon mal ganz gut. Schuld ist, glaube ich, Lee Iacocca, der ehemalige Boss von Chrysler. Der hat zwei Bücher geschrieben, in denen er die segensreiche Wirkung von Aspirin zur Vorbeugung gegen Herzerkrankungen ordentlich breittritt. Und weil die Bücher Bestseller sind, löffeln die Amerikaner jetzt Aspirin wie andere Leute Buchstabensuppe. Ich hatte zwar nicht die Zeit, sämtliche Döschen durchzufummeln und alle Etiketten zu lesen, aber Aspirin ist mit das Häufigste, was einem entgegenfällt – ich glaube, in den USA kriegen das sogar schon die Säuglinge.

Ebenfalls gut vertreten sind Betablocker, weil der Amerikaner ja gerne möglichst viel von allem isst, was einen hohen Blutdruck erzeugt. Das muss dann der Betablocker wieder einpegeln. Und die dritte Gruppe von Medikamenten sind Vitamine. Man könnte meinen, dass es in den ganzen Vereinigten Staaten kein Obst mehr gibt und auch kein Gemüse. Oder dass die Amerikaner alle keine Zähne zum Kauen mehr haben und deshalb die Vitamine in Pillenform einwerfen müssen, aber das kann schon deshalb nicht stimmen, weil's keine Altersfrage ist. Manager, Teenies, Greise, alle futtern Vitaminpillen. Mein Lieblingsbeispiel hierfür ist die Begegnung mit einem amerikanischen Rentnerpaar.

Sie waren beide um die siebzig, was sie mir ganz stolz mit ihren Ausweisen belegt haben. Ein Ehepaar aus Alabama, fit wie vier Turnschuhe. Sie sah ungefähr aus wie Dorothy von den »Golden Girls«, eine schlanke, groß gewachsene grauhaarige Dame, dynamisch, sehr bestimmt. Er war ein ehemaliger Bundesmarshall, der unablässig unsere Arbeit lobte: »You make a very good job. Very, very good.«

Das ist ja auch mal ganz angenehm. Also pfiff ich beim Sonden »Sweet Home, Alabama«, und sie haben sofort mitgesungen.

»Sweet home Alabama
Where the skies are so blue
Sweet Home Alabama
Lord, I'm coming home to you.«

Sie hatte sogar die zweite Stimme drauf. Und ich dachte gerade: »Wenn ich mal so alt bin, dann will ich auch mal so fit sein«, als mein Blick auf den Koffer des Paares fiel, den der Kollege am Nachschautisch im selben Moment aufklappte.

Da war im Grunde überhaupt nichts anderes drin außer orangefarbenen Döschen.

Ich hab den Marshall fassungslos angesehen und gefragt:

»Do you have any kind of disease we should know about?«
Denn nach dem Kofferinhalt zu urteilen war das Paar offenbar mehr ein Fall für den Seuchenschutz.

Seine Frau hat gelacht und gesagt:

»No, it's only for protection.«

Zur Vorbeugung also, vom heiligen Iacocca angeordnet. Aber so richtig verstanden hab ich's erst am Tag danach, als die Ute Lemper gekommen ist.

Ute Lemper flog zu dieser Zeit ungefähr einmal pro Monat vom Frankfurter Flughafen weg. Eine ganz Nette, und irgendwie auch mein Typ, weil sie so schön groß ist. Die Lemper ist meistens ganz leger gekleidet, die nimmt auch nicht die Nobelgates VIP oder GAT, sondern sie fliegt ganz normal wie Ute Müller. Und sie reißt immer sofort den Koffer auf, ungefragt, obwohl sie auch mit einiger Berechtigung sagen könnte, dass sie nicht wie ein Terrorist aussieht. Im Gegenteil: Frau Lemper geht zwar inzwischen auf die fünfzig zu, aber nur ganz langsam, ungefähr so langsam wie ich. Für meinen Geschmack könnte sie höchstens, allerhöchstens etwas weniger Make-up um die Augen pinseln. Aber bitte, ich bin da kein Experte: Ich hab noch keine Rolle in einem Film vom großen Robert Altman gehabt. Und so, wie's aussieht, kriege ich wohl auch keine mehr.

Jedenfalls fliegt sie öfter mal nach Deutschland, und etwa einmal im Monat lief sie mir am Flughafen durch die Kontrolle. Freundlich, gut gelaunt, sie plauderte auch manchmal etwas, woraus ich erfuhr, dass sie in New York wohnt, und das jetzt schon ziemlich lange. Und am Tag nach dem pharmakologisch hochgerüsteten Rentnerpaar aus Alabama habe ich sie dann gefragt:

»Sagen Sie, Frau Lemper, wenn Sie jetzt schon so lang in New York leben, dann sind Sie doch eigentlich schon so was wie ein halber Amerikaner.«

»Wenn Sie so wollen, ja«, hat sie geantwortet.

»Aber warum haben Sie dann nicht den ganzen Koffer voller orangefarbener Pillendosen? Wo ist denn Ihre *protection?*«

Sie hat gelacht und ihren Koffer zugeklappt.

»Wozu? Ich hab doch 'ne Krankenversicherung!«

Wer keine Krankenversicherung hat, muss vorweg Tonnen von Pillen kaufen, weil er sich's nicht leisten kann, krank zu werden – bis heute hat mir noch niemand einleuchtender das Fiasko mit dem US-Gesundheitssystem erklärt als Ute Lemper.

Von B nach C

Wenn man Hell's Kitchen hinter sich hat, ist man froh über jeden anderen Einsatz. Verglichen mit Hell's Kitchen kann es nur besser werden. Man ist dankbar für drei Stunden Ereignislosigkeit bei Gate A. Oder irgendeine Transitkontrolle in B. Wer Glück hat, darf dann ins Terminal 2. Terminal 2 ist 1994 eröffnet worden, zweiundzwanzig Jahre nach Terminal 1, und man merkt das sofort. Wer nach vier Stunden in Terminal 1 ins Terminal 2 darf, der fühlt sich, als käme er frisch aus der DDR in den Westen. Aber nach Hell's Kitchen würde man alles bereitwillig ertragen. Alles, mit Ausnahme des B-C-Gangs.

Der B-C-Gang, der der letzten Renovierung endlich, endlich, endlich zum Opfer gefallen ist, war nicht so schlimm wie Hell's Kitchen. Der B-C-Gang war einfach anders schlimm. Und beide an einem Tag sollten sich sowieso komplett ausschließen, aber das taten sie leider nicht, weil die Steuerung, die uns alle einteilt, denkt, Kontrollstelle sei gleich Kontrollstelle. Was für ein tragischer Irrtum. Also: tragisch nur für uns, natürlich. Wenn ich in der Steuerung säße, würde ich da auch keinen Unterschied merken.

Der B-C-Gang war ein langer Schlauch, der von Gate B zum Gate C führte. Eine Transitkontrollstelle, bei der sämtliche Leute kontrolliert werden, die von Gate B weiterfliegen möchten, meistens nach Amerika oder auch nach Israel. Der lange Schlauch bestand auf einer Seite aus einer fünf Meter hohen Wand. Und auf der anderen Seite aus einer fünf Meter hohen Glasscheibe, außer bei den Kontrollstellen. Dort, wo sich die Kontrollstellen befanden, ersetzte über etwa dreißig

Meter hinweg eine zweite Wand die Glasscheibe. Das sorgte selbst an den sonnigsten Tagen für ein eigenwilliges Dämmerlicht wie an einem verregneten Novembertag nachmittags gegen 16 Uhr 30. Die Fraport hatte dort freundlicherweise einige Leuchtstoffröhren hinmontiert, die sie während der ganz frühen Morgenstunden auch kurz anschaltete. Ansonsten sorgte für die Beleuchtung das Tageslicht, das vor und nach dem Wandstück durch die Glasscheiben hereinfunzelte. Und wenn die Morgenbeleuchtung abgeschaltet wurde, dauerte es noch höchstens eine Stunde, und dann hatte selbst der hartgesottenste Optimist dort das dringende Bedürfnis, zu weinen. Das konnte aber auch an der Luft liegen.

In einem hundert Meter langen und fünfzehn Meter breiten Tunnel ist natürlich reichlich Luft. Wenn man da mal durchspaziert, vielleicht auch in Begleitung eines Kollegen, vielleicht nachts um eins, weil man gerade mal tiefsinnige Gespräche führen will – hervorragende Luft, für einen Flughafen sowieso. Und diese Einsamkeit! Wenn man hingegen fünfzehn Luftsicherheitsassistenten und fünfhundert Passagiere hineinstopft, ist die Luft schnell weg, etwa in einer Viertelstunde, wenn man kein Fenster öffnet. Und man öffnete im B-C-Gang kein Fenster, weil's keines zum Öffnen gab, vermutlich, weil die Architekten dachten, das mache dann wohl die Klimaanlage. Irgendwo zwischen diesem ausgezeichneten Plan und seiner Umsetzung muss dann aber etwas Unvorhergesehenes passiert sein, jedenfalls bestand heute die Klimaanlage im B-C-Gang aus drei altersschwachen Ventilatoren, die auf den Röntgengeräten stehen und in der Luft herumrührten. Bei einer Raumtemperatur von geschätzten 29,5 Grad und einer Luftfeuchtigkeit gegen 98 Prozent war der Erfrischungseffekt in etwa so, als würde einem ein sehr, sehr alter Mann ins Gesicht husten.

Nach einer halben Stunde spürte man im B-C-Gang erstmals, wie einem die Schweißtropfen zwischen den Schulterblättern hindurch geradewegs in die Unterhose perlten. Man bekam unschöne Flecken unter den Armen und manchmal fürchtete man, dass man genauso roch wie die Passagiere, die einem nach acht Stunden Flug zerknittert entgegentaumelten. Aber die Furcht war völlig unbegründet, weil man in diesem Mief wirklich schon extrem stinken musste, um unangenehm aufzufallen. Das größte Wunder hingegen war, dass einem überhaupt noch irgendetwas in dieser Luft auffiel. Weil es in dieser permanenten Sauerstoffarmut das Anstrengendste war, wach und einigermaßen aufmerksam zu bleiben. Man rang so verzweifelt mit seinen zufallenden Augenlidern wie früher in der Schule, sechste Stunde: Erdkunde. Und man merkte das auch den Passagieren an. Die sammelten sich gerne wie die Lemminge alle an der rechten Kontrollstelle, vermutlich, weil da noch am ehesten so etwas wie Licht zu finden war. Und dann versanken sie in einen komatösen Stehend-Dämmerschlaf.

»Kommen Sie bitte auch zur linken Kontrollstelle. Dort ist alles leer.«

»Nö, nö, danke, ist schon okay.«

Man musste diese Leute förmlich am Kragen packen und zu ihrem Glück schleifen. Das hatte häufig zur Folge, dass dem Ersten, den man zur leeren Kontrollstelle genötigt hatte, alle hinterherliefen. Dann war plötzlich die rechte Spur leer. In diesem Moment mochte man schon wieder weinen.

Hinzu kam, dass man an dieser Stelle sorgfältiger kontrollieren musste, denn weil die Flüge in die Vereinigten Staaten oder eben nach Israel gingen, wurden hier die US-Maßstäbe angelegt. Das bedeutet: Jedes zweite Gepäckstück ist zu kontrollieren. Und die Faustregel heißt, dass auf dem Nachschautisch immer ein geöffneter Koffer zu stehen hat. Weil das dann noch viel gründlicher aussieht, nämlich so, als würde praktisch jeder Koffer durchsucht.

Wenn man im B-C-Gang Glück hatte, arbeitete man an einer der beiden Kontrollstellen, die sich direkt an die glaslose Glaswand anschloss. Wenn man Pech hatte, arbeitete man an der dritten, äußersten Kontrollstelle. Die Arbeit war an allen drei Stellen dieselbe, nur die Umstände waren es nicht. Denn die drei Kontrollstellen füllten den Gang nicht aus, sie nahmen nur etwa zwei Drittel davon ein. Das übrige Drittel war für den Gegenverkehr. Für Leute, die von Gate C nach Gate B wollten. Damit diese Leute sich nicht mit den anderen Menschen vermengten oder der Arbeit der Kontrollstelle in die Quere kamen, hatten sich die Innenarchitekten eine sensationelle Lösung einfallen lassen: Sie hatten einen Zaun errichtet, der aus zwei Querstangen bestand und den sie vermutlich für unüberwindlich gehalten hatten – warum, war mir schleierhaft. Die obere Querstange befand sich etwa in Brusthöhe, die untere ungefähr in Kniehöhe – und dazwischen nichts als schlechte Luft.

Das hatte zur Folge, dass sich hinter dem Monitorer der äußersten Kontrollstelle, der wegen des engen Schlauchs praktisch mit der rechten Schulter an diesem Zaun saß, zwei Sorten von Menschen sammelten. Die eine Sorte sah gerne fern und versuchte hilfreiche Tipps zu geben, was auf seinem Bildschirm alles eine Waffe sein konnte. Diese Sorte war sehr ausdauernd. Die zweite Sorte war der beliebten Gruppe der Excuse-Mes zuzurechnen, die in dem Menschen am Monitor kostbare Informationen vermutete. Zum Beispiel darüber, wo man sich gerade befand, wo man gerade hinwollte und ob es für beides noch Alternativen gab, wie zum Beispiel die Toiletten. Beliebt war auch, den Monitorer an den Schultern zu rütteln, als hätte er gerade einen Kreislaufkollaps erlitten. Und ihn, wenn er sich dann umdrehte, kommentarlos zu fragen:

»Montreal?«
oder
»ICE Rosa Luxemburg delayed?«
oder irgendetwas, das klingt wie:
»Breschnew!«

Dieser Zaun, der keiner war, funktionierte allerdings in einer Hinsicht blendend. Er reichte bis sehr, sehr weit hinter die Kontrollstelle. Er reichte so weit zurück, dass man die Kontrollstelle nicht mehr sah und überhaupt nicht erkannte, wozu er eigentlich da war. Weshalb dort, wo der Zaun begann, die herüberströmenden Passagiere von Gate C vor einer seltsamen Wahl standen: Sollten sie rechts entlang vorbeigehen oder links entlang? Vorgesehen war rechts vorbei, schon deshalb, damit der Nachschub für die Zuschauertribüne hinter dem Monitorer gesichert war. So deutlich war das jedoch dort, wo der Zaun begann, absolut nicht. Also kamen immer wieder Leute auf die Idee, dem Zaun links entlang zu folgen. Dann kamen sie unversehens hinter der Kontrollstelle heraus, die für sie überhaupt nicht vorgesehen war, direkt bei der völlig verschwitzten Nachschaukraft. Die Nachschaukraft merkte das daran, dass sie plötzlich von verwirrten vietnamesischen Familien am Ärmel gezupft wurde oder an der Schulter gerüttelt.

Die Aufgabe der Nachschaukraft war es dann, den Vietnamesen verständlich zu machen, dass sie den gesamten Weg wieder zurückgehen mussten, weil sie auf die andere Seite des Zauns gehörten. Vietnamesische Familien wählten dann jedoch gerne die Variante, sich in Gegenrichtung durch die gesamte Kontrollstelle wühlen zu wollen, am besten mit vier Trolleys im Schlepptau. Ohne Schulterrütteln oder Ärmelzupfen, sondern durch einfaches Zurseiteschieben der Nachschaukraft. Und jetzt ist der Vietnamese an sich ja häufig handlich klein, aber große Mengen seiner Art sind trotzdem schwer wieder einzufangen.

Bei genauerer Betrachtung ist es eigentlich doch immer wieder erstaunlich, wie wenige Menschen letzten Endes im B-C-Gang von Luftsicherheitsassistenten erschlagen wurden.

An sich war also der B-C-Gang schon Zumutung genug. Häufig gab es allerdings noch einen kleinen Aperitif dazu. Das war jedes Mal dann der Fall, wenn man die Kontrollstelle neu öffnete – also etwa zweimal am Tag. Kaum eine Kontrollstelle ist 24 Stunden besetzt, auch diese nicht. Das wäre schon deshalb Unsinn gewesen, weil die letzte Maschine am späteren Nachmittag ging. Danach machten alle Feierabend, und die Kontrollstelle war unbesetzt. Am nächsten Morgen musste man sie dann wieder öffnen. Dazu gehörte, dass man das gesamte Gate räumte. Weil man vom Sicherheitsbereich und den Leuten darin nicht wusste, wer schon kontrolliert war und wer nicht. Die hätten ja nachts eingetroffen sein und sich da zum Warten hingesetzt haben können. Also ging man zu zehnt den gesamten Sicherheitsbereich ab. Man guckte in jede Toilette, unter den Deckel, hinter jeden Counter, man guckte in jeden Papierkorb. Und man bat jeden Menschen, den man fand, sich wieder nach vorne zu begeben, ganz egal, wo er gerade war. Wenn man untertags die Kontrollstelle öffnete, dann holte man dort auch die Leute aus den Geschäften raus. Oder aus den Cafés. Das hatten die natürlich furchtbar gerne, besonders, wenn sie sich gerade dazu durchgerungen hatten, einen der sündhaft teuren Kaffees hinter der Sicherheitskontrollstelle zu bestellen. Und dann kam der Luftsicherheitsassistent und sagte:

»Bitte gehen Sie jetzt zum Gate und lassen Sie sich kontrollieren.«

»Aber ich hab doch grade eben …«

»Das tut mir wirklich leid, aber ich muss darauf bestehen …«

Sehr viele verbrühte Gaumen sind auf solche Situationen

zurückzuführen, in denen Menschen sich teuren, heißen Kaffee in unverhältnismäßig kurzer Zeit in den Hals gießen. Da hat man dann den ganzen Tag noch was davon, zum Beispiel diese Brandblasen am Gaumen. Die Dankbarkeit der Passagiere ist genauso groß wie ihr Verständnis. Das trifft besonders auf solche Passagiere zu, die längst kontrolliert sind, aber eben ihren Flug verpasst haben.

Das Schlimme an der Räumung dieses Sicherheitsbereichs war, dass er so immens groß war. Ungefähr eine Stunde brauchte man dafür. Anschließend brachte man üblicherweise rund hundert schlecht gelaunte Menschen von einem solchen Fischzug anlässlich der Kontrollstelleneröffnung zurück. Am schlechtesten gelaunt waren immer die aus dem Red Carpet Club, der inzwischen geschlossenen Luxus-Lounge der United Airlines. Der befand sich an der Knickstelle zwischen B-Gang und C-Gang. Dort kamen die Leute nach ihren Acht-Stunden-Flügen an, setzten sich erschöpft hin und wurden von uns wieder rausgeschubst. Man stellte sie zusammen mit den anderen vor die Kontrollstellen, durchsuchte sie, und hinterher waren sie exakt genauso weit wie vorher.

Das alles sind die Gründe, weshalb man nach vier Stunden Hell's Kitchen eigentlich nicht hierher wollte. Das Blöde war halt, dass diese beiden Stellen auch am häufigsten und intensivsten besetzt werden mussten. Aber manchmal ging es auch glimpflich ab, und man begann gleich am Morgen im B-C-Gang.

Und musste erst danach nach Hell's Kitchen.

Oma unterwegs

Er war Ende fünfzig oder Anfang sechzig und zog ein Köfferchen hinter sich her. Er trug einen beigefarbenen Trenchcoat, Schuhe, die ihm in langen Jahren ans Herz und an die Füße gewachsen waren, und wenn ich fürs Fernsehen einen typischen Rentner hätte einkleiden müssen, wäre mir auch sonst kein Klischee eingefallen, das fehlte. Na ja, irgendeinen Dialekt hätte er vielleicht noch sprechen sollen.

»Tach ers' ma'!«

Das hatten wir also auch erledigt.

»Guten Tag. Bitte legen Sie Ihre Jacke auf das Band. Den Gürtel und die Schuhe.«

»Wat? Ach so. Ja sischer, dat …«

»Bitte auch die Taschen leeren …«

»Moment, ham wa gleich …«

»Und den Trolley auch, bitte …«

»Hä?«

»Ihren Trolley. Bitte legen Sie den auch aufs Band.«

»Mein Trolli?«

»Na, der Koffer!«

»Ach, der Ziehkoffer? Keine Angst, der passt locker durch dat Türchen durch, dat seh ich ja von hier …«

»Der soll aber nicht durch das Türchen da. Der muss in das Kästchen hier.«

»Ach so. Ja denn …«

Es hätte uns auffallen können, wie liebevoll er den Koffer aufs Band legte, beinahe als wäre es sein Kind.

Aber man denkt sich gar nicht ständig was.

Manchmal schaut man auch nur mehr oder weniger stumpf vor sich hin und sieht den nicht vorhandenen Wolken nach.

»Sin Se ma' vorsichtich damit, damit da nix entzweijeht da drinne, wa?«

»Aber selbstverständlich. Da können Sie ganz unbesorgt sein!«

Die Torsonde fand nichts bei ihm, also ließ ich ihn durch. Ein ganz normaler Rentner. Das einzig Ungewöhnliche an ihm war sein Gepäck. Judith, die am Monitor saß, sah etwas, was aussah wie ein Metallballon. Es konnte ein Pokal sein. Oder ein ungewöhnlicher Blecheimer. Oder eine Vase.

»Sagen Sie mal«, fragte sie über das Röntgengerät hinweg, »haben Sie eine Vase im Koffer?«

»Na klar! Ey, dat is uns Omma!«

»Wie meinen?«

»Dat is keene Vase. Dat is 'ne Urne. Dat is uns Omma da drinne!«

Und sicherheitshalber übersetzte er: »Unsere Großmutter!«

Es gibt wenige Fälle, die im Gesetz nicht vorgesehen sind. Der Gesetzgeber rechnet mit vielem bis fast allem. Im Betriebshandbuch finden sich zum Beispiel auch fünfsprachige Übersetzungen sehr wichtiger Sätze wie etwa »Nehmen Sie bitte einige von Ihren Sachen aus dem Koffer heraus!« oder »Der Schalter ist nicht besetzt«. Vorgesehen ist sogar der seltene Fall, dass der Luftsicherheitsassistent das kyrillische Alphabet beherrscht. Alle anderen sehen beim fünften Sprachvorschlag nur:

Выньте, пожалуйста, пару вещей из сумки!

Aber das kann man dann natürlich immer noch einfach ablesen. Es hilft freilich, wenn man kleinere Detailkenntnisse mitbringt, etwa von der Art, dass das »B« am Anfang als »W«

gesprochen wird oder die kleinen Ypsilons als »u«. Aber wenn man sich daran hält, weiß das Gegenüber sofort, was man meint, mit ein bisschen Glück wenigstens, weil leider nicht dabeisteht, in welcher Sprache man gerade radebrecht, ob Russisch, Griechisch, Bulgarisch oder sonst was, das kyrillische Alphabet benutzen schließlich mehrere Länder. Aber wie dem auch sei: Wer so clever an die Details denkt, der hat natürlich auch eine Regelung für den Umgang mit Urnen.

Wird bei der Luftsicherheitskontrolle eine Urne aufgespürt, so ist laut Betriebshandbuch §5 Luftsicherheit durch den EL oder die ZBL die LEZ der BPol anzurufen. Also, durch den Einsatzleiter vor Ort (EL) oder durch die Zentrale Betriebsleitung Luftsicherheit (ZBL) die Lage- und Einsatzzentrale (LEZ) der Bundespolizei (BPol). Die legt dann das weitere Vorgehen fest. In diesem Fall somit: die BPol.

Judith winkte also dem Einsatzleiter und sagte zu dem Rentner.

»Einen kleinen Augenblick, bitte.«

»Hä? Na, wenn Se meinen …«

Eigentlich war hier schon ein gewisser Groll vorprogrammiert. Ist ja auch gewagt. Kaum jemand weiß besser als ein deutscher Rentner, dass die Ankündigung »einen kleinen Augenblick, bitte« nichts Gutes bedeuten kann. Es dauert schon mal ein bisschen, bis der Einsatzleiter das Winksignal sieht und kommt. Und so lange geht an der Kontrollstelle nichts voran.

»Wat is denn nu?«

»Es dauert noch einen kleinen Moment.«

»Is mitter Omma irjendwat nich im Reinen?«

Das Schöne an so einem Vorgang ist, dass in dieser Zeit alles stillsteht. Da kann sich dann auch der Sonder mal hinstellen und relativ ruhig zugucken, wie die Geschichte ihren Fortgang nimmt. Wie die Kollegen an den Nebengeräten neugierige Seitenblicke werfen. Und wie dann mit strengem Schritt der Einsatzleiter kommt.

Judith brachte ihn kurz und leise auf den neuesten Stand:

»Mann. Urne. Oma drin.«

Die Informationen rasselten durch ihn hindurch wie Münzen durch einen Automaten. Das war ganz unterhaltsam zu beobachten.

Mann.

Urne.

Oma.

Prompt warf der Einsatzleiter die richtige Lösung aus: Erst telefonieren. Dann den Passagier informieren.

»Sie können Ihre Sachen wieder an sich nehmen. Alles bis auf die Urne. Die müssen wir gesondert untersuchen. Aber wir haben bereits die Bundespolizei verständigt, die kümmert sich dann darum.«

»Ja, wat denn? Bundespolizei?«

»Das ist so Vorschrift …«

»Die Omma tut doch nix mehr! Um wat jeht dat hier übahaupt?«

»Nein, aber trotzdem …«

»Oder müssen Se kucken, ob die früher wat anjestellt hat?«

Das wurde ja immer unterhaltsamer. Eigentlich fehlten jetzt nur noch ein Kaffee und ein Zigarettchen.

»Das sind die Sicherheitsvorschriften …«

»Dat war 'ne liebe alte Frau. Die hat vielleicht mal'n Huhn totjemacht, aber sonst …«

»Das ist hier die ganz normale Vorgehensweise, da kann Ihre Frau Großmutter gar nichts dafür …«

»Nee, da haben Sie Recht, dat war nach'm Krieg, da haben dat alle jemacht. Et gab ja sonst nix!«

»Nein, natürlich …«

Es war richtig schade, dass die Bundespolizei so früh eintraf. Auch sie wurden informiert.

Mann.

Urne.

Oma.

Klickklickklick.

Bing!

EGIS-Test.

»Ja, wat denn noch? Wer isn der Egis? Hat der hier och wat zu sagen? Oder wat isset?«

»Ein Prüfgerät. Da passiert Ihrer Frau Großmutter gar nichts.«

»Gar nichts?«

»Nein. Wir überprüfen nur, dass in der Urne kein Sprengstoff ist.«

»Nä! Wat de nich sachs! Na wenn et denn sein muss.«

»Es muss.«

»Früher, als die Omma noch jünger war, da isse schon mal öfters explodiert. Aber jetz inne Urne, dat kann ick mir nich vorstellen …«

»Es ist eben Vorschrift …«

»Kucken Se doch mal rin! Wat soll denn da noch hochjehen, bei dem Aggregatzustand?«

Er begleitete die Polizisten, was auch ganz hilfreich war. Ich hatte nämlich bereits einen leichten Krampf im Gesicht. Man muss schon optisch seriös bleiben, das macht sich nicht gut, wenn die Fluggäste den Eindruck bekommen, dass sie hier veralbert werden. Aber beinahe wäre mir dann doch noch was rausgerutscht. Er kam nämlich noch einmal vorbei, nach dem EGIS-Test.

Sie hatten nichts gefunden, weshalb Oma schließlich mitfliegen durfte. Aber weil der Rentner gute Manieren hatte, stieg er nicht einfach so in seine Maschine, sondern kam nochmal an seiner Kontrollstelle vorbei, um sich zu verabschieden.

»Tschüs, ihr!«, sagte er im Vorbeigehen und klopfte dabei zärtlich auf seinen Ziehkoffer.

»Mensch, Omma, wat 'ne Äktschn. Da hasse zwei Weltkrieche überlebt, unnu werfense dich inne selbe Topp mitte Al-Kaida!«

 **Lebensmittel auf Reisen**

Man verhungert offenbar schneller, als man glaubt. Ich hab mal gelesen, dass ein Mensch dreißig Tage ohne Nahrung auskommen kann, das hinge aber davon ab, wie viel man wiegt, wie man sich vorher ernährt hat, was man verbrennt oder was man arbeitet. Je nachdem könne man auch bis zu drei Monate durchhalten. Ist ja auch immer die Frage, wer da grade hungert. Irgendein indischer Yogi, der schon satt wird, wenn er über Butterbrote meditiert, oder Reiner Calmund. Aber wenn ich mich so an meine Passagiere erinnere, dann kann das alles nicht stimmen. Meine Passagiere schienen zu glauben, dass der Mensch in etwa zwei Stunden verhungert. Deshalb packten die Lebensmittel ein, als gäb's kein Morgen.

Verboten ist das nicht. Es ist erstaunlich, aber nicht verboten, auch wenn man manchmal glaubt, bei uns wäre alles untersagt. Aber die Luftassis sind für die Security zuständig, nicht fürs Lebensmittelrecht, das darf man nicht verwechseln. Am besten, ich erzähle mal ein schönes Beispiel. Damit man sieht, dass Lebensmittel prinzipiell eigentlich nicht verboten sind.

Ich stand am Gate C1, einem Transitgate, mit Regina. Leider. Wobei ich klarstellen möchte: »Leider« soll nicht heißen, dass Regina unfreundlich wäre oder hässlich. Im Gegenteil, Regina ist blond, sieht ganz flott aus. Da gibt's garantiert Passagiere, die freuen sich, wenn sie von Regina kontrolliert werden. Und nicht nur wegen der Optik. Regina ist nett, aufgeweckt, gelegentlich charmant, also da gäbe es ganz andere

Kolleginnen. Allerdings war Regina damals ganz frisch im Dienst, also jemand, den wir als Rookie bezeichneten.

Der Begriff kommt aus dem US-Sportbetrieb, vor allem aus dem Football. Man könnte natürlich auch einfach »Anfänger« sagen, aber wir sind am Flughafen, wir sind im Luftfahrtgeschäft, und da geben die Amerikaner den Slang vor. Wenn die Amerikaner »Greenhorn« sagen würden, würden wir's auch tun, aber sie sagen nun mal »Rookie«, also sagen wir natürlich auch »Rookie«. Und mit Rookies erlebt man manchmal Sachen, die will man nicht wirklich erleben.

Wir standen also an diesem Zwischengate, und es passierte nichts. Wir waren nicht mal sicher, ob überhaupt noch wer kommen würde. Ein Großteil des Berufs des Luftsicherheitsassistenten besteht ja auch im Rumstehen. Manchmal ist man da so einsam auf seinen weiten Fluren, da glaubt man direkt, dass die Steuerung einen vergessen hat. Dass alle anderen schon daheim sind, und irgendwann mitten in der Nacht wacht einer auf und denkt sich:

»Au scheiße, der Achim und die Regina stehen ja noch immer auf C1!«

Vorgekommen ist es noch nicht, aber man fürchtet es manchmal, wenn mal wieder überhaupt nichts passiert. Aber dann sprang die Rolltreppe an.

Eine anspringende Rolltreppe bedeutet Abwechslung. Irgendwer muss sie ja in Bewegung gesetzt haben, und den Irgendwer kann man dann kontrollieren. Die Rolltreppe ratterte und ratterte gemütlich vor sich hin, dann blieb sie stehen. Passagierzahl: null. Ich stand auf, ging zur Rolltreppe, sah hinunter. Nichts zu sehen.

Also schlappte ich wieder zurück zu unserem Tisch. Und wie ich da ankomme und mich gerade hinsetze, springt die Rolltreppe wieder an.

Regina sah mich an, ich sah sie an. Diesmal blieb ich sitzen. Allerdings kam jetzt was. Wir sahen, wie auf der Rolltreppe erst ein Leopardenmützchen auftauchte, unter dem sich ein schwarzer, faltiger Kopf befand. Neben dem Kopf tauchte eine Art Kopfputz auf, turbanartig, aber ausladend und prächtig, dunkelblau, tiefschwarz und golden gemustert, auf einem Frauenkopf, gleichfalls tiefschwarz, gleichfalls faltig. Der Rest der Kleidung konnte mit den beeindruckenden Hüten nicht ganz mithalten. Das Leopardenmützchen trug einen dunkelblauen, stark abgenutzten Anzug, der Turban irgendwas Schwarzes. Die Klamotten hatten sicher schon mal würdevoller ausgesehen, das Paar selbst sah aus, als wären sie zusammen 250 Jahre alt. Und entsprechend kämpften sie mit ihrem Gepäck.

Ich ging zur Rolltreppe, um ihnen zu helfen. Sie hatten zwei Koffer und zwei kleine Köfferchen. Es waren Stoffkoffer, zum Bersten voll, und Rollen waren auch nicht dran. Die alte Dame fiel prompt beinahe hin, als sie versuchte, auch nur einen Teil des Gepäcks vorwärtszuwuchten. Es war eigentlich ein Wunder, dass sie es überhaupt bis zu uns geschafft hatten. Andererseits ist es aber immer wieder erstaunlich, was Menschen alles bewegen, sobald man es in einen Koffer stopft. Es heißt ja immer, dass Angst übermenschliche Kräfte verleihen kann, aber ich persönlich glaube, volle Koffer können das beinahe genauso gut.

Ich half ihnen zunächst mal, das Zeug zu unserem Tisch zu bringen. Dann fragten wir, von wo sie kämen und wo es denn hingehen sollte. Die Antwort kam in einer leisen Mischung aus neunzig Prozent afrikanischer Sprache und etwa zehn Prozent englischer Brocken. Aus den Brocken schlossen wir, dass die beiden ein tansanisches Häuptlingspaar waren, auf dem Weg in die USA. Sie wollten ihren Sohn besuchen, der in Amerika studierte. Nur sie beide, bedauerlicherweise, wie der Häuptling bedeutete, weil es zu Hause noch fünfzehn weitere Ehefrauen gab, die eigentlich auch gerne mitgeflogen wären. Aber den Transport von sechzehn Ehefrauen konnte sich der Häuptling nicht leisten. Also wuchteten wir die Koffer aufs Band und guckten auf unseren Monitor. Drei waren unverdächtig, im vierten war eine merkwürdige Form von Grillbesteck zu erkennen. Und etliche dunkle Gegenstände, in Blech gehüllt, vermutlich Alufolie, mit irgendwas Organischem drin. Also sahen wir mal rein.

Gerüche kann man ja nicht sehen. Aber wenn man sie sehen könnte, ich schwöre es, dann wäre in dem Moment, in dem wir den Reißverschluss öffneten, dichter, schweflig gelber Qualm aus der Tasche aufgestiegen. Es war unbeschreiblich, eine Variante von Verwesungsgeruch, irgendetwas, das das Mindesthaltbarkeitsdatum deutlich überschritten haben musste, dem Geruch nach zu urteilen etwa zu der Zeit, als der Häuptling noch Probleme mit Pickeln hatte. Ich warf vorsichtig einen Blick in den Koffer. Es war ein Wunder, dass meine Augen nicht tränten. Ich entdeckte dieses seltsame, aber ungefährliche Grillbesteck und mehrere große Pakete aus Alufolie. Ich musterte Methusalem und seine Frau, zählte zwei und zwei zusammen und war bereit, sie durchgehen zu lassen.

Aber ich hatte ja Regina bei mir.

Den Rookie.

Neulinge bei der Luftsicherheit gibt es üblicherweise in drei Varianten. Die erste ist das Kaliber »superlustige Knallerbse« – nach der Lehre nicht übernommen, nach Dienstschluss nie früh genug in der Diskothek, und der Flughafen ist ein großer Spielplatz, an dem sie rund um die Uhr die Superbrüllergags reißen, die sie von schwarzgebrannten Mario-Barth-CDs gelernt haben. Variante zwei kommt aus der Schulung und weiß schon alles, was letzten Endes meistens bedeutet, dass der Rookie nicht zugeben kann, dass er etwas nicht weiß und daher aus dümmstmöglichem Stolz Mist baut. Regina gehörte zur Variante drei, die zwar auch anstrengend ist, aber letztlich die brauchbarsten Luftassis hervorbringt: zunächst etwas ängstlich und verunsichert (was bedeutet, dass sie die Verantwortung spüren), dafür leicht zu handeln, weil neugierig, schnell lernend, zuverlässig. In dem Moment wäre mir aber eine der ersten beiden Varianten lieber gewesen.

»Müssen wir da nicht reinsehen?«, fragte Regina.

»Wir *können* da schon reinsehen, aber nötig ist es nicht.«

»Wieso nicht?«

»Schau dir die Leute an, das will ich gar nicht sehen, was da drin ist. Gefährlich ist es nicht.«

»Aber dann lerne ich doch nichts!«

»Willst du wirklich …?«

»Doch! Sicher. Und wenn ich eines Tages eine erfahrene Luftsicherheitsassistentin bin und jemand Neues an meiner Seite habe, muss ich das ja auch kennen!«

Irgendwo hatte sie ja Recht. Aber ich hätte es uns allen trotzdem gerne erspart.

Ich griff also seufzend in die Tasche und holte eines der Alupakete hervor. Es war weich. Nicht plastiksprengstoffweich. Mehr so wie etwas, was überhaupt nur noch von der Alufolie zusammengehalten wird. Ich bemühte mich, die Folie nicht zu beschädigen. Was immer da drin war, wollte ich gern möglichst luftdicht wieder einwickeln können.

»Was haben Sie denn da?«, fragte ich die beiden. »What's this?«

»Fish«, sagte der alte Herr, und dazu strahlte er wie ein Sonnenaufgang.

Tansania grenzt an drei der größten Seen Afrikas. Den Viktoriasee, den Tanganjikasee, den Nyassasee. Von welchem See die zwei kamen, weiß ich nicht, aber alle sind für ihren Fischreichtum bekannt, unseligerweise. Der studierende Sohn in den USA hatte offenbar jüngst einen Enkel für die beiden

115

Herrschaften hervorgebracht, und dieser Enkel, so hatten Herr und Frau Häuptling beschlossen, sollte einen dieser berühmten Seefische zu sehen bekommen. Also hatten sie einen Fisch zerlegt und in Alufolie gewickelt. Ich rechnete rasch im Kopf zurück, wie lange diese Einwickeltätigkeit zurückliegen musste: Der Flug hatte vielleicht zwölf Stunden gedauert, allerdings war kaum anzunehmen, dass Herr und Frau Häuptling direkt neben dem Flughafen wohnten. Der Wolke nach, die uns umwaberte, war Häuptlingshausen entweder eine Woche vom Airport entfernt oder es war unterwegs verdammt gutes Wetter gewesen, etwa 55 °C im Schatten.

Ich blickte zu Regina.

»Reicht's?«

Sie nickte. Ihr Teint spielte leicht ins Grünliche. Vorher hatte sie mir besser gefallen.

Ich faltete die Alufolie vorsichtig wieder über der Fischleiche zusammen. Dann wünschten wir den beiden einen guten Flug – und das ist das, was ich vorhin gemeint habe. Wenn ich Freunden die Geschichte erzähle, sehen die mich oft fassungslos an, weil ich Familie Häuptling den Fisch nicht abgenommen habe. Aber stinkender Fisch ist nicht meine Baustelle. Stinkender Fisch ist auch nicht sicherheitsgefährdend, es sei denn, sie vergiften den Piloten damit. Die US-Kontrolle später hat das vielleicht anders gesehen, aber die haben auch andere Vorschriften. Bei uns darf der Fisch durch. Bei Lebensmitteln sind wir großzügig.

Riesige Schinken, große Brote, kein Problem. Und das machen die Leute auch. Man könnte meinen, es gäbe im Flugzeug nichts zu essen. Es wird ja immer geklagt, dass unsere Schulkinder das gute alte Pausenbrot gar nicht mehr kennen würden. Die Bemme, wie der Ostdeutsche sagt, oder die Stulle des Berliners. Beim Flugpassagier kann ich alle beruhigen:

Der Flugpassagier ist mit der Stulle noch auf Du und Du. Ich weiß nicht, wann ich das letzte Mal in meinem Bekanntenkreis jemanden gesehen habe, der sich ein Leberwurstbrot einpackt – aber sobald's ans Fliegen geht, ist die Leberwurst ein Klassiker. Das hartgekochte Ei. Das Käsebrot. Wir sind im dritten Jahrtausend, im 21. Jahrhundert, aber was unsere Passagiere angeht, leben die kulinarisch noch in den fünfziger Jahren.

Ich hab mich selber schon hundertmal gewundert, wenn ich mir angesehen habe, was meine Kollegen so essen. Man wird ja nicht reich, als Luftsicherheitsassistent, da könnte man viel Geld sparen, wenn man sich mal für die Mittagspause was von zu Hause mitnimmt – nein, Mittag für Mittag wird da ein Vermögen dem Herrn McDonald's in den Hals gestopft. Aber ich möchte wetten: Sobald es ans Fliegen geht, schmieren die alle Brote wie ihre eigenen Großeltern. Vielleicht ist das auch so eine Art Folklore, die letzte funktionierende Tradition der Deutschen: Wer fliegt, schmiert. Mit dick Kalbsleberwurst, da kann der Johannes B. Kerner seine Putenwerbung noch hundert Jahre in die Gegend senden. Und natürlich das Salatblatt. Was Grünes muss immer dabei sein; wenn der Deutsche zwei Tage keinen Salat isst, wird er selber welk. Eine meiner gruseligsten Entdeckungen waren zwei Salatköpfe in einem Rucksack, am Transitgate, seit mindestens zwei Tagen unterwegs. Wenn man da mal unvorbereitet ohne Handschuhe reingreift, das ist ein Gefühl irgendwo zwischen lauwarmem Tierkadaver und Gurkensalat.

Wie auch immer, verboten ist das nicht. Sie können auch ein Kilo Salz mitnehmen, uns ist das egal. Schwierig wird es nur bei Flüssigkeiten. Und der Begriff der Flüssigkeit ist dehnbar. Vom Kulturbeutel her weiß der Passagier ja: Cremes darf man nicht mitnehmen. Und so ist es auch bei den Lebensmitteln: Wenn's zu cremig wird, ist Schluss mit hungrig. Die berechtigte Frage ist: Wer isst schon Cremes? Und die verblüffende Antwort im Flugverkehr lautet: Offenbar alle.

Es geht dabei gar nicht um Tubennahrung. Ich wüsste auch nicht, wer die verkauft. Es geht um Senf. Um Mayonnaise. Um Tomatenketchup. Und das nicht in Portionspackungen. Der Flugpassagier transportiert Senf für Kompanien, Mayonnaise für Regimenter, Tomatenketchup für ganze Armeekorps. Vorzugsweise in die Türkei, nach Südeuropa und Skandinavien. Dort ist die Senfdiaspora, dort dürstet die Bevölkerung nach Mayonnaise, nehme ich an. An den Straßenrändern sitzen verhärmte Schweden mit hohlen Augen, sie strecken ihre Hände aus und rufen:

»Senf! Senf! Mittelscharf!«

Ich habe selbst mal im Handgepäck ungelogen fünfundzwanzig Halbliterflaschen Tomatenketchup entdeckt. Bei einem unscheinbaren, absolut zurechnungsfähig wirkenden Herrn. Der war gerade unterwegs nach Grönland.

»Bitte«, frage ich, »wofür brauchen Sie in Grönland zwölf Liter Tomatenketchup?«

»Ich bin Expeditionsleiter. Ich hab da eine ganze Gruppe zu versorgen.«

»Mit Ketchup?«

»Das gibt's da nicht in dieser Qualität. Das gibt's nur hier.«

Ich guckte beeindruckt auf die Flasche. Ich lerne ja gerne dazu, und wenn es einen unvergleichlichen deutschen Qualitäts-Tomatenketchup gibt, dann möchte ich das wissen. Auf der Packung stand der schöne Name der US-Tomatenpampe »Heinz«. Ich hoffe nur, unsere Polarforscher kennen sich mit ihrem Packeis besser aus.

Andererseits: So was ist wiederum auch tröstlich. Denn die Ketchupflut wurde natürlich beschlagnahmt, und Heinz-Ersatz kann man garantiert auch in Grönland ordern. Kleine Kontrollfrage zwischendurch: Wenn man unbedingt zwölf

Liter US-Ketchup über Deutschland nach Grönland transportieren will, wo macht man das dann?

Jawohl, gut aufgepasst, im Reisegepäck, da darf man das ja auch.

Ins Reisegepäck dürfte ja überhaupt vieles, aber es ist den Leuten zu unsicher. Und damit haben sie nicht ganz Unrecht, weil die Kollegen hinter den Kulissen schon gelegentlich ziemlich kräftig hinlangen bei den Koffern. Da sähe es dann schon manchmal schlecht aus für Tante Luises Schattenmorellen.

Da sind wir dann prompt wieder in den kulinarischen Fünfzigern. Der Flugreisende liebt eingemachtes Obst. Kein Mensch hat das sonst noch zu Hause, aber auf Flugreisen ist es immer wieder dabei: Birnen, Pfirsiche, Kirschen, Pflaumen. Mitunter auch in Konservenform, dabei muss den Leuten doch klar sein, dass sie nicht mal den Öffner dazu im Handgepäck haben dürfen. Aber meistens in Einweckgläsern, so richtig mit Dichtungsgummi. Und dann gucken die Herrschaften immer sehr entgeistert, wenn man sagt:

»Das können Sie nicht mitnehmen.«

»Das sind doch nur Schattenmorellen! Probieren Sie doch mal! Ich schwöre Ihnen: Solche Schattenmorellen haben Sie noch nicht gegessen!«

Und ruckzuck ist der Dichtungsgummi rausgerissen, die Suppe ploppt im Glas, und es wird einem stolz unter die Nase gehalten. Tante Luises Einmachsud schwappt aufs Rollband. Wenn das Rollband unter Ihrer Tasche mal wieder so klebrig knarzt wie der Fußboden im Kino, wissen Sie jetzt, warum.

»Probieren Sie mal!«

Das ist auch eine interessante Argumentation: Je besser das Obst, desto erlaubter muss es sein. Das wäre natürlich bitter für all diejenigen, deren Oma Elsbeth grauenerregend schlechte Schattenmorellen fabriziert. Und ideal für Terroristen, die Tante Luises Rezept für eingelegte Birnen mit Schuss gestohlen haben. Deshalb sind in einem Rechtsstaat alle mitfliegenden Schattenmorellen im Handgepäck gleichermaßen verboten.

Meine Empfehlung: Doppelt in Luftpolsterfolie wickeln und ins Reisegepäck.

Ist ja auch billiger.

Nicht dass die Kosten die Leute abschrecken würden. Handgepäck wird mitgenommen ohne Ende. Das ist legal, aber teuer. Manche denken ja, sie dürften immer nur ein Stück mitnehmen, oder zwei, wenn das mit dem Gewicht hinkommt, aber das ist nicht richtig: Theoretisch können Sie nahezu unbegrenzt Handgepäck mitnehmen, wenn es nicht überdimensional groß ist. Sie müssen's halt bezahlen. Und da kommt man manchmal in Größenordnungen, wo man sich gleich denkt: Für das Geld könnte das Gepäck einen eigenen Sitz beanspruchen. Schreckt aber niemanden. Bei einem älteren Herrn hatte ich sowieso das Gefühl, dass der mit dem Handgepäck seinen Lebensmittelladen bestücken wollte.

Ein Türke, etwa siebzig Jahre alt. Die Schiebermütze, die man bei älteren Türken öfter sieht, das Sakko, ein winziges Männlein, vielleicht eins fünfzig groß, mit Brille, weißem Schnurrbart, verschmitzt strahlenden Augen und vier Trolleys unterwegs. Vier schweren Trolleys. Er selbst kam mustergültig durch die Torsonde. Wir haben die Trolleys durchleuchtet, und das Gewicht bestätigte alles. Riesige Mengen an Senf, an Säften, Konserven, das war die reinste Lebensmittelgroßhandlung.

»Tut uns leid, das können Sie nicht mitnehmen.«

»Nicht?«

»Nein, ist zu viel! Flüssigkeiten. Das müssen Sie hierlassen.«

Was letztlich wegwerfen bedeutete. Wir überlegten zwar noch die übliche Notlösung: Das Zeug einem Verwandten vor der Kontrolle in die Hand drücken, der es flugs zum Check-in als Reisegepäck aufgibt, aber das war zeitlich nicht mehr drin. Also musste das Männlein mit vier leeren Trolleys reisen. Was ich allerdings überhaupt nicht begriffen habe, war, dass er eine Woche später wieder vor mir stand. Dasselbe Männlein, dieselben vier Trolleys, dieselbe Füllung. Ein Zufall, dass er wieder bei mir landete. Kein Zufall, dass wir ihm das Zeug wieder abnehmen mussten.

»Himmelnocheins, Sie schon wieder! Ich hab Ihnen doch vor einer Woche schon gesagt, dass Sie das nicht mitnehmen dürfen!«

»Immer noch nicht?«

»Nein!«

»Ich dachte, das ist jetzt geändert.«

Kein Wunder, dass die Lebensmittel auf der Welt knapp werden, wenn unsere älteren Mitbürger das Zeug tonnenweise im Frankfurter Flughafen entsorgen. Manchmal werden sogar die älteren Mitbürger knapp. Eine jüdische Dame in fortgeschrittenem Alter tauchte mal an einem Checkpoint in die USA mit zwei Trolleys und zwei sehr schweren Koffern auf. Inmitten zweitausend anderer Passagiere. Sie hat den Checkpoint im Krankenwagen verlassen.

Auslöser war der Inhalt der Koffer: Irgendwas Selbsteingemachtes, Selbsteingelegtes, Paprikaschoten oder sonst was, dazu Schnäpse, Liköre, Weine, alles in allem ungefähr 800 Euro Einkaufswert und – weil in Koffern – sowieso schon perfekt, um es als ganz normales Reisegepäck aufzugeben. Nein, die Dame musste den Quatsch als Handgepäck mitschleifen.

»Das sieht aber ganz schlecht aus.«

»Was?«

»Das können Sie nicht mitnehmen. Es tut mir leid.«

»Ja, aber wieso denn? Ich hab's doch versprochen. Ich war

noch nie in den USA! Das ist für die Hochzeit meiner jüngeren Schwester! Da müssen Sie doch Verständnis haben.«

»Ich schon, aber die US-Sicherheitsbestimmungen nicht. Leider. Sie können die Sachen natürlich noch als Reisegepäck aufgeben.«

»Ach, da bin ich aber erleichtert.« Das stimmte tatsächlich, denn sie begann prompt zu weinen vor Glück.

»Und was muss ich dazu tun?«

»Na ja, Sie gehen zurück zum Reisegepäck Check-in, geben dort alles auf und kommen wieder hierher.«

»Zum Reisegepäck Check-in?«

»Jawohl!«

»Sie wissen doch wohl, wie weit das ist?«

»Natürlich.«

»Wollen Sie mich verarschen?«

»Nichts liegt mir ferner. Aber es gibt sonst keine Möglichkeit. Und Sie haben vielleicht gemerkt, dass hier noch weit über zweitausend Personen auf Einlass warten, also bitte entscheiden Sie sich!«

Sie entschied sich, an Ort und Stelle zu explodieren. Sie schrie, heulte, bewarf uns mit Klamotten aus einem ihrer offenen Koffer und schmiss einen anderen einem Kollegen an den Kopf. Darauf kam die Bundespolizei, aber noch nicht der Krankenwagen. Eine Polizistin sprach beruhigend auf das Nervenbündel ein, das aufgelöst an der Wand lehnte. Und sich dann resignierend auf den Boden plumpsen ließ.

Dabei hat sie sich leider das Steißbein gebrochen.

Der Vorteil war, dass die Lebensmittel gleich mitgenommen werden konnten. Sonst hätten wir sie weggeworfen, da kennen wir nichts. Das geht schnell, angesichts der Mengen, die hier zu entsorgen sind. Paradoxerweise übrigens auch Nahrungsmittel für die jüngsten Mitbürger. Wir werfen auch viel Hipp-Babynahrung weg. Ältere Leute nutzen sie gerne als

Schonkost, was schön ist, aber am Flughafen nicht erlaubt. Wenn Sie Babynahrung mitführen müssen und möchten, müssen Sie auch das zugehörige Baby vorweisen können. Für Hipp und Konsorten gilt:

Mit Baby: Babynahrung.

Ohne Baby: potenzielle Bombe.

Andererseits hat alles auch seine Vorteile: Ohne uns würden die Aktien von Ferrero vermutlich deutlich absacken. An manchen Tagen kommt es mir vor, als würden wir praktisch zehn Prozent der Weltnutellaproduktion aus dem Verkehr ziehen. Gerade nach Südeuropa werden riesige Mengen davon mitgenommen. Vorzugsweise als Handgepäck, und da stehen dann wir und vernichten wieder eine Jahresproduktion. Ist alles bezahlt, muss aber trotzdem neu gekauft werden. Wenn's kein Gesetz wäre, könnte man glauben, das ist Absatzförderung für Nutella. Doch das eigentliche Problem hinter den Nutellatransporten ist, dass Nutella nicht überall gleich schmeckt.

Europa ist geteilt in Nutella Nord und Nutella Süd. Denn die Nutella-Hersteller haben festgestellt, dass offenbar zwar alle Leute gerne Nougatschmodder auf ihrem Brot haben möchten, aber die Vorstellungen davon, wie der schmecken soll, gehen auseinander. Die Südeuropäer mögen's süßer und nussiger, im Norden hat man's lieber schokoladiger. Ob das immer so stimmt, weiß ich nicht – aber so wird jedenfalls der Kontinent seit Jahrzehnten beliefert. Und mit Urlaub oder Globalisierung oder EU-Freizügigkeit kommt es nun immer öfter vor, dass ein Nutella-Fan plötzlich in einer Gegend lebt, wo sein Nutella irgendwie falsch schmeckt. Überall in Europa herrscht infolgedessen unablässige Enttäuschung, wenn ausgewanderte Nutella-Fans in ihr Brot beißen und feststellen, dass es nicht schmeckt wie zu Hause.

Zunächst ist das schade für die Fans. Wenn aber diese Leute

wieder mal daheim ein Nutellabrot essen, stellen sie staunend fest, dass alles plötzlich wie früher ist. Das gute Nutella ist gar nicht verschwunden: Es gibt zwei unterschiedliche Nutellas! Und ab sofort gehen die Gläser auf Reisen. Je größer, desto besser. Sehr beliebt: das 750-Gramm-Glas. Noch beliebter: Das Zwei-Kilo-Glas, das es gelegentlich in der Sonderedition gibt. Und wenn Nutella demnächst das Zehn-Kilo-Fass erfindet, landet auch das bei uns auf dem Nachschautisch. Und wir schmeißen's weg.

Wobei das, ehrlich gesagt, etwas unfair ist. Nutella wird ja wie eine Flüssigkeit behandelt, ist aber gar nicht sehr flüssig. Und da kommt man halt schnell zu der Überlegung: Ab wann ist eine Flüssigkeit keine mehr? Im Zweifelsfall entscheidet das der Einsatzleiter, und der entscheidet nicht immer gleich. Wie ist es denn mit Leberwurst in der Dose? Die kann auch so cremig sein. Und bei grober Leberwurst? Und was ist mit Butter? Die ist im Winter steinhart, und wenn im Terminal gut geheizt ist, läuft sie davon – was gilt denn nun? Da kann man Glück mit dem Einsatzleiter haben oder Pech, aber das Pech der Nutella-Fans ist: Bei Nutella sind sich alle Einsatzleiter einig.

Ich habe mal mit einem türkischen Kollegen eine türkische Familie kontrolliert. Papa, Mama, drei Kinder. Sehr nette Leute, die kannten auch meinen Kollegen, das war ein Hallo! Was die Wiedersehensfreude etwas trübte, war die Tatsache, dass im Handgepäck zwanzig Gläser Nutella steckten.

»Sorry«, sagte ich, »das kann so nicht mit!«

»Was redest du da? Das ist doch nur Nutella!«

»Tut mir leid, das gehört ins Reisegepäck.«

»Ich hör wohl nicht richtig!?!«

»Hoppla«, sagte ich zu meinem Kollegen, »kann's sein, dass dein Freund ein bisschen aggressiv ist?«

»Und wie ich aggressiv bin«, brodelte es aus dem Nutella-Vater, »das ist mir ja noch nie passiert.«

»Hören Sie, es tut mir, leid, aber ich kann's nicht ändern. Wenn es Ihnen nicht passt, können Sie nicht mitfliegen.«

Ich werde nie den Gesichtsausdruck vergessen, mit dem er den Koffer mit den zwanzig Gläsern Nutella vom Band nahm und über den Kopf stemmte, ein bisschen wie der Unglaubliche Hulk. Und dann schrie er im breitesten Hessischtürkisch:

»Ihr Arschlöcher! Ihr wollt's ja nur selber fressen!«

Damit knallte er den Koffer auf den Boden. Und dann nahm er das restliche Handgepäck und seine Kinder und ging. Die Sauerei blieb, wo sie war. Und zu meinem Kollegen sagte er:

»Wenn ich zurückkomme, kannst du was erleben!«

Alles in allem: ein starker Auftritt.

 # Kontrolle der Kontrolleure

Beim Schlangestehen befolgt der Flugpassagier seine eigenen Gesetze, und das sind nicht immer die effizientesten. Der Passagier tendiert zunächst nach rechts, weil er meistens auch Rechtshänder ist und offenbar mit seiner Greifhand Halt sucht, auch wenn er eigentlich stabil steht. Des Weiteren hat der Flugpassagier eine Abneigung gegen kurze Schlangen: Wenn vor einer Kontrollstelle zu wenige Leute stehen, wird er skeptisch und denkt sich, dass da wohl was nicht stimmen kann. Das wäre ja ein ganz unverschämtes Glück: Hier die elend lange Schlange und da gar nichts – wenn das in Ordnung wäre, würden ja alle Leute sich einfach an die leere Kontrollstelle stellen. Dann kann man beobachten, wie sich der Passagier ratlos umsieht, ob das, was ihm aufgefallen ist, auch anderen Leuten aufgefallen ist, und wenn ja, wie sie darauf reagieren. Die reagieren natürlich genauso, und daher bleiben alle Passagiere, wo sie vorher waren, in der Schlange ganz rechts. Da ändert es auch wenig, wenn fünf Luftsicherheitsassistenten an der leeren Kontrollstelle erkennbar untätig herumstehen – der Passagier geht davon aus, dass sie ihn wieder zurückschicken würden, wenn er zu ihnen käme. Sie würden zu ihm sagen:

»Ja, glauben Sie nicht, dass wir Ihnen schon was gesagt hätten, wenn Sie hierherkommen dürften?«

Oder:

»Sehen Sie hier noch irgendjemanden anstehen außer Ihnen? Was meinen Sie wohl, warum das so ist?«

Und dann nehmen die Passagiere an, dass irgendeine undurchschaubare Begründung folgt. Und da muss ich zugeben:

nicht ganz ohne Ursache. Denn undurchschaubare Begründungen haben wir reichlich.

Die Folge ist, dass man den Passagier steuern muss. Wenn man schon mal fünf Checkpoints geöffnet hat, möchte man, dass die auch in Anspruch genommen werden. Und es erhöht die Sicherheit, wenn man nicht alle Passagiere durch einen Checkpoint presst, weil dann die Luftsicherheitsassistenten gelegentlich auch mal zum Atmen kommen. Das Einzige, was durch die Steuerung ein wenig erschwert wird, ist die Kontrolle der Kontrolleure.

Denn die Aufmerksamkeit der Luftsicherheit wird regelmäßig kontrolliert – und diese sogenannten Realtests sind eigentlich mit das Beste und Konsequenteste an der ganzen Einrichtung. Die Tests sind absolut unberechenbar, sie sind von der Wirklichkeit nicht zu unterscheiden, und sie werden auch gezielt angesetzt, das heißt: Die Tester suchen sich bewusst Schwachstellen im Team, jedenfalls so bewusst, wie es geht. Wenn einen der Einweiser hartnäckig beim Zuweisen der Checkpoints vom Wunschkandidaten weglotst, kann man sich als Realtester natürlich auch nicht weigern, das fällt ja auf, wenn einer partout in die längste Schlange will.

Die Realtester sind Bundespolizisten, und die stammen auch nicht immer vom Flughafen, sind somit keine vertrauten Gesichter. Sie können männlich sein, weiblich, jung, alt, auch über fünfundsechzig, vermutlich reaktivieren sie für so eine Aktion auch mal ihre Seniorengang. Die Realtester dürften auch gezielt geschult werden. Ich entdecke problemlos in der U-Bahn jeden Fahrkartenkontrolleur, aber ich habe noch nie einen Realtester vorzeitig identifiziert. Wenn man was bei ihnen findet, wird der Vorgang auch nicht aufgelöst: »Hurra, Realtest! Alles nur Spaß!« Wir behandeln ihn ganz normal, rufen bei Bedarf die uniformierten Kollegen der Bundespolizei und fertig. Erst an der Belohnung merken wir dann, was los war. Da gehen die Leute ähnlich vor wie bei Drogenhunden. Wenn ein Luftsicherheitsassistent was findet und ordnungsgemäß meldet, bekommt er eine offizielle Belobigung und den Rest des Tages frei. Und zwar sofort. Im Augenblick nach der Kontrolle sind plötzlich vier bis fünf Polizisten da, wie aus dem Nichts, verhaften den Kontrollierten wie einen richtigen Verbrecher und nehmen den Luftassi mit, weil er ja seine Aussage machen muss. In Wahrheit macht er natürlich keine Aussage, sondern kriegt frei.

Ist allerdings blöd, wenn er fünf Minuten vor Feierabend fündig wird. Oder der Fahrer der Kollegenfahrgemeinschaft ist, dann darf man sich den Rest des Tages auf dem Flughafen herumtreiben, den man sowieso schon in- und auswendig kennt. Aber gut, das ist immer noch angenehmer als durch den Test zu fallen. Je nach Gefährlichkeit eines nicht gefundenen Gegenstandes findet dann eine Nachschulung statt. Oder man fliegt gleich ganz raus.

Judith hat einem unserer Neulinge mal so eine Kontrolle eingebrockt. Der Tester hätte eigentlich durch unsere Kontrollstelle gehen wollen, aber sie hat ihn – natürlich ohne von seiner Aufgabe zu wissen – zwecks Effizienz im Gedränge zur Kontrollstelle nebenan zum Kollegen Hans geschickt. Hans war Mitte vierzig und erst zwei Wochen dabei. Er war nervös, er checkte die Tester, die unauffällig waren wie zwei Pflastersteine. Ich sah nur, dass die beiden irgendwann weitergingen und gleich darauf mit der Bundespolizei wieder bei Hans antraten.

»Sagen Sie mal, bei diesem Passagier eben – war da wirklich alles in Ordnung?«

»Hm? Ja …«

»Wir haben bei ihm einen länglichen Gegenstand an der Wade sichergestellt – ist Ihnen der denn nicht aufgefallen?«

»Ach, der!«

»Ja, der. Haben Sie den denn nicht gefunden?«

»Doch. Natürlich.«

»Ja, und?«

»Na ja, ich war so aufgeregt, und ich wollte nicht unhöflich sein.«

An dieser Stelle mischte sich der vermeintliche Passagier ein und bestätigte:

»Ich war aber auch sehr höflich Ihnen gegenüber.«

Und Hans strahlte ihn an:

»Ja, eben! Genau deshalb.«

Immer wieder eine schöne Antwort. Sie bewahrte den Kollegen allerdings nicht vor einer vierzehntägigen Nachschulung, die es übrigens auch nur deshalb gab, weil er noch so frisch im Dienst war – sonst wäre er gleich rausgeflogen. Wie Jupp.

Obwohl ich den Fall von Jupp nie so richtig nachvollziehen konnte. Jupp war ein richtiger Schrank von einem Schrank, ein Quadratschrank sozusagen. Über zwei Meter groß, Bud Spencer war ein Hänfling gegen ihn. Eigentlich hatte Jupp Archäologie studiert, um eines Tages Saurier auszubuddeln, aber gerade noch rechtzeitig war ihm dann die Liebe dazwischengeraten. Jupp hatte eine Frau mit Kind gehabt, hatte als Klempner gearbeitet, sich ein Häuschen gekauft, und die Welt war so richtig schön und heil, bis es eines Tages an der Tür klingelte. Die Polizei stand draußen und teilte Jupp mit, dass es einen Unfall gegeben hatte, und dass Frau und Kind tot waren. Daraufhin hat Jupp eine ziemliche Zeit lang ziemlich viel gesoffen. Doch als ich ihn kennenlernte, lag das lang hinter ihm. Er hatte sein Leben gerade wieder ganz ordentlich in den Griff bekommen. Er war trocken, er hatte die Saurier wiederentdeckt, und er hatte den Job als Luftsicherheitsassistent am Flughafen. Bis der Realtester kam.

Jupp hat ihn ordentlich abgesucht und etwas Seltsames in

seiner Achselhöhle gespürt. Und daraufhin hat er etwas gesagt wie:

»Na, was haben wir denn da?«

Worauf der Realtester mit der einen Hand ans Jackett griff und mit der anderen darunter.

Um es gleich zu sagen: Sollte man besser nicht machen als Passagier. Das lernt man ja auch in jedem drittklassigen US-Krimi. Selbst, wenn da nur eine Brieftasche ist. Wenn etwas Verdächtiges unter dem Arm hängt, soll man nie danach greifen, weil es nervöse Beamte um einen herum gibt, die befürchten, dass da wunder was drunter wäre, und die möchten nicht, dass man wunder was unter dem Arm hervorzaubert, zum Beispiel eine 38er Smith & Wesson. Man soll dann nicht sagen »Moment, ich hol's mal raus!« oder »Ach das, das sind drei Playmobilmännchen von meiner Tochter«, man soll überhaupt die Finger davon lassen und den Untersuchenden selbst nachsehen lassen. Weil das Gefährlichste in diesem Augenblick die Angst des Untersuchenden ist. Sich vor nervösen, bewaffneten US-Polizisten ins Jackett zu greifen ist eine der aussichtsreichsten Suizidmethoden, die es derzeit gibt. Und nun war Jupp zwar nicht bewaffnet. Aber dennoch gefährlich.

Man muss sich den Tester als einen Mann von gut siebzig Kilo vorstellen. Und obwohl Jupp locker das Doppelte wog, war er auch doppelt so schnell. Er drehte dem Tester blitzartig die Arme auf den Rücken und drückte ihn mit seinem ganzen Körpergewicht auf den Nachschautisch. Der Mann schrie auf: »Ich bin Polizist! Das ist ein Realtest!« Aber da war es schon zu spät. Der Tester hatte ein blaues Auge, eine kräftige Rippenprellung und weigerte sich in der nächsten Zeit hartnäckig, nochmal irgendjemanden zu testen. Das Bittere war: Jupp bekam eine Abmahnung. Begründung: Er hätte erst mal abwarten müssen. Und kurz darauf haben sie ihn gefeuert. Kapiert habe ich das bis heute nicht.

 # Der Duft der großen weiten Welt

Die größte Entfernung, über die hinweg ich einen Menschen gerochen habe, dürfte so etwa bei sieben, acht Metern gelegen haben. Ich war als Sonder eingeteilt, und ich konnte ihn schon von jenseits des Kontrollbereichs, von jenseits der Glasscheibe riechen. Er roch gar nicht gut.

Der Mann war ein Scheich, er trug den weißen Burnus, er trug das traditionelle Kopftuch mit der Kordel um die Stirn, und er reiste in Begleitung seiner schätzungsweise zwanzigköpfigen Familie. Er war alt, er saß im Rollstuhl, einer seiner Söhne schob ihn, aber es war absolut klar, dass er noch immer das Sagen in seiner Familie hatte. Nur nicht mehr bei seinem Körper. So, wie er roch, beherrschte er keine seiner Körperöffnungen mehr. Und in der Familie wurde derlei offenbar auch nicht offen diskutiert. Er wirkte durchaus, als hätte er sich ein bis zwei Dutzend Pflegekräfte leisten können, aber das kam wohl erst infrage, wenn der schiebende Sohn bewusstlos umfiel. Die Familie verzog keine Miene: »Riechen Sie was?«, sagten ihre Gesichter. »Also wir riechen nichts. Vielleicht ist mit Ihrer Nase was nicht in Ordnung.«

Was in meinem Fall sogar stimmt. Mit meiner Nase ist wirklich was nicht in Ordnung. Gott sei Dank.

Ich habe einen für meinen Job unbezahlbaren Vorteil: Ich bin Synästhetiker. Synästhetiker haben einen kleinen, aber mitunter wertvollen Dachschaden: Sie haben mehrfache Empfindungen, wo andere Leute nur eine haben. Das Gehirn liefert uns zu einer Wahrnehmung kostenlos noch eine zweite, völlig andere hinzu. Manche Synästhetiker kriegen zu Musik

131

noch Farben dazu, die hören Lady Gaga und sagen: »Mensch, klingt die aber grün.« Das gibt es in verschiedenen Kombinationen und Möglichkeiten, in meinem Fall hat es nur die Folge, dass ich mit ein bisschen Vorlaufzeit meinem Gehirn einen anderen Geruch vorgaukeln kann. Wenn ich also sehe: In zehn Metern Entfernung steht ein Scheich, der nach Scheiße stinkt, dann kriege ich es in der Zeit, die der Scheich braucht, um zu mir zu rollen, auf die Reihe, den Scheich in etwas Neutrales wie einen Vanillepudding umzudeuten. Ich ziehe mir meine Gummihandschuhe an, und wenn der Scheich bei mir eintrifft, sonde ich ihn, taste ihn ab, und alles geht reichlich erträglich vonstatten. Das Problem ist also nicht der stinkende Scheich. Das echte Problem sind die ganzen anderen Gerüche, die aus kurzer Entfernung so schnell über einen Luftsicherheitsassistenten hereinbrechen. Aus einem halben Meter Entfernung kann auch der ausgeprägteste Synästhetiker nichts mehr in Rosenduft umdeuten. Zu Deutsch: Mundgeruch bleibt Mundgeruch. Und nicht nur der.

Um es mal klarzustellen: Luftsicherheitsassistenten sind keine Primadonnen. Wir sind nicht empfindlich, und wir wissen, dass jeder Mensch nach etwas riecht. Das hat nichts mit Schmutz zu tun oder dass er ungewaschen ist, allein schon die Haut riecht ja normalerweise irgendwie. Bei Menschen, die man liebt, liebt man meistens genau diesen leichten Geruch. Und dass der ganz von selbst stärker wird, wenn man nach zwölf Stunden zerknittert aus dem Flugzeug steigt, um sich dann zum nächsten Flieger zu schleppen – darüber brauchen wir nicht reden. Und ab und zu kommt man in Situationen, da riecht man einfach nicht wie eine Rose, ohne dass man was dafür kann – das ist dann zwar auch nicht lustig, aber man hat Verständnis und merkt den Leuten dann auch an, dass ihnen die Sache selbst unangenehm ist. Wie der jungen Schwedin.

Die Frau war ein Geschoss, das kann man nicht anders sagen. Lange blonde Haare, Modelmaße, schlank, weiße Bluse, Jeans, Beine bis zum Hals, ach was: bis zur Nasenspitze, hohe, dunkelbraune Stiefel, ein wundervolles Lächeln, und einen ganz niedlichen Akzent unter ihrem Deutsch, so wie der dänische Koch in der Muppet-Show, Smörrebröd, Smörrebröd, *römpömpömpömm,* heute maken wir eine Handgepäckkontrollen. Und weil man in Stiefeln und ihren Schäften ja jede Menge Sachen verstecken kann, bat die Kollegin, sie möge die Schuhe mal ausziehen.

Man merkte schon, dass es ihr unangenehm war. Die seien ganz neu, sagte sie unbeholfen, die riechen noch etwas komisch. Das war definitiv der schönste Euphemismus seit der letzten Gesundheitsreform. Und als die Füße aus den Schuhen kamen, konnte man merken, dass sie selber ganz entsetzt war. Aus den Schäften stieg eine Verbindung aus Altem Münsterländer Käse und Ammoniak. Ich sah fassungslos auf die Stiefel. Mir war nicht bekannt gewesen, dass es Behälter gab, die solche Gase transportieren konnten, ohne zu schmelzen.

Die Frau, die zu den Füßen gehörte, tat uns allen leid. Sie sah gepflegt aus, diese Frau roch mit Sicherheit normalerweise an 366 Tagen im Schaltjahr absolut tadellos. Es war ihr sterbenspeinlich, und man sah ihr an, dass sie den Tag verfluchte, an dem sie dieses Schuhschnäppchen gemacht hatte – jetzt, als man das Innenfutter sah, war klar, dass es sich um tatsächlich recht neue Lederimitate aus Kunststoff handelte, optisch schick, sensorisch bedenklich. Aber eine Alternative hatte sie nicht: Der Monitor zeigte, sie hatte für den Kurztrip kein zweites Paar eingepackt. Was sie von einer Standardstinkfußgruppe unterschied: den Bergwanderern.

Bergwanderschuhe gehören mit zum Teuflischsten, was man an der Kontrollstelle erleben kann. Massive, schwere

Klumpen, mit denen die Leute wochenlang durch die Berge latschen, immer mit demselben Paar Socken am Fuß, denn in den Bergen, wo man alles selber trägt, muss man Gewicht sparen. Diesen Geruch kriegt man nie wieder aus den Schuhen. manchmal, wenn man sie vier Wochen im Keller gelagert hat, flaut er vielleicht etwas ab. Sobald man ihn mittels Einführen eines Fußes auf Körpertemperatur bringt, ist der Gestank wieder da, frisch wie der junge Morgen. Nun sollte man vielleicht denken, dass Bergwanderer auch für Nicht-Synästhetiker schon von weitem an ihrer Lederhose zu erkennen sind und man dadurch vorgewarnt ist.

So ist es aber nicht.

Der Bergwanderschuh geht gerne Hand in Hand mit der Bügelfalte.

Das glaubt man nicht, wenn man es nicht selbst gesehen hat: Businessanzug, Bügelfalte, und drunter der Bergschuh. Oder Designer-Jeans, schickes Hemd, gegelte Haare – und unten die verranztesten Bergwanderschuhe, die man sich nur denken kann. Das sind Schuhe, mit denen verstößt man gegen jedes Kriegswaffenkontrollgesetz. Und man fragt sich: Warum haben solche Leute, die ja ansonsten über eine tadellose Garderobe verfügen, ausgerechnet bei einer Flugreise keine anderen Schuhe an? Antwort: Wegen des Gewichts. Gute Bergstiefel wiegen bis zu einem Kilo. Und wenn der Koffer zu schwer ist, muss man extra zahlen. Also packen die Wandervögel die leichten Leinenturnschuhe in den Koffer, und die dicken Stinkbomben liefern sie uns an. Gerade die Engländer, die mit großer Freude und in großer Zahl aus ihrem kleinbergigen Land zum Wandern bei uns einfliegen. Und da führt dann kein Weg an der Wolke vorbei, Stiefel sind erstklassige Verstecke, die müssen in 99,999 Prozent der Fälle runter.

Anders als die niedliche Skandinavierin zeigen die Wanderer auch keine Reue. Wer viel wandert, der viel stinkt, und das gilt auch umgekehrt, also runter mit den Lederklumpen und stolz in die Runde geschaut, als würde sich aus dem gesammelten Mief der Höhenmeter eine Wolke in Form des Mount Everest bilden. Mann, Mann, Mann. Aber gut, da hat die ganze Angelegenheit immerhin noch ein halbwegs nachvollziehbares Motiv. Das ist ja nicht selbstverständlich.

Ich kann die Fälle kaum aufzählen, in denen Leute bei mir auftauchten, die einfach rochen, als hätten sie eine Woche lang nicht mehr geduscht. Wo sofort klar war: Da ist kein Malheur passiert, das sind keine Hygieneprobleme, die mal auf einer langen Reise entstehen können – diese Menschen riechen einfach immer so. Und der Sonder, der da an dem schweißfeuchten, seit Tagen nicht gewechselten Hemd entlangtastet, der kann dem Herrgott danken, dass er nur der Kontrolleur dieses Passagiers ist und nicht sein Internist oder Zahnarzt. Und das zieht sich durch alle Bevölkerungsschichten. Der Passagier kann wie ein Arbeiter aussehen, wie ein Lehrer oder wie ein Siemens-Manager.

Ich muss sogar sagen, dass mir diese Leute immer noch lieber waren als diejenigen, die glauben, sie hätten einen genialen Ersatz für Körperpflege gefunden: Der besteht dann darin, dass man über den ganzen Schwiemeldunst ein Zahnputzglas Parfüm kippt. Auch diese Kandidaten findet man in absolut jeder Gesellschaftsschicht. Der Unterschied zeigt sich hier lediglich darin, ob einer dafür zu Davidoff greift, zu Tabac Original oder irgendeiner Kanisterware aus dem Netto-Markt. Man stirbt nicht durch Gestank, heißt es ja oft, aber ich kann versichern: In solchen Momenten ist man zumindest kurz davor.

Andererseits: Geruch gehört zum Geschäft, so wie Rempeleien zum Eishockey. Und er wird auch eingesetzt, als Kampfmittel. Meine Kollegin Judith etwa hat sich mal furchtbar über eine Kontrolle aufgeregt, bei der sie eine orientalische Dame untersucht hat.

Die Dame, sagte sie, habe einen Mantel getragen, und als sie den zurückschlug, sei unter den Armen eine derartige Wolke hervorgequollen, dass einem sofort schwarz vor Augen wurde. Aber Judith, die tapfer sondete, stellte fest, dass die Dame im Besitz eines BH-Portemonnaies war. Das ist bei orientalischen Frauen nicht ungewöhnlich, die transportieren gerne Schmuck und kleinere Geldbeträge im Büstenhalter, wo es ihrer Meinung nach wohl am sichersten ist. Das BH-Portemonnaie ist jedoch immer auch ein Anhaltspunkt, dass da mehr sein könnte. Also, sagte Judith, hätte sie die Achselwolke in die Kabine gebeten. Was olfaktorisch gesehen eindeutig ein Fehler war.

Tatsächlich, sagt sie, wäre auch aus den südlichen Regionen ein absolut unerträglicher Dunst gestiegen. Was Judith aber nicht abschreckte, denn Judith ist 'ne Gute. Und deshalb hat sie hinter der Dunstwolke auch eine seltsame Wölbung im Slip gesehen und gefragt, worum es sich dabei handelte.

»Operation! Operation!«

Das sei aus zwei Gründen unglaubwürdig gewesen, sagt Judith. Erstens gab es keinen Chirurgen, der in diesem Mief länger als zwei Minuten bei Bewusstsein geblieben wäre. Und zweitens guckte links aus dem Slip deutlich eine Plastiktüte hervor. Und in dieser Plastiktüte steckten 20 000 Dollar. Es stellte sich heraus, dass die Dame als Geldkurier unterwegs war. Und die mangelnde Hygiene war eindeutig Teil der Strategie.

Im Grunde ist der Job an der Handgepäckkontrolle ein ständiges Proberiechen. Da fragt man schon mal: »Das riecht aber gut, was ist denn das?« Und man kriegt mit, worin der Unterschied zwischen billig und teuer besteht. Denn tatsächlich riechen einige Billigdüfte gar nicht übel, aber eben nur anfangs. Die Frage ist, wie bewähren die sich im Alltag, und viele davon kippen nach einer oder zwei Stunden ins Gruselige. Anfangs riecht man wie die wandelnde Waldfee und zwei Stunden später wie ein exklusiver Mix aus Tannennadel und Buttersäure. Und den Moment des Kippens kriegt man mit der Zeit auch ganz gut raus.

Es ist dabei ziemlich interessant, wohin genau diese Düfte nach einiger Zeit kippen. Erstaunlich viele ins Mottenkugelige, da muss man aufpassen, weil man dann riecht wie sein eigener Großvater. Es gibt zwei Gegenden in der Welt, in denen wird noch richtig gemottenkugelt wie zu Großmutters Zeiten. Ich kenne den Geruch von meiner Oma mütterlicherseits, die war Flüchtling aus Ostpreußen, die hatte einen Kleiderschrank, da war dieser Geruch unauslöschlich drin. Aber damals hat man so weltweit die Motten bekämpft. Inzwischen macht man es – von den Passagieren her gesehen – nur noch in Indien und der Türkei so. Nicht bei den Jüngeren, aber so ab fünfzig aufwärts, das sind Wolken, da schwörst du, du bist in Omas Schrank. Warum das so ist, kann ich nicht erklären, Motten gibt es ja in jedem Land, und die meisten Nationen haben inzwischen in ihren Mottenbekämpfungslabors geruchsneutrale Alternativen entwickelt. Aber denen trauen die Inder und die Türken vielleicht nicht. Oder sie brauchen die gesammelten Weltrestbestände auf, die sie günstig ersteigert haben. Zu sparen brauchen sie jedenfalls damit nicht – der Geruch ist nie mild oder leicht vorhanden, das sind immer derartige Schwaden, dass man denkt, die haben auf jede einzelne Motte eine Kugel gelegt. Oder der Schutz der Klamotten funktioniert so, dass man einfach jedes Kleidungsstück unter zwei Zentnern Mottenkugeln beerdigt, weil man davon ausgeht, dass die gemeine Kleidermotte üblicherweise keine Schaufel dabeihat.

Ich frage mich manchmal, ob man so was überhaupt sagen

darf: Die Türken riechen leicht mal nach Mottenkugeln. Oder die Inder. Ist ja sehr verallgemeinernd. Aber es ist natürlich so, dass bestimmte Bräuche ihre Spuren hinterlassen. Japaner und Thailänder sind im Allgemeinen sehr gepflegt, die haben diese Badetradition. Nicht dass die alle dauernd baden, aber sie haben so diese generelle Vorstellung, eine Art Leitkultur, die sich gewaschen hat. Die schwitzen auch, klar, aber das ist ja nicht schlimm. Schweiß an sich riecht nach nichts. Schweiß plus Bakterien plus Zeit, das ist die unangenehme Rechnung, und wenn man morgens geduscht hat, sind bei den meisten Leuten auch noch nach zwölf bis notfalls sogar zwanzig Stunden nicht so furchtbar viele Bakterien unterwegs. Die Chinesen haben diese Leitkultur nicht, keine Ahnung, warum. Die haben oft noch elegantere Sachen an als die Japaner, und da gibt's ein Knoblauchproblem aus allen Poren, da dreht's einen. Und ich rede hier nicht von den armen Chinesen, weil man am Frankfurter Flughafen zu 95 Prozent gar keinen armen Chinesen begegnet, man begegnet denen mit reichlich Geld, die tragen Boss, die tragen Lagerfeld, aber das schützt nicht vor Körpergeruch. Manchmal scheint der Geruch auch regelrecht mit der Religion einherzugehen.

Moslems haben meistens saubere Füße. Das ist so, weil ihnen die Religion eigentlich vor dem Besuch einer Moschee das Füßewaschen vorschreibt. Und wer mal eine große Moschee besucht, der wird da regelrechte Fußwaschanlagen finden, das ist mal eine deutlich breiter und nachhaltiger angelegte Aktion als die Sache mit dem Papst, der am Gründonnerstag zwölf Gläubigen die Füße wäscht und dann war's das wieder fürs Kirchenjahr. Orthodoxe Juden hingegen sind meiner Erfahrung nach aus unerfindlichen Gründen eine sichere Adresse für uralten, penetranten Schweißgeruch. Ein Grund dafür ist sicher, dass sie unter ihren Mänteln und Anzügen häufig unglaublich dick angezogen sind, gerne lange Unterwäsche tragen, mitunter in mehreren Schichten oder wattiert, selbst im Hochsommer. Vielleicht hängt der Mief auch nur in der Kleidung – die Hemden unter den ganzen Schichten sind oft so elfenbeinfarben, dass ich manchmal nicht mehr sicher bin, ob die ursprünglich wirklich mal weiß waren. Aber bitte, ich kann mich auch irren, und vielleicht hatte ich in meinen Berufsjahren bei den Begegnungen mit orthodoxen Juden auch einfach nur enormes Pech. Wie dem auch sei: Die Frage ist, wie man als Luftsicherheitsassistent damit umgeht.

Denn natürlich berührt einen das. Es ist nicht direkt Ekel. Aber man denkt an die Bakterien, die man aufnimmt und die man dann – Hand folgt der Sonde – natürlich auch an die anderen Passagiere weiterverteilt. Selbstverständlich gibt es Desinfektionsmittel, mehr als genug, aber ich kann mir schließlich nicht acht Stunden am Tag nach jedem Passagier die Finger desinfizieren, das frisst einem ja die Haut von den Knochen. Also überlegt man, ob man wieder die Gummihandschuhe anzieht. Auch von denen gibt es genug. Leider fangen in diesen Dingern die Hände sofort zu schwitzen an, und nach zehn Minuten ist das da drin so feucht, so unangenehm, dass man ganz abgelenkt ist. Für das Kontrollergebnis ist Ablenkung aber gar nicht gut. Trotzdem nimmt man in mehr als einem Fall ohne zu zögern den Handschuh. Gerade wenn es an die Unterhosen geht, kann ich jedem nur dazu raten.

Ich habe mir oben ja noch Gedanken gemacht, ob man sagen kann: Viele Türken und Inder mottenkugeln. Hier nun kann ich einen Satz äußern, der ist in jedem Fall völlig unbedenklich. Der Satz besagt: Die Unterhosen der Welt sind überall gleichermaßen dreckig. Halt, Einschränkung: die Männerunterhosen, ich habe ja nur Männer untersucht. Die Männerunterhosen dieser Welt sind überall gleich dreckig, da ist es egal, ob man Automechaniker aus Detroit ist oder, sagen wir, bei der Deutschen Bank im Vorstand sitzt. Und ich rede hier auch nicht von Bremsspuren, ich rede hier von massivsten Bremsspuren, da findet man nicht nur Bremse oder Spur, da ist auch noch der halbe Reifen mit dabei. Ungelogen. Das ist natürlich unangenehm, wenn man die Leute in die winzige Kabine mitnimmt, und da muss ich dann mein Synästhetikergehirn *extrem* schnell auf Dreifach-Vanille schalten.

Manchmal ist den Leuten das wirklich unangenehm, da tun sie mir dann auch richtig leid. Die sagen dann ganz kleinlaut: »Ich möchte das lieber nicht, das kann jetzt unangenehm werden …« Das kann ich gut nachvollziehen. Jeder von uns hat mal einen schlechten Tag, ich versuche die Leute dann zu beruhigen und sage ihnen: »Machen Sie sich keine Sorgen, mir ist nichts Menschliches fremd.« Und so ist das dann auch gemeint: Ich glaube wirklich, ich habe schon so gut wie alles gesehen. Andererseits weiß man auch nie, was den Leuten gerade unangenehm ist. Jeder hat so seinen wunden Punkt.

Bei mir saß mal einer in der Kabine, der sagte mit so einer Mischung aus Stolz und tiefster Verletzung: »Das ist eine *Demütigung*. Das muss ich mir nicht gefallen lassen!« Er war ein schicker Typ im Anzug, teueres Design, Seidensocken, und die Demütigung bestand nicht etwa darin, dass seine Unterhose nicht sauber gewesen wäre. Die war tadellos, soweit ich mich erinnere. Nein, die Demütigung war: einer seiner Seidensocken hatte ein Loch. Ein paar Tage vorher war auf demselben Stuhl ein echter Vorständler gesessen, der zog den Lackschuh aus, stellte fest, dass sein großer Zeh nackt aus dem Strumpf ragte, und krähte: »Hach, nä! Ich lach mich kaputt!« Man weiß einfach nicht, was den Leuten unangenehm ist. Manche zelebrieren ja auch ihren Gestank. Die ziehen dann ganz langsam ihren Schuh aus und sagen mit einer Mischung aus Hass und Verachtung: »Das geschieht jetzt auf Ihre eigene Verantwortung!« Und einer sagte mal wortwörtlich zu mir:

»Ich kann Sie nicht leiden. Aber bitte, dann haben wir jetzt beide was davon!« Ohne jede Vorgeschichte, einfach so. Das dauert etwa ein Jahr, bevor einem da nicht mehr die Kinnlade runterfällt. Und unterm Strich kann man sich immer sagen: Was aus einem Schuh kommt, ist meistens weniger schlimm als was aus einer Prothese kommen kann.

Seit den jüngsten Kriegen kommen die ja wieder häufiger vor: Beinstümpfe, die in einer Prothese unterwegs sind. Wir müssen die Prothese durchleuchten, also bitten wir den Träger in die Kabine, damit er die Prothese abschnallen kann. Meine Erfahrung dabei: Die Kontaktstelle von Stumpf und Prothese braucht extrem gute Pflege. Und man sieht es dem Menschen nicht an, ob er einer von den guten Pflegern ist oder einer von den nachlässigen. Aber man riecht es in Sekundenbruchteilen, und wenn man Pech hat, wäre man jederzeit bereit, stattdessen eine Woche lang durch alte Socken zu inhalieren. Aber diesen Deal bietet einem in dem Moment leider keiner an.

Etwas sicherer ist man, wenn man nicht den Posten an der Handsonde hat. Zum Beispiel am Nachschautisch. Aber eben nur etwas sicherer. Ich werde nie die Sporttasche eines hübschen Pärchens vergessen, das nach Brasilien flog. Gut gekleidete Leute, Mitte oder Ende dreißig, dunkler Teint, das waren Spanier oder so. Die sahen ganz normal aus, weder prollig noch irgendwie abgehoben, die verhielten sich auch freundlich. Die Tasche war vom Monitorbild her nicht mal verdächtig, ich habe sie nur stichprobenhaft geöffnet, so viel zur Möglichkeit des synästhetischen Duftumschaltens. Ich zog den Reißverschluss auf, und dann fehlte nicht viel dazu, dass ich mich pfeilgerade in die Tasche übergeben hätte. Aus der roch es nämlich, als hätte man darin bei 40 °C zwei Wochen lang eine Leiche zwischengelagert.

Ich übertreibe da nicht, ich kenne den Geruch. Mein Vater war Metzger. Ich weiß also, wie Fleisch riecht, wenn es tot ist, und wie es riecht, wenn es lange tot ist. Und was da aus der Tasche waberte, war ohne jeden Zweifel lange tot.

Das Paar benahm sich, als röche die Tasche vielleicht etwas seltsam, aber auch nicht seltsamer als andere Taschen. Ich hab mir sofort die Gummihandschuhe übergezogen und das Ding untersucht. Ich fand Wäsche, Waschzeug, was zu lesen, ich fand nichts, was diesen bestialischen Gestank ausgelöst haben konnte. Und da fragt man sich schon manchmal, was da für Leute unterwegs sind. Aber man kann in die Köpfe eben nicht reinsehen wie in die Taschen.

Im zweiten Fall am Nachschautisch wurde ich von den Kollegen wenigstens vorgewarnt. Die wiederum waren von dem Reisenden selbst angesprochen worden. Was er ihnen gesagt hatte, weiß ich nicht, wenn bei uns Hochbetrieb ist, halten wir uns gegenseitig keine Volksreden. Aber damals, fand ich, wäre es schön gewesen, einen Satz mehr zu hören als:

»Pass auf, Achim, die Tasche ist wohl ein bisschen unangenehm.«

Ich öffnete den Zipper und riss entschlossen die beiden Taschenhälften auf. Dann sah ich den Passagier an, der vor mir stand.

»Ist das Ihre Tasche?«

Er nickte. Es war eine der überflüssigsten Fragen meiner Berufslaufbahn. Der Herr war bleich wie ein Handtuch, ergänzt durch eine grünliche Note im Gesicht, der kalte Schweiß stand ihm auf der Stirn, rann seinen Hals hinunter ungebremst ins Hemd, und seine Knie schlotterten. Er sah so erbärmlich aus, wie selten jemand, aber nicht so schlimm, wie der Inhalt seiner Tasche, in die er gerade noch vor der Kontrolle gekotzt hatte.

Da muss man durch. Man weiß nie, was Terroristen alles tun, um ihre Bomben und Messer durch die Kontrolle zu kriegen. Also rollte ich die Gummihandschuhe so hoch über die Handgelenke, wie es nur ging, und wühlte mich durch sein gestriges Essen. Ich war nicht schuld daran, dass es in seine Hausschuhe sickerte, seine Hemden, seinen Pyjama. Ehrlich, das war schon vorher so, ich musste nur alles nach versteckten Waffen durchsuchen. Aber in diesem Zustand war er eigentlich kaum reisefähig.

Das Ganze war ihm superpeinlich. Und er hatte Angst, dass ich ihn nicht zu seiner Maschine lassen würde, was ich mir tatsächlich für einen Moment überlegte, so, wie er beieinander war. Er sagte, dass er einen Magen-Darm-Infekt hätte, versprach, dass er alles säubern würde, was er meinetwegen gar nicht unbedingt hätte tun müssen, es war ja nicht mein Pyjama. Er tat es dann trotzdem, auf der wenige Meter entfernten Toilette, und man konnte auch sehen, dass sich sein Zustand tatsächlich stabilisierte. Also ließ ich ihn mitfliegen. Ich kann mich ohnehin nicht erinnern, jemand mal aus geruchlichen Gründen am Boden behalten zu haben. Obwohl ich es mir in dem ein oder anderen Fall wirklich ernsthaft überlegt habe.

Umwege

Flugpassagiere dürfen manchmal erstaunliche Dinge. Zum Beispiel dürfen sie wieder aus der Kontrolle raus, und zwar in der Richtung, aus der sie reingekommen sind. Nicht nur, wenn sie müssen, weil wir's ihnen sagen, dann natürlich sowieso. Sondern auch dann, wenn sie wollen. Einfach so. Und wenn jetzt jemand wissen will, was da der Vorteil ist, oder welcher normale Mensch überhaupt einfach so rückwärts wieder aus der Kontrolle rauswollen sollte, dann lautet die simple Antwort: Wir. Die Luftsicherheitsassistenten.

Nicht immer, nicht überall, aber manchmal schon, und man kann es leichter verstehen, wenn man sich mal den Frankfurter Flughafen vorstellt. Da liegt ja manches Terminal günstiger und manches weniger günstig, und am günstigsten liegt Terminal 1, Gate C1. Da freut sich der Passagier, weil er von der S-Bahn praktisch ganz nahe zum Gate hingefahren wird. Und da freut sich natürlich auch der Luftsicherheitsassistent, weil er nach Feierabend praktisch direkt in seine S-Bahn einsteigen kann. Es freut sich aber nur der unerfahrene Luftsicherheitsassistent, weil bereits der nur zwei Wochen erfahrenere Luftsicherheitsassistent weiß: Aus diesem superpraktischen, stinknormalen Zugang darf er nicht raus. Er muss hinten herumgehen. Und das klingt kürzer, als es ist.

»Hinten herum« geht so: Erst spaziert man hinter der Kontrollstelle weiter bis zur Rolltreppe. Dann fährt man mit der Rolltreppe ins Tiefgeschoss, zur Kofferausgabe. Dann läuft man durch die ganze Kofferausgabe, was überraschend schnell geht, weil da nur sieben oder acht von diesen Rollbandanlagen sind, also, wenn die gerade nicht alle voller Leute stehen, ist man in fünf Minuten durch, mit Pech können's freilich auch zehn werden. Dann geht man durch den Zoll hinaus in den offenen Bereich der Tiefebene, dorthin, wo die ganzen anderen Leute auch sind. Danach fährt man mit der Rolltreppe zwei Etagen nach oben, übers Erdgeschoss hinaus und hinauf in den ersten Stock. Dort läuft man dann seinen ganzen unterirdischen Weg wieder zurück, und zwar selbst, weil es da keine Laufbänder gibt. Tja, und dann ist man ungefähr da, wo man vorher auch war, und kann seinen Kollegen von der anderen Seite der Stoffabsperrung aus zuwinken.

Der Weg zum Personalausgang lässt sich auch gut mit drei Sätzen aus dem Reifeprozess des unerfahrenen Kollegen beschreiben. Den ersten Satz sagt er, wenn man ihm das erste Mal mitteilt, dass er zur S-Bahn nicht einfach vorne raus darf.

Der Satz lautet: »Na, wenn ihr meint.«

Und der zweite Satz lautet: »Haben die noch alle Tassen im Schrank?«

Den sagt der Kollege nämlich, sobald er bei seinem S-Bahnsteig rauskommt, auf seine Uhr guckt und feststellt, dass er rund zwanzig Minuten unterwegs war. Denn der Frankfurter Flughafen ist groß, und die Wege sind bisweilen schier endlos.

Dann dauert es einen kurzen Moment, bis dem jungen Kollegen dämmert, dass er diesen Weg nicht nur zu seiner S-Bahn gehen muss. Sondern auch, wenn er mal zwischendurch beim Bäcker in der Abflughalle eine Nussschnecke möchte, eine Tasse Kaffee, beim Metzger eine Bockwurst oder nur einen Kaugummi vom Zeitungskiosk.

Gelegentlich, spätabends, wenn der Flughafen etwas leerer ist, hörte man von irgendwoher einen langgezogenen, gequälten Aufschrei. Den muss man sich ungefähr so vorstellen wie den von Luke Skywalker, wenn er erfährt, dass Darth Vader sein Vater ist:

»Neiiiiiiiiiiiiiiiiiiiiiiiiiiiiiiiiiiiiiiiiiiiiiiiiiiiiiiiiiiiiiiiiiiiiiiiiiiiiiiiiiiiiii
iiiiiiiiiiiiiiiiiin!!!!«

Das konnte je nach Charakter auch leicht ins Schluchzen-
de hineinspielen. Die Kollegen, die das hörten, wussten dann:
Da hat wieder einer von uns das erste Mal gemerkt, wie lange
künftig der Weg zu einer Bockwurst ist. Wir sahen uns dann
mitfühlend an, und man konnte in unseren Gesichtern sehen,
wie wir stumm mitzählten: »Einundzwanzig, zweiundzwanzig, dreiundzwanzig …«

So lange dauert es dann noch, bis Satz drei kommt:

»Haben die _____ noch alle Tassen im Schrank?!?!?«

In die Lücke packt dann jeder rein, was er möchte, vorzugsweise »Arschlöcher« und »Schwachköpfe«, aber der Fantasie
sind in einer freiheitlich demokratischen Grundordnung natürlich keine Grenzen gesetzt.

Nun gibt es ja viele Vorschriften auf der Welt, und wenn
man die alle befolgen würde, käme man morgens überhaupt
nicht aus dem Bett. Aber der Unterschied bei dieser Vorschrift
ist: Sie wird überwacht. Und zwar streng. Ich erinnere mich
noch an das erste Mal, als ich plötzlich Lust auf eine Nussschnecke bekam. Es war nichts los, klar, ich würde mir ja nicht
im dicksten Stress und Massenandrang was zu essen holen.
Und ich wollte gerade raus, als mich der Einsatzleiter aufhielt.

»Wo gehst du denn hin?«

»Ich hol' mir 'ne Nussschnecke. Soll ich dir was mitbringen?«

Da setzte er ein ganz ernstes Gesicht auf, und sagte:

»Das darfst du nicht!«

Mit einem Tonfall, als würde er sagen: »Achim, du musst
jetzt ganz stark sein: Deine Tante Guste ist gestorben.« Damit ich merke, dass das kein Flachs ist, sondern richtig ernst.

»Wieso sollte ich das nicht dürfen?«

»Anordnung von oben. Du musst hintenherum gehen.«

»Durch den ganzen Sicherheitsbereich?«

»Durch den ganzen Sicherheitsbereich.« Dazu bekräftigendes Nicken und noch ernsterer Tonfall: Tante Guste ist wirklich ganz, ganz tot und sieht auch gar nicht mehr gut aus.

Jetzt muss man noch lange nicht alles glauben, was einem der Einsatzleiter sagt. Es gibt unter Einsatzleitern die unterschiedlichsten Kaliber. Da sind richtig aufgeweckte Kerlchen dabei, abgebrühte Hunde, aber auch solche, die verlieren im Stein-Schere-Papier gegen jeden Feuerlöscher. Ich habe Einsatzleiter erlebt, die haben das sechzig Zentimeter lange Rohr einer Panzerfaust durchgehen lassen. Das Prunkstück meiner Einsatzleiter-Sammlung: Bei einem Koffer, dessen Monitorbild wir nicht entschlüsseln konnten, kam der Einsatzleiter hinzu, um zu helfen. Doch anstelle den Koffer einfach zu drehen, nahm er ihn vom Band, schüttelte ihn etwa zehnmal kräftig, als wäre er Barmann im Waldorf Astoria und der Koffer ein Tequila Sunrise. Wir standen fassungslos um ihn herum und beteten, dass der Cocktail nichts Explosives enthielt. Nachdem er mit seinem Schüttelergebnis zufrieden war, knallte er den Koffer schwungvoll wieder vorne vor das Laufband des Monitors. Der Koffer befand sich in derselben unbrauchbaren Position wie schon zuvor. Der Mann war danach natürlich die längste Zeit Einsatzleiter gewesen, was ich aber sagen will, ist: Wenn einem so jemand mitteilt, man dürfte nicht vorne aus der Kontrollstelle raus, überlegt man schon ein bisschen, bevor man es ihm abnimmt. Und man versucht es das nächste Mal einfach trotzdem, wenn er gerade nicht in der Nähe ist.

»Wo gehen Sie hin?«

»Also – ich hol mir eine Nussschnecke. Aber Sie sehen nicht so aus, als ob Sie auch eine wollten …«

»Wissen Sie, dass Sie auf diesem Weg nicht aus der Kontrollstelle rausdürfen?«

»Jetzt, wo Sie's sagen, mein' ich, ich hätte das auch schon mal irgendwo gehört …«

»Dann halten Sie sich bitte daran.«

Die zwei Herren, mit denen ich dieses Gespräch führte, stammten von der Betriebskontrolle. Und dass unser Checkpoint wie jeder andere auch von der Steuerung videoüberwacht wurde, war mir klar – aber nicht, dass die so genau hinsehen und das dann auch sofort weitergeben …

»Ah, Moment, Leute, eine Frage noch: Ihr wisst nicht zufällig, warum das so ist?«

»Anordnung von oben.«

»Ja, schon – aber warum?«

»Keine Ahnung. Das ist auf dem Mist von der Bundespolizei gewachsen.«

Einleuchtend war es nicht. Wir befanden uns schließlich im gesicherten Bereich. Wir waren ja bereits untersucht. Jeden Morgen. Wenn ein Team an die Kontrollstelle kommt, wird zuerst das Team selbst kontrolliert. Das Motto heißt »Jeder kontrolliert jeden«, was so nicht stimmt, weil dann ja jeder je nach Teamgröße drei bis vier Leute kontrollieren müsste und umgekehrt jeder auch drei- bis viermal kontrolliert werden muss. So wahnsinnig ist niemand, aber: Jeder wird einmal kontrolliert, und bei den vernünftigen Kollegen auch gründlich. Gibt natürlich auch Leute, die irgendwie fadenscheinig durch die Luft wedeln, einem dann auf die Schulter klopfen und gut gelaunt sagen: »Ist ja eh nur pro forma.«

»Das merk ich. Warum machst du's denn nicht vernünftig?«

»Ach was, ich kenn dich doch!«

Mit diesen Kenntnissen kann man eigentlich auch gleich eine Fahndungsmeldung rausgeben. »Gesucht wird ein Terrorist. Besondere Kennzeichen: Arbeitet nicht bei der Luftsicherheit und ist einer, den wir nicht kennen.«

Zurück zum Umwegsproblem: Wir sind am Checkpoint also wenigstens theoretisch untersucht worden, befinden uns somit in dem Bereich, in dem *keine* Bomben sind. Was könnten wir also Furchtbares anstellen, wenn wir den kurzen Weg aus dem Kontrollbereich nehmen? Gefahrlosigkeit in die unkontrollierte Welt tragen? Und nun könnte man natürlich sagen: Es geht vor allem darum, dass drinnen und draußen schön übersichtlich getrennt bleiben. Und das denkt sich dann auch der Kollege, wenn er mit seiner Bockwurst wieder den ganzen Weg zurückgeht und die Treppen runterstiefelt, die langen Gänge entlang, dann wieder hoch, bis er zwanzig Minuten später zurück an seiner Kontrollstelle eintrifft.

Und spätestens da fällt ihm seine Bockwurst aus der Hand und teilweise auch aus dem Mund.

Denn dann sagt ihm der Einsatzleiter:

»Was soll der Quatsch? Warum gehst du denn nicht hier durch die Torsonde?«

Auf dem Rückweg von draußen darf man nämlich da durchgehen, wo auch sämtliche Passagiere durchgehen. Und die Kollegen kontrollieren einen, wie sie jeden anderen Passagier auch kontrollieren würden.

»Habt ihr noch alle Tassen im Schrank?«, fragt man sich dann.

Ich bin dann bei passender Gelegenheit einfach mal zu den Kollegen von der Bundespolizei gegangen. Nur aus Neugier. Oder aus Prinzip. Oder weil mir die Füße wehtaten.

»Sagt mal, das mit der Torsonde, was ist denn der Witz dabei?«

»Torsonde?«

»Na, dass man als Luftsicherheitsassistent in einer Richtung durch darf und in der anderen nicht.«

»Ach so, klar. Das ist so.«

»Ich hab gehört, das kommt von euch?«

»Nee, das kommt von oben.«

»Ja, schon klar, dass ihr euch das nicht ausdenkt. Ich meine: Was ist der Grund dafür? Das macht doch hinten und vorne keinen Sinn!«

»Dienstanweisung.«

Ab da hab ich's aufgegeben.

Meine These: Die Anweisung stammt von Gott.

Osama leuchtet ein

Dass wir tatsächlich Osama bin Laden gefunden haben, verdanken wir eigentlich den Nazis. Oder dem Nazi. Wobei man den Herrn sicher nicht Nazi nennen darf, also sagen wir so: Er dachte halt ganz, ganz vaterlandstreu.

Ansonsten war er nicht auffällig. Er war so um die sechzig, groß, dürr, graue Haare, Seitenscheitel – aber nicht *so* einen Seitenscheitel. Mehr so einen wie Helmut Schmidt, also wirklich extrem unverdächtig, und so sah er selbst auch aus: Er trug einen Lederblouson, ich sag mal: Bomberjacke ohne Bomber, also wirklich sehr harmlos, man hätte ihn insgesamt eher in der Altherrenabteilung bei C&A vermutet, etwas missmutig, meistens in Begleitung einer genauso alten Dame mit grauen Haaren und einem beigen, abgewetzten Regenmantel, die so was sagt wie: »Himmel, stell dich nicht so an, zum Neunzigsten von Tante Annemie geht dein alter Anzug wirklich nicht mehr!«

Bei uns hatte er seine Bekleidungsberaterin nicht dabei, sondern einen Trolley, den er bei der Kontrolle auf die Stahlrollen wuchtete. Judith saß am Monitor.

»Wahnsinn, Achim«, sagte sie, »guck dir das mal an!«

Ich guckte rüber und war beeindruckt. So ein Monitorbild ist üblicherweise eine ziemlich bunte Sache, aber hier spürte man als Erstes den Wunsch, mal mit der flachen Hand auf den Bildschirm zu klopfen. Der Koffer war stockschwarz, und nur an den Rändern merkte man, dass der Monitor nicht ausgefallen war, sondern tatsächlich nur zeigte, was er im Koffer registrierte: Metall, Metall, Metall. Als wäre jemand direkt von einem Schrotthandel gekommen. Also öffnete ich den Koffer.

Der Monitor hatte Recht. Das Ding war randvoll mit altem Blech – mit Orden. Eiserne Kreuze, Verwundetenabzeichen, alles, was das Herz begehrt. Wir sahen uns ratlos an. Wir vermissten die Hakenkreuze. Die haben nämlich einen Vorteil: Sie sind eindeutig verboten, und man weiß, was zu tun ist. Bei Hunderten von Orden konnten wir zwar das ein oder andere Hakenkreuz nicht ausschließen, aber so beim ersten Durchwühlen fanden wir zunächst keins. Was tun?

Wir holten den Einsatzleiter.

Der warf einen kompetenten Blick in den Koffer, sagte: »Ja, prima!« Dann bilanzierte er seine umfassenden Erkenntnisse mit:

»Keine Ahnung. Waffen sind's jedenfalls nicht.«

Das Team machte inzwischen die Kontrollstelle dicht, um uns herum tummelten sich die Neugierigen. Der C&A-Kunde schnaubte ungeduldig durch die Nase und erkundigte sich, ob wir denn keine Patrioten wären. Das war uns keine rechte Hilfe, obwohl ich den starken Eindruck hatte, dass er fand, es sollte uns eine sein.

Ein Kollege warf zwischendurch ein, man könne die Dinger doch als Wurfsterne verwenden, und dann seien sie sowieso verboten. Ich beschloss, die Rätseleien abzukürzen und machte mich auf, die Polizei zu holen. Kurz darauf kam ich mit zwei Polizeibeamten wieder. Die guckten beeindruckt in den Koffer und rätselten fröhlich mit.

Hinter mir sprach sich der patriotische Rentner für mehr nationales Denken aus. Ich geriet kurz ins Grübeln darüber, ob die Kombination von »national« und »Denken« nicht grundsätzlich ein Widerspruch wäre. Aber noch bevor ich mir eine abschließende Meinung gebildet hatte, hörte ich, dass man offenbar beides problemlos durch eine »vaterländische Gesinnung« ersetzen konnte. Das klang einleuchtend. Weniger einleuchtend war, warum der Herr seine Zulassung als Militaria-Händler nicht eher auf den Tisch gelegt hatte.

Das hätte er ja gleich sagen können. Sympathischer wäre er mir dadurch allerdings auch nicht geworden. Wir ließen ihn durch. Aber es ist seltsam, wie solche Ereignisse wirken. Die Geschichte spricht sich herum, und dann ist die ganze Truppe der Luftsicherheitsassistenten ein bisschen hibbelig. Wie ein Ameisenbau, wenn man mal mit einem Stock reinbohrt. Da tut man keiner Ameise was, aber trotzdem sind die die nächste Stunde total wuselig. Und es kann gut sein, dass uns der Fund drei Tage später nur deshalb aufgefallen ist.

Zwei Jungs um die zwanzig kamen durch die Handgepäck-kontrolle. Die waren absolut unscheinbar. Sie trugen Anzü-ge, waren sorgfältig frisiert, fast wie die Popper in den Acht-zigern, aber das sah völlig unpolitisch aus, das waren halt zwei normale Junior Vice Executive Assistants oder sonst eine gehobene Form von Vorstandspraktikanten, und die hatten eben die Haare schön. Kann ja mal vorkommen. Das einzig Ungewöhnliche an ihnen war, dass sie in ihrem Koffer jede Menge Taschenlampen transportierten. Klein, länglich, wie diese praktischen LED-Pointer, die man am Schlüsselbund hat – machen ein kaltes blaues Licht und halten ewig. Etwa hundert Stück davon hatten sie dabei. Ich sah mir einen da-von an, probierte ihn aus – tadellos. Kreisrunder Lichtkegel, ein bisschen schmutzig vielleicht. Ich wollte schon »in Ord-nung« sagen, als der Kollege Matthias vorbeikam.

Matthias war zehn Jahre jünger als ich und ein ganz Penib-ler. Vor allem aber gab es einen Unterschied zwischen uns: Matthias war mal bei der Bundeswehr gewesen. Und es muss wohl seine Bundeswehrerfahrung gewesen sein, die ihn bei den beiden Jungs mit den Lämpchen stutziger werden ließ als mich.

»Lass mal sehen!«, meinte er und nahm eines der Lämpchen. Er leuchtete hierhin, dorthin, hielt seine Handfläche drunter und schien nicht recht zufrieden.

»Was suchst du denn?«, fragte ich schon etwas genervt.

»Moment, Moment«, murmelte er und leuchtete hektisch durch die Gegend. »Wart mal.«

Ich sah kopfschüttelnd, wie er mit einem der Lämpchen weglief. Dann ging er damit in unsere Untersuchungskabine, zog den Vorhang vor und rief wenig später: »Achim, kommst du mal her?«

Ich ging seufzend zur Kabine und quetschte mich neben Matthias. Ich zog den Vorhang zu.

Da standen wir nun beide im Dunkeln.

»Toll«, sagte ich, »unser eigener Darkroom.«

»Blödmann«, sagte Matthias, »guck doch mal!« Und er knipste das Lämpchen an.

Vor mir, an der Wand unseres Darkrooms, leuchtete ein schöner heller Kreis auf.

Und in diesem Kreis war ein weniger schönes, dunkles Hakenkreuz.

Matthias hielt das Lämpchen näher an die Wand und wieder weiter weg. Das Hakenkreuz schrumpfte und wuchs. In der richtigen Entfernung konnte man somit mühelos ein knapp meterhohes Hakenkreuz an die Wand werfen. Ich war baff.

Wir holten uns Unterstützung bei der Polizei, die die Leuchten mitsamt den beiden Transporteuren abholten. Die Lämpchen blieben da, und die erkennungsdienstlichen Daten der beiden Rechtsausleger auch. Und ebenfalls bei uns blieb die Erkenntnis, was in solchen Lämpchen drinstecken konnte. Im Nachhinein musste ich zugeben, dass ich bestimmt schon einige von den Dingern durchgewinkt hatte. Das würde mir nicht mehr passieren. Ich bin in solchen Fällen auch nicht sauer. Was man nicht kennt, kann man nur schwer finden. Und man hat wieder einen kleinen Trick gelernt, der künftig nicht mehr klappt. Daher fing ich gleich an zu grinsen, als ich zwei Wochen später fünfhundert Lämpchen fand.

Sie waren sauber abgepackt in einem großen Beutel. Der befand sich in einem mittelgroßen Trolley, der wiederum zu drei Jungs von Anfang zwanzig aus dem Nahen Osten gehörte. »Geschenke« seien das, sagten sie, »Geschenke«. Ich nahm sofort eines der Geschenke und leuchtete damit an eine Wand. Ich sah gar nichts. Zu hell. Also rannte ich, wie bei Matthias gelernt, mal eben in den kleinen Darkroom. Ich knipste das Lämpchen an, und von der Wand lächelte mir Osama bin Laden entgegen. So mildtätig und verständnisvoll wie der Herr Kaiser von der Hamburg-Mannheimer.

Ich holte trotzdem die Polizei, die den Beutel und die Buben gleich mitnahm. Etwas irritierend war nur, dass die drei so gar nicht in das Standardbild vom Terrorismusumfeld passen wollten. Sie haben fast geweint, als gäbe es noch richtig Ärger, wenn ihre Eltern davon erführen. Man hatte den Eindruck, als fänden sie zwar bin Laden cool, hätten für ihn deshalb aber noch lange keine Bomben transportiert. Ich hoffe mal, dass die Festnahme daran nichts geändert hat.

Ganz neue Geschichten vom Herrn Becker

Eine Woche nach unserem letzten Treffen begegneten wir uns wieder. Es war dasselbe Gate vor dem Flug nach London, wie beim letzten Mal, ich war wieder an der Personenkontrolle. Inzwischen war ich selbst ganz gut von meiner Berührungsangstlosigkeit geheilt. Ich sah ihn schon an der Kontrolle stehen.

»Nee, nicht schon wieder«, murmelte ich zu den Kollegen, »kann nicht mal wer anders …?«

Aber die Kollegen waren zäher im »Nöö«-Sagen. Irgendwann ist der Passagier da, und es bleibt einem nichts anderes übrig, als hinzugehen. Diesmal, dachte ich, versuche ich's mit einem flotten Spruch. Vielleicht hatten wir ja einfach nur Pech gehabt oder falsch angefangen. Ich startete mit:

»Sie schon wieder!«

»Was soll denn *das* jetzt heißen?«

»Ein Scherz. Ich meinte ja nur, nur dass ich Sie schon mal hier getroffen habe.«

»Na, dann müssen Sie mich ja nicht mehr kontrollieren.«

Ich seufzte.

»Herr Becker, ich muss *jeden* kontrollieren.«

Und dann rutschte mir leider was raus:

»'n Promi-Bonus will er auch noch …«

Ich hatte es nur ganz leise gesagt, mehr so zu den Kollegen, mehr gedacht fast als gesagt, aber gerade unsere Tennisasse hören ja auch die Feinheiten. Ob der Filzball auf dem Rasen aufkommt oder dabei die Linie streift.

»Was war das? Holen Sie mal sofort Ihren Vorgesetzten.«

»Der bin ich selber.«

»Sie?«

»Ja. Ich. Ich bin hier für das alles zuständig.«

Das entsprach zwar nicht so ganz den Tatsachen. Aber ich wollte schließlich auch nochmal fertig werden.

»Bitte mal die Arme heben, Herr Becker.«

»So bin ich ja noch NIE behandelt worden!«

Damit, fand ich, waren wir quitt, rein schwindeleienmäßig, weil: Letztes Mal hatte ich ihn ja genauso abgetastet. Aber irgendwas fehlte da noch.

»Nicht so fest!«

Richtig.

»Das war doch nicht fest!«

»Doch! Seh' ich etwa aus wie ein Terrorist?!«

»Das war's doch schon, Herr Becker.«

Aber irgendwie schien er es jetzt bei uns ganz behaglich zu finden. Er ging einfach nicht.

»Unverschämtheit, was man sich hier bieten lassen muss.«

Ich versuchte zu erraten, was als Nächstes kommen würde, und legte mich dabei auf zwei Optionen fest. Eine gute Lösung fand ich:

»Ich fliege bald wieder nach Florida. Wissen Sie, wie anstrengend ein Transatlantikflug ist?«

Doch mein Favorit wäre gewesen:

»Gleich kommt meine Assistentin, wir haben ganz wenig Zeit, wir müssen bis London ein Kind zeugen, aufziehen und einschulen.«

Aber irgendwie schien Boris heute seinen Text nicht zu können. Er sagte nur:

»Frechheit!«

Er wirkte recht down.

Also ging ich zu ihm, klopfte ihm locker auf die Schulter und sagte aufmunternd:

»Bis zum nächsten Mal.«

»Also – das wird ein Nachspiel haben! Darauf können Sie sich verlassen. Das! Wird! Ein! Nach! Spiel! Haben!«

Es hatte aber keins.

 # Wie Terroristen wirklich aussehen

An dieser Stelle ist eine kleine Entschuldigung fällig. Keine riesige, bei der man zu Boden fällt und sich Staub in die Haare rieseln lässt wie ein griechischer Sagenkönig, aber eben schon eine kleine Entschuldigung. Und zwar gilt sie all jenen, die sich immer beschwert haben, weil sie untersucht würden, obwohl sie ja wohl nicht wie Terroristen aussähen. Meine Kollegen und ich haben immer so getan, als wäre das völliger Blödsinn, weil vor dem Luftsicherheitsassistenten alle Leute gleich gefährlich aussähen.

Also gut: Es ist nicht so.

Oder wenigstens nicht ganz.

Es stimmt schon, dass für uns niemand harmlos aussieht.

Doch es stimmt auch, dass einige noch weniger harmlos aussehen als andere.

Es gibt ein bundespolizeilich abgesegnetes Vorurteil, wie Terroristen aussehen. Oder zumindest häufig aussehen. Weshalb ich auch ziemlich verblüfft war, als Ende 2010 alle aufgeschrien haben, als der Chef des deutschen Flughafenverbands vorschlug, man solle ein Profiling nach dem Vorbild der Israelis machen. In einem gewissen, sinnvollen Umfang wird es längst praktiziert. Ich darf nur leider nicht verraten, wie das aussieht. Aber das muss kein Grund zur Enttäuschung sein, denn mit ein bisschen gesundem Menschenverstand kommt da jeder selbst drauf.

Man muss sich ja nur in die Rolle der Polizei versetzen. Dann setzt man eine Liste der letzten großen Attentate auf und guckt sich die Bilder der Attentäter an. Na, und wenn man dann feststellt: Vor fünf Jahren gab's ein Attentat, da schielte der blonde Bombenleger und trug ein grünes Mützchen, vor drei Jahren war der Flugzeugentführer blond, trug ein grünes Mützchen und schielte, und letztes Jahr hat einer in der U-Bahn Giftgas verteilt, der trug ein grünes Mützchen, schielte und war blond – dann braucht man keine Polizeiausbildung, um sich zu sagen: Na, vielleicht sollte man mal ein bisschen besser auf die schielenden Blonden mit den grünen Mützchen achten.

So banal ist das. Tut mir leid, wenn manche was anderes erwartet haben. Und so banal muss das auch sein, damit die Arbeit effizienter wird. Das hat dann auch mit Diskriminierung nichts zu tun: Man untersucht ja nicht die einen bis auf die Knochen und die anderen gar nicht, sondern man wird nur bei der einen Gruppe etwas schneller hellhörig. Und das halte ich für legitim: Bei einer Vergewaltigung fahndet man schließlich auch nur nach einem Mann und nicht aus Gründen der Gleichberechtigung auch nach einer Frau.

Was selbstverständlich nicht ausschließt, dass das nächste Attentat von einem weitsichtigen dunkelhaarigen Frührentner ausgeführt wird. Statistisch gesehen wird es sogar mit jedem Attentat wahrscheinlicher, dass der Attentäter diesmal *nicht* schielt, *nicht* blond ist, *nicht* mit einer grünen Mütze herumrennt. Aber wenn man da keinen speziellen Tipp von Informanten aus der Szene bekommt, dann muss man das Entdecken des Ausnahmeattentäters den normalen Kontrollen überlassen, weil jede andere Bevölkerungsgruppe für sich immer noch unwahrscheinlicher ist. Als Abwechslung zu blonden, schielenden Grünmützen sind die rothaarigen Fleischereifachverkäuferinnen genauso denkbar wie linkshändige Landschaftsgärtner. Das ist ja das Fiese an der Fahnderei: Man kann zu Lernzwecken immer nur die Vergangenheit heranziehen. Also: Mit Ihrem Zeitungs- und Fernsehwissen – nach wem würden Sie suchen?

Nach Arabern?

Na, das war jetzt ein bisschen flapsig formuliert, aber die Richtung stimmt schon mal. Sie haben sich vermutlich gedacht, dass der internationale Terrorismus derzeit häufig islamistische Wurzeln hat. Und dass Menschen aus dem Orient häufiger mit dem Islam zu tun haben als Menschen aus China. Sehen Sie, da denken Sie jetzt schon wie die Polizei – nur hat die Polizei etwas mehr Daten zur Verfügung als Sie und ich, die wir mit unserem Bauchgefühl vorliebnehmen müssen. Menschen, die aus dem Nahen und Mittleren Osten stammen, sind uns also einen Extrablick wert – übrigens nicht nur uns, sondern auch unseren amerikanischen Freunden. Was noch?

Männer?

Stimmt auch, obwohl ich gelesen habe, dass bei den Palästinensern inzwischen auch mehr und mehr Frauen mit Sprengstoffgürteln hantieren. Man nennt sie dort »Schwarze Witwen«. Auch wieder erstaunlich, wo bei den Islamisten die Gleichberechtigung einsetzt, aber vielleicht ist das ja auch ein logistisches Problem. Zynische Kollegen von mir lästern dann, dass im Paradies scheinbar schon so viele Gotteskrieger angekommen sind, dass sie so die nötigen Jungfrauen hinterherschicken müssen. Aber wie dem auch sei: Die Mehrheit der Anschläge wird von Männern verübt. Und das ist letzten Endes gut nachvollziehbar, weil sich Männer generell mehr aufregen als Frauen. Wer's nicht glaubt, sollte einem Mann mal die Fernbedienung verstecken. Weiter geht's – was halten Sie noch für verdächtig?

Bärte?

Nein, Bart stimmt noch nicht. Präziser, bitte. Sie haben wahrscheinlich Osama bin Laden vor Augen. Aber das hilft auch weiter: Was ist der Unterschied zwischen Osama bin Laden und Mohammed Atta? Genau: das Alter.

Es ist kein Zufall, dass nicht bin Laden ins World Trade

Center geflogen ist. Das hätte bin Laden vermutlich auch nie getan. Entweder hielt er sich für zu wichtig oder zu bekannt, meine persönliche These ist – der Mann war schlicht nicht bekloppt genug. Und das sind Männer in diesem Alter selten. Die sind schon auch Überzeugungstäter, sicher, und wenn man denen beim Tee gegenübersitzt, dann sagen die einem garantiert auch, dass sie selbst jederzeit bereit wären, für ihre Sache in den Tod zu gehen, zu fahren oder zu fliegen – aber, seltsam, seltsam, wenn's dann so weit ist, findet sich doch immer ein anderer. Und das Alter dieses anderen liegt üblicherweise irgendwo zwischen sechzehn und Ende zwanzig.

Das ist das Alter, in dem man erstmals denkt, man würde total durchblicken. Das Alter, in dem die zornigen jungen Männer noch etwas zorniger sind als sonst. Man hat keine Familie, an die man denken muss, man hat vielleicht noch nicht mitbekommen, dass es unterm Strich keinen großen Unterschied macht, ob man was für bin Laden sprengt oder für die RAF oder die IRA. Dass da letzten Endes immer einer auf der Flamme des Hasses sein Süppchen kocht und dass die Leute mit den Sprengstoffgürteln meist am ungläubigsten schauen, wenn sie mal zufällig erfahren, was in der Suppe wirklich drin ist und wem sie warum am besten schmeckt.

Man kann natürlich nicht jeden in diesem Alter nehmen. Man braucht zum einen Leute, die man mit siebzig Jungfrauen locken kann – und mal ehrlich: Siebzig Jungfrauen im Jenseits, das ist ein bisschen wie diese Handylockangebote, so was wie: das neue iPhone für einen Euro. Da weiß doch auch jeder hellere Kopf, dass da noch jede Menge Folgekosten im Kleingedruckten stehen. Na, und die, die an die Geschichte vom geschenkten Handy glauben, das sind dann Leute von dem Kaliber, das ein halbes Jahr später bei RTL als Kundschaft von Peter Zwegat versendet wird. Da sieht man schon die Schwierigkeit der Personalbeschaffung in Terrorkreisen:

Man muss einen Typen finden, der einerseits naiv genug ist, die Siebzig-Jungfrauen-Geschichte zu glauben, der andererseits aber clever genug ist, um ein Attentat zu koordinieren. Man sieht: Das erfordert eine gewisse Schizophrenie.

Bei einigen kann man die Jungfrauen auch durch politischen Fanatismus ersetzen, das ist bei manchen Palästinensern so. Die sind dann etwas weniger naiv, dafür aber etwas hasserfüllter – was auch nicht gerade produktiv ist: Wenn man unauffällig durch den Frankfurter Flughafen möchte, braucht man jemanden, der seinen Hass schön diszipliniert versteckt und nicht alle gottlosen westverseuchten Luftsicherheitsassistenten anspuckt.

Also: jung, orientalisch, männlich und – soweit man das vom Aussehen her beurteilen kann – von solider, aber nicht übertriebener Intelligenz. Das ist die Gruppe, die Sie als Polizist etwas genauer betrachten würden, und exakt das tut auch die Luftsicherheit, jedenfalls hat sie es getan, während ich dabei war, und daran hat sich meinen Kollegen zufolge bis heute nichts geändert. Und so wird es wohl auch bleiben, bis sich das Aussehen der Attentäter ändert oder die Zugehörigkeit zu einer Gruppe oder bis sie sich lieber andere Ziele suchen. Dass wir so falsch nicht liegen, beweisen die Kofferbomber von Köln, die Attentate von Madrid oder der Selbstmordattentäter von Stockholm. Und auch die Tatorte zeigen, dass man damit nicht falsch liegt.

Die Tatorte sind nämlich Reaktionen auf Kontrollen, wie sie am Flughafen vorgenommen werden. Denn warum soll man als Terrorist den schwersten Weg suchen? Warum soll man ausgerechnet am Flughafen zuschlagen – es geht hier ja nicht um die goldene Terroristenmedaille für das ausgeklügeltste Attentat, sondern es geht nur um den größten Effekt mit den einfachsten Mitteln. Kennen Sie die beste Sicherungsmaßnahme, die wir in Deutschland gegen Terroristen haben?

Das sind nicht unsere Kontrollen, obwohl meine Exkollegen und ich uns die größte Mühe geben. Es sind auch nicht die Gesetze, die der Herr Innenminister vorbereitet oder gerade hat verabschieden lassen, und da ist es völlig egal, wer gerade Innenminister ist und welche Gesetze er soeben wieder als Superlösung verkauft. Und es sind auch nicht die Maschinenpistolen, obwohl ich die am niedlichsten finde.

Das sieht man immer auf den Titelseiten, zuletzt bei der Terrorwarnung im Winter 2010/11: Polizisten mit Maschinenpistolen.

Sieht gut aus.

Sieht sicher aus.

Ist aber der blühende Blödsinn.

Was macht eine Maschinenpistole? Sie schießt automatisch, sie schießt Kugeln schneller ab, als man sie einzeln mit seinem Finger am Abzug auslösen könnte, *ratatatata,* ganze Garben. Man kann sie auch auf Feuerstöße umstellen, dann schießt sie immer drei Kugeln hintereinander ab. So, und jetzt bitte mitdenken: Wir haben einen rammelvollen Flughafen, Männer, Frauen, Kinder, Omas, und mittendrin entdecken wir einen gefährlichen Terroristen, der eine Waffe zieht. Und dann kommen unsere Bundespolizisten herbei, zu dritt, und feuern die Magazine ihrer Maschinenpistolen auf diesen Mann leer. Ich weiß ja nicht, wie sich andere Leute bei dieser Vorstellung fühlen, aber wenn unsere Polizei zwanzigmal schießt, wo sie lieber einmal vernünftig zielen sollte, dann möchte ich nicht hinter einem Terroristen stehen. Oder neben ihm. Man kann sagen: Auf einem knallvollen Flughafen ist die Maschinenpistole zweifellos die sinnvollste Waffe gleich nach dem Flammenwerfer und der Wasserstoffbombe. Nein, der beste Schutz, den wir in Deutschland gegen den Terrorismus haben, ist die Entfernung.

Das klingt zynisch, ist aber einfach so: Warum soll man

sich auf den mühsamen Weg nach Deutschland machen, wenn man sich vor jeder Polizeiwache im Irak oder auf jedem Marktplatz in Afghanistan genauso gut in die Schlagzeilen und ins Paradies sprengen kann? Da gibt es weniger Kontrollen, man muss weniger vorbereiten, all das ist auch viel weniger anstrengend und, wenn ich richtig informiert bin, gibt's von Allah für Auslandseinsätze auch keine Jungfrauenzulage. Deswegen explodiert dort auch dauernd was und bei uns bislang immer noch recht selten. Terroristen, vor allem die Planer hinter ihnen, sind effizient. Das konnte man nach den Warnungen im Herbst/Winter 2010 in allen Zeitungen lesen: Der Terrorist gibt 3000 Dollar aus, um ein verdächtiges Paket aus dem Jemen zu versenden. Er kriegt seitenweise Platz in den Zeitungen, die beste Sendezeit im Fernsehen, ARD-Brennpunkte ohne Ende, und die Flughäfen verschärfen ihre Kontrollen für mehrstellige Millionensummen. So einfach und billig kann Terrorismus sein. Und deswegen gibt's auch keine garantierte Sicherheit.

Tut mir leid, dass ich da nichts Erfreulicheres sagen kann. Obwohl: In einem Fall kann ich es doch. Nämlich all den Leuten, die es doof und gemein fanden, dass man jetzt eine Gruppe von Menschen unter so eine Art Generalverdacht stellt: die orientalisch aussehenden jungen Männer. Für die kann ich umgekehrt auch mal eine Lanze brechen.

Denn von diesen Männern arbeiten viele auch bei der Luftsicherheit. Jedenfalls in Frankfurt. Da sind sehr, sehr viele Ostdeutsche beschäftigt, vielleicht zu einem Drittel – und genauso viele Türken und Menschen aus dem Nahen Osten. Tag für Tag machen sie dort ihren Job, zuverlässig und nach besten Kräften.

Die Lagerhalle der Besserverdienenden

Normalerweise arbeitet man keine acht Stunden am Stück am selben Platz. Die Ausnahme ist GAT, das General Aviation Terminal, aber das liegt daran, dass das GAT so weit draußen liegt. Wenn man zum GAT eingeteilt wird, nimmt man die weibliche Kollegin, die einem zugeteilt wurde, und dann lässt man sich hinkutschieren. Man ist zwei, drei Kilometer unterwegs, das kann ganz romantisch sein. Zum Beispiel, wenn der Frankfurter Flughafen mal wieder so eingeschneit ist, dass alles zusammenbricht, vor allem die Nerven der Lufthansa, die dann wieder staunt, wie sich doch die Fraport jedes Jahr aufs Neue vom listigen Schnee überraschen lassen kann. Wenn das Abtaumittel ausgeht oder die Räumgeräte nicht mehr zurechtkommen und die Flüge ausfallen wie Milchzähne. Abgesehen davon ist es aber, das kann man gar nicht genug betonen, wirklich recht romantisch, wenn man so durch die hessische Taiga fährt, an den eingeschneiten Jets vorbei. Je nach Flugverkehr, der selbstverständlich Vorfahrt hat, dauert die kleine Reise zehn bis fünfzehn Minuten. Deshalb wäre es auch völlig uneffizient, da mehrfach am Tag hin- und herzufahren. Und obwohl wir sonst recht viel Ineffizientes machen, tun wir es in diesem Fall mal nicht: Wer also mit seiner Schicht am GAT anfängt, beendet sie auch dort.

Das GAT klingt ja eigentlich recht unscheinbar. »General Aviation«, das hört sich an wie »Allgemeine Luftfahrt« und hat einen Beigeschmack von Lagerhalle. So sieht das GAT von außen auch aus: unscheinbar. Tatsächlich aber ist das der

Frankfurter Flughafen für Reiche. Also für die Leute, denen der New-York-Flug erster Klasse für 8000 Euro nicht angemessen genug ist. Diese Leute haben eigene Maschinen. Lear-Jets, Beechcrafts, so was in der Richtung, aber natürlich nicht nur diese kleinen Zubringermaschinen, sondern das Ganze in langstreckentauglich. Klingt wie ein ziemlicher Luxus, die meisten der Besitzer würden das aber nicht so sehen.

Wenn man sie fragte, würden sie sagen, dass sie dadurch wertvolle Zeit sparen, und in dieser Liga ist Zeit das Allerwertvollste, was es gibt, weil da in jeder Sekunde Millionen gemacht werden. Das ist schwer vorstellbar, aber da muss man sich nur mal den mächtigen Medienmanager M. ansehen, der da auch gerne mal einfliegt. Dann steht seine Maschine fünfzig oder hundert Meter vom Terminal entfernt, da könnte man schon hinwinken oder rüberrufen, da habe ich selbst gesehen, wie sich der Herr M. selbst über diese fünfzig oder hundert Meter mit einem kleinen Shuttlebus fahren ließ. Ich gehe mal davon aus, dass er in den gesparten dreieinhalb Minuten praktisch den gesamten Flug wieder hereinverdient und obendrein ein kleines Mitbringsel für seine außerordentlich hübsche Frau, bekannt aus Funk und Fernsehen, eine Containerladung Blumen oder so.

Nun hört sich das vielleicht ganz aufregend an: Morgens raus zum GAT und dann den ganzen Tag irgendwelcher Medienzaren beim Busfahren zusehen – ach, wenn man da nur mitglotzen könnte! Aber erstens muss man sich vor Augen halten, dass es eine ganz erstaunliche Menge an Reichen gibt, die von uns – auf Deutsch – keine Sau kennt, auch und gerade aus dem Ausland. Deutsche Bosse, wie den Dieter Zetsche oder auch den Josef Ackermann, die kennt man ja noch aus der Zeitung, aber wer weiß schon, wie der Chef von Renault aussieht oder der Vorstandsvorsitzende der Banco Santander? Wenn solche Leute zur Kontrolle tappen und man erkennt die gar nicht, dann ist das alles schon mal nur der halbe Spaß. Und zweitens ist es trotz des jüngsten Booms nicht so, dass die Reichen in Frankfurt runterprasseln wie ein Platzregen. Da kommt auch mal sehr lange Zeit überhaupt keiner.

Und dann steht man halt da.

Zunächst liest man die Zeitung. Sport. Lokales. Politik. Sogar den Wirtschaftsteil. Und die Leitartikel. Nein, die Leitartikel schafft man beim besten Willen nicht. Dann macht man das Sudoku. Dann das leichte Sudoku, wo nur noch drei Ziffern fehlen.

Dann schaut man auf die Uhr. Zehn Minuten vorbei.

Man guckt sich um. Kennt man schon alles. Ledersessel. Couchtische. Marmor. Wie eine Hotellobby, wie eine sehr, sehr gute Hotellobby sogar, aber mehr auch nicht. Es gibt Duschen, es gibt Kabel-TV, falls man mal länger warten muss, aber wohnen mag man hier nicht. Sieht gut aus, wenn man mal kurz durchrauscht. Aber wenn man dort einen ganzen Tag verbringt, ist so ein Ledersessel ziemlich schnell nur ein Ledersessel. Letzteres kann ich auch deshalb sagen, weil wir in den Pausen natürlich drin sitzen durften. Es ist auf GAT nicht so, dass daneben die Bierbänke fürs Personal stehen, damit die Lederbezüge geschont werden. Wir durften nur nichts essen. Kein Ferrero Rocher, auch keine Wasabi-Nüsse. Platz wäre eigentlich genug für eine Tischtennisplatte, aber das macht sich natürlich nicht so gut, wenn irgendein Vorstand reinkommt und kontrolliert werden will, und die Luftsicherheitsassistenten sagen:

»Moment noch, es steht grad 18:20!«

Jetzt kann man anfangen, Sprachen zu lernen. Tolstoi zu lesen oder alle Harry-Potter-Bände. Sich Geschenke für Weihnachten 2013 – 2017 zu überlegen. Aber ehrlicherweise muss man sagen, dass kaum jemand dort Tolstoi liest oder Chinesisch lernt, ich hab's ja auch nicht gemacht. Meine größte Verzweiflungstat hingegen war der Vorschlag, wir könnten doch mal alle fünfzig Bundesstaaten der USA aufzählen. Wir, das waren die Luftsicherheitsassistentin und ich.

Die Luftsicherheitsassistentin hat geseufzt: »Das ist doch fad!«

»Nee, das wird bestimmt super!« Das hab ich eigentlich eher gesagt, um mich selbst zu überzeugen.

Und dann hat der Polizist hinten an der Passkontrolle gefragt:

»Kann ich mitmachen?«

So groß kann die Verzweiflung am GAT werden. Wir haben's geschafft, dank der Hilfe eines US-amerikanischen Kofferträgers. Die Fraport schickt immer zwei Kofferträger zum GAT, denn am GAT trägt man seine Koffer nicht selbst. Wir haben fünf leidlich unterhaltsame Stunden für die Bundesstaaten gebraucht, tja, tut mir leid, mir wär's auch lieber gewesen, eine beeindruckendere Zeit vermelden zu können. Andererseits …

Andererseits bin ich hier auch schon mal mit Judith gesessen und habe dabei ein Auge auf ein Mädel in einem der tiefen dicken Ledersessel geworfen. Und das war sehr diszipliniert von mir. Schon deshalb, weil nämlich wieder mal sonst nichts in dem ganzen GAT gewesen ist, auf das man ein Auge hätte werfen mögen. Und außerdem, weil das Mädel wirklich so aussah, dass man gerne ein halbes Dutzend Augen zum Werfen gehabt hätte. Sie war ungefähr dreißig Jahre alt, trug eine schwarze Fleecejacke, schwarze Jeans und Stiefel. Auf ihrem Kopf saß eine undefinierbare schwarze Mütze, von der Form her ging das in Richtung Kopftuch, umwickelt mit toter Katze. Aber nicht mal das konnte den ausgezeichneten Eindruck ruinieren. Also warf ich nochmal einen Blick hin.

Sie fing ihn mit einem Auge auf, lächelte, wälzte ihn in Puderzucker und zwinkerte ihn mir mit dem anderen Auge zurück. Und da hätte man sich allerhand einbilden können, aber ehrlicherweise muss ich sagen, dass man im GAT nun mal nicht viele andere Leute zum Zuzwinkern findet. Und wenn man mal so ein richtig nettes Zwinkern im Auge hat und das will unbedingt raus, na ja, dann schenkt man das schon mal dem zwei Meter großen Luftsicherheitsassistenten, der so vertrauenerweckend aussieht, so erfahren, so souverän, so stark, und der dabei doch so sanft ist und so zurückhaltend, so einfühlsam und zugleich auch noch so unglaublich bescheiden.

Kurz: Das war ein Zwinkern, da kam man sich irgendwie super vor.

»Würde mich mal interessieren, wen die abholt«, sagte Judith.

Das war eine gute Frage. Das Mädel saß da, seit sie hereinspaziert war. Sie wollte nicht fliegen, also hatten wir sie auch nicht kontrolliert. Im GAT sitzen ist nicht verboten. Und fragen konnte man nicht: Luftsicherheitsassistenten sind strengstens angewiesen, die Prominenten oder Halbprominenten oder Vielleichtprominenten nicht zu behelligen, sei es mit Fragen oder Autogrammwünschen oder einer tiefgehenden Analyse ihrer letzten drei Filme. Aber die Frage erübrigte sich. Judith rammte mir einen Ellenbogen in die Seite.

Vom Vorfeld herein spazierte ein sportlicher Herr mit guter, ach was: exzellenter Figur, in Bluejeans, die einen schönen Po nicht machten, sondern unaufdringlich betonten. Er trug Stiefel, eine dunkle Sonnenbrille, er trug Strähnchenhaare und war – Wham! – George Michael, der lässig in die Runde grüßte:

»Hi there!«

Die Dame stand auf, fiel ihm um den Hals. Sie konnten sich sichtlich gut leiden, und ich sah mit einem Hauch Neid zu, wie sie überhaupt nicht mehr aufhörten, sich zu umarmen. Aber ich musste selber zugeben, dass die tote Katze auf ihrem Kopf eindeutig besser zu ihm passte als zu mir. Sie ließen sich entspannt in die Ledersessel fallen, plauderten aufgeweckt und warteten auf die Limousine. Es stellte sich heraus, dass sie seine Managerin war, er hatte einen Auftritt in der Frankfurter Festhalle. Die Limousine kam, George und die Managerin winkten, stiegen ein und verschwanden.

Etwa zehn Minuten später tauchte ein Flughafenmitarbeiter auf. Er schleppte drei gewaltige Tabletts aus dem Flugzeug an und bestellte einen schönen Gruß von George: »For the nice guys.«

Es waren die Reste vom Catering, und das klingt jetzt womöglich großkotzig, so wie: George Michael verschenkt seine Essensreste. Aber wenn er ein Brötchen davon gegessen hat, war's viel. Wahrscheinlich konnte er nicht mehr essen, weil er auf seine Figur achten musste. Einen anderen Grund kann's nicht gegeben haben, ich habe nie zuvor und auch nie mehr danach so sensationelle Sandwiches gegessen.

Wenn man das dann anschließend den Kollegen erzählt, sind die natürlich manchmal ganz schön neidisch. Ooooh, GAT, da will ich auch mal hin. Und wenn sie jemanden in der Steuerung kennen, dann lassen sie sich schon mal einteilen für einen Tag Dienst im GAT.

Aber George Michael kommt halt nicht jeden Tag.

Und dann sitzen sie da und grübeln auch noch über die Weihnachtsgeschenke für 2018.

Politik hautnah

Wer wissen will, wie Politik funktioniert, sollte zum Flughafen gehen. Nicht weil am Flughafen so viel Politik gemacht wird, obwohl das vielleicht auch so ist – aber das bekommt man dann natürlich nicht mit. Und auch nicht, weil es einem die Politiker dort erklären, das tun sie auch am Flughafen nicht, und bei den meisten habe ich ohnehin das Gefühl, dass sie es genauso wenig erklären könnten wie das Verschwinden der Milliarden in unseren Landesbanken. Wo sie doch immer so schön in den Aufsichtsräten auf unser Geld hätten aufpassen sollen. Nein, man kann Politik deshalb am Flughafen so gut verstehen, weil man dort sehen kann, wie Politiker auftreten können.

Es stellt sich allerdings die Frage, ob man so was überhaupt Auftritt nennen kann. Ein namhafter Politiker, also einer, den auch ich erkenne, hat ja nicht viel Zeit: Gerade die ranghohen Politiker sieht man als Luftsicherheitsassistent höchstens eine, zwei Minuten. Wir müssen sie oft nicht mal kontrollieren, weil sie entweder ankommen oder eine Freistellung haben, also mit dem Segen der Bundespolizei unkontrolliert reisen. Wenn das die Dauer eines Vorstellungsgesprächs wäre, würde kein normaler Mensch hingehen, weil er sich sagen würde: »Was soll ich da schon für einen Eindruck hinterlassen? Da erinnern sich die Leute an mich doch eh nur als verwaschenes Etwas.« Und das ist eben der Unterschied. Es gibt Politiker, die selbst aus diesem bisschen Zeit echt noch was rausholen. Der Kurt Beck von der SPD ist so einer. Er kam auf VIP an, im Terminal 1, neben dem Lufthansa-Service-Center.

VIP erkennt man von außen nicht, es steht weder VIP dran noch weist ein Pfeil drauf hin. Man kommt mit einem Lift dort hin, und auch in diesem Lift steht nicht neben einer Taste »VIP«. Man muss wissen, wo VIP ist, und daran, dass man's weiß, erkennt man wiederum den VIP. Man muss übrigens nicht unbedingt berühmt oder reich sein, um bei VIP einzusteigen. Es reicht, wenn man ein Kind ist, das ohne Eltern reist, ein sogenannter unbegleiteter Minderjähriger. Damit bei denen nichts schiefläuft und sie nicht im Gedränge verlorengehen, schleust man sie über VIP an Bord.

Judith und ich hatten dort Dienst, als Beck eintraf. Es ging um eine Wahlkampfveranstaltung, er ging mit seinem Bodyguard an uns vorbei. Und was er tat, war eigentlich keine Hexerei. Er sagte in seinem breiten Pfälzer Dialekt: »Guten Tag, die Damen und Herren, ich hoffe, es geht euch gut.« Wir nickten, und er sagte: »Schönen Tag noch!«

Dann war er wieder weg.

Der Unterschied war: Er nahm Blickkontakt auf, und was er sagte, klang herzlich. Man hatte den Eindruck, er würde gerne länger bleiben, er würde gerne ein richtiges Gespräch anfangen, und das, obwohl er ganz eindeutig keine Zeit für längere Gespräche hatte. Wenn das Schauspielerei war, dann war es ganz große Kunst. Funktioniert hat es in jedem Fall: Ich hatte sofort das Gefühl, dass man sich mit Beck ganz gut würde unterhalten können, na ja, vielleicht mit Beck und einer Flasche Wein, aber insgesamt wäre Beck an dem Tisch eine Bereicherung. Und diesen Eindruck hatte ich beispielsweise bei Roland Koch nie.

Koch bin ich gleich zweimal begegnet, ebenfalls auf VIP. Man kann sogar sagen: Er hatte genau die gleiche Chance wie Kurt Beck. Eine Minute beim Durchlaufen, auch die Begleitung war vergleichbar, ein Bodyguard und ein Helferlein, ein Staatssekretär oder jemand in der Art. Das Telefon klingelte fünf Minuten vorher bei uns am Schalter, Koch wurde angemeldet und rauschte durch. Er blickte kaum nach links, noch weniger nach rechts, und ohne uns anzusehen stieß er ein so hartes »Tach« aus, dass man sich sofort fragte: Wozu eigentlich? Wenn's aus Höflichkeit war, dann war es die unhöflichste Höflichkeit, die ich bislang gehört hatte. Aber das mit der Höflichkeit ist sowieso fraglich, es klang ja auch nicht wie ein Gruß, es klang genau genommen mehr wie ein Befehl: »Tach!«

Als wäre bis gerade eben noch tiefe Nacht gewesen, und er hätte per mündlicher Order das Licht angeschaltet. Und wie ich ihm so hinterhersah, hatte ich den Eindruck, er glaubte tatsächlich, dass das so funktionierte.

Es kann natürlich immer mal passieren, dass einer einen schlechten Tag hat, aber ich habe Koch auch mal getroffen, als ich noch kein Luftsicherheitsassistent war, sondern als Bodyguard und Objektschützer gearbeitet habe. Wir sollten die Zugänge zu einem 5000-Mann-Zelt kontrollieren, und ausgerechnet durch meinen Zugang ging er dann rein. Es gab einen Riesenkonvoi mit ungefähr acht oder neun Polizeifahrzeugen, die bremsten vor uns, dass der Kies nur so spritzte, Koch stieg aus und glitt ins Zelt. Dabei sagte er genauso »Tach!« wie am Frankfurter Flughafen. Mit demselben Unterton von »Jetzt bin ich hier, jetzt mach ich euch mal das Licht an, damit ihr nicht mehr im Dunkeln sitzen müsst«. Was zum einen etwas unerwartet kommt, weil unsere hessische Wunderlampe ja am besten wissen müsste, dass sie nicht mal die Spendenvergangenheit der eigenen Partei erhellen konnte. Und zum anderen sogar überrascht, weil Koch doch mit einem vernünftigen Mann wie dem Dalai Lama so dicke sein soll. Und spätestens dabei hätte ihm doch brutalstmöglich aufgehen müssen, dass es auf der Welt offenbar nicht nur Leuchten gibt, sondern auch Funzeln.

Die richtigen Blitzbirnen in der Politik scheinen mir üblicherweise etwas zurückhaltender. Die wissen schon ganz gut, dass sich die Welt auch ohne sie dreht. Rudy Giuliani hätten wir etwa vor lauter Zurückhaltung beinahe übersehen. Judith und ich hatten zusammen Dienst am General Aviation Terminal, es war kurz vor Feierabend, wir saßen in den Ledersesseln und warteten, bis wir abgeholt würden, und plötzlich standen in der Lounge am Tisch hinter uns zwei Bodyguards. Einer kramte in einer Tasche, der andere sah hilfreich zu. Wie sie da hingekommen waren, weiß ich bis heute nicht, wir hatten uns eingebildet, wir hätten das Gebäude ganz gut im Blick. Also dachte ich, wir sollten uns doch mal um die Herren kümmern, stand auf und ging zu ihnen. Günter, ein Fraport-Kollege, der oft auf GAT Dienst tut, huschte eilig aus seinem Häuschen zu mir und sagte: »Den braucht ihr nicht zu kontrollieren, das ist der Rudy Giuliani.«

Ich sah den einen noch immer nur von hinten. Für mich sahen beide aus wie Bodyguards, jedenfalls konnte ich so nicht sagen, welcher der beiden denn nun Giuliani war. Ich hatte nicht gewusst, dass der Mann so ein Schrank ist. Jedenfalls war er durch Günters Getuschel auf uns aufmerksam geworden. Der Taschenkramer drehte sich um und fragte, ob's irgendwas gäbe. Und das war er: Rudy Giuliani, der Mann, der in New York nach den Anschlägen vom 11. September den Laden zusammengehalten hatte. Er fragte freundlich, interessiert, wie jemand, der sich darüber definiert, dass er Probleme schnell löst, weil das das Leben aller Beteiligten normalerweise vereinfacht. Ich habe nur selten erlebt, dass eine simple Frage so viel Zutrauen hervorruft, so viel Vertrauen, dass ich ihm gerne wenigstens einen brennenden Papierkorb gemeldet hätte, oder dass wir eine ernste Versorgungskrise bei den Salzletten hätten. Aber auf diesem verfluchten GAT fehlt eigentlich nie was.

Daraufhin sagte ich ihm, dass alles in Ordnung sei.

Giuliani antwortete, das sei gut. Dann gab er mir einen sehr schönen kräftigen, aber nicht zu kräftigen Händedruck, Günter auch, und Judith ebenfalls. Und dann ging er.

Wir haben von ihm auch nicht mehr mitbekommen als von Beck und Koch. Aber wir hätten den Mann sofort in jedes verfügbare Amt gewählt. Notfalls als Klassensprecher.

 # Das Handwerkszeug des Todes

Wer ein Würgeholz im Rucksack hat, muss kein schlechter Mensch sein. Gut, er ist nur in sehr seltenen Fällen der freundliche Kampfmönch von RTL, aber er ist auch nicht unbedingt der Typ, der einem das Würgeholz um die Ohren hauen will. Sonst hätte er's ja in der Hand.

Für alle Nichtmönche: Ein Würgeholz ist keine Brechhilfe, das ist eine Waffe.

Sie stammt aus Asien, Nunchaku nennt man sie auch. Ein Würgeholz besteht aus zwei Holzgriffen, etwa so lang wie ein Schullineal, um die dreißig Zentimeter, und diese Griffe sind an einem Ende mit einer Kette oder einer Schnur verbunden. Wenn man die beiden Griffe in der Hand hat und einen fremden Hals dazwischensteckt, dann kann man den Hals ausgezeichnet damit würgen, weil man nur auf einer Seite zudrücken muss. Auf der anderen Seite drückt ja die Kette. Aber man muss damit nicht nur würgen. Man kann auch nur einen der Griffe in die Hand nehmen und den anderen Griff damit propellerartig herumschleudern. Wenn man das gekonnt macht, kommt einem keiner zu nahe. Klingt vielleicht albern, wie bedrohlich kann schon einer sein, der mit einem Hölzchen herumschlackert. Aber wer es mal ausprobiert, merkt schnell, dass es keine Stelle des menschlichen Körpers gibt, an der sich der Aufprall einer auf zweihundert Sachen beschleunigten Holzkeule richtig gut anfühlt. Und das ist kein Tippfehler, die Dinger sind wirklich so schnell: Zweihundert Kilometer pro Stunde kann das äußere Ende leicht erreichen. Kraft ist Masse mal Beschleunigung – frei nach Otto Waalkes:

Je schneller das »Ssst«, desto härter das »Bums!« und desto größer das »Au!!!«.

So, und trotzdem ist derjenige, bei dem man ein Würgeholz findet, meistens kein schlechter Mensch. Und nicht nur der mit dem Würgeholz, sondern generell die meisten Leute, bei denen man Waffen entdeckt. Man könnte ja annehmen, dass wir jedes Mal, wenn wir eine Waffe finden, in höchste Aufregung geraten. Stimmt aber nicht. Wir sind sogar kaum überrascht, und in den seltensten Fällen verhindern wir damit eine Katastrophe. Denn die meisten Waffen, die wir aufstöbern, sind überhaupt nicht in böser Absicht dabei, erstaunlich viele sind sogar weitgehend legal unterwegs. Handgranaten zum Beispiel.

Das klingt auf Anhieb vielleicht seltsam, weil die wenigsten Menschen eine Handgranate mit sich herumtragen, aber für einige gehören sie zum Handwerkszeug, beruflich. Bei Soldaten vor allem, insbesondere bei US-Soldaten. Und das beantwortet auch schon die Frage, die im Zusammenhang mit Waffen am häufigsten gestellt wird: Wer ist denn so blöd und schleppt eine Waffe durch die Kontrolle des Handgepäcks? Und die Antwort ist: Das hat mit Blödheit nichts zu tun, das ist Vergesslichkeit. Es gibt Tage, wenn die US-Army größere Truppenkontingente durch den Frankfurter Flughafen schleust, da zieht man eben auch mal eine Handgranate aus dem Handgepäck. Während des dritten Golfkriegs zum Beispiel. Und nicht nur die gute alte Eierhandgranate, sondern auch Magazine, Messer, Pistolen. Und natürlich wird alles beschlagnahmt. Es gibt dann auch eine Anzeige für den jeweiligen Soldaten, aber darum kümmert sich später die US-Militärpolizei, die auch die gesammelten Waffen abholt. Es ist also nicht so richtig verboten, das haben die Jungs nur vergessen, und das kann man ihnen durchaus glauben.

Im Irak, in Afghanistan, da sind nicht nur die US-Soldaten lieber ein bisschen zu stark bewaffnet als ein bisschen zu wenig, und keine Tasche ist zu klein, als dass man nicht noch zusätzliche Ausrüstung reinstecken könnte. Und wenn man dann in den Flieger steigt und vorher alles wieder auspackt, da kann man schon mal die eine oder andere Handgranate übersehen. Die wiegt nur ein paar Hundert Gramm, so viel wie drei Tafeln Schokolade. Wenn man gewohnt ist, den lieben langen Tag halbe bis ganze Zentner an Equipment mit sich herumzuschleppen, dann spürt man das gar nicht mehr. Da kann man froh sein, wenn die überhaupt noch merken, dass sie eine Flinte in der Hand haben. Und das geht wiederum nicht nur Soldaten so, dass sie irrtümlich Verbotenes mitschleppen. Einer anderen Gruppe geht das oft genauso: den Großwildjägern.

Die gibt es tatsächlich auch heute noch, auch wenn sie nicht aussehen wie König Pumponell aus der Augsburger Puppenkiste. Das sind Leute, die versuchen, einmal im Leben die »Big Five« zu erlegen – je einen Elefanten, einen Löwen, einen Leoparden, ein Nashorn und – nein, nicht das Nilpferd, sondern den afrikanischen Büffel. Der Fehler der Großwildjäger ist auch nicht, dass sie das Gewehr dabeihaben – das transportieren sie meistens im Reisegepäck, und mit einem Waffenschein ist das jederzeit erlaubt. Aber im Handgepäck haben sie häufig ihr Zielfernrohr. Und wenn das Zielfernrohr zu gut ist, dann ist es weg.

Ein Fernrohr mit Fadenkreuz und so, das geht jederzeit. Aber wenn ein Nachtsichtgerät drin ist, eine Messautomatik, die einem die Entfernung berechnet, ein Laserpointer – dieses niedliche rote Licht, das in Krimis munter über das Ziel wandert und meistens zwischen zwei Augen stehen bleibt –, solche Geräte sind sofort beschlagnahmt, und dann ist der Jammer groß, denn die Dinger sind schweineteuer. Aber daran erkennt man ziemlich gut, wie der Staat denkt. Es gibt ein weiteres Beispiel, bei dem man das sogar noch besser nachvollziehen kann. Beim Menschenerstechen.

Menschenerstechen funktioniert ganz anders, als man es aus dem Fernsehen oder dem Kino kennt. Da schleicht immer Rambo oder sonst wer durch einen Dschungel, gerade in Kriegsfilmen, in der Hand hat er ein riesiges Messer, auf dem er notfalls ein ganzes Spanferkel der Länge nach aufspießen und grillen könnte, ohne dass der Griff auch nur lauwarm wird. Dann kriecht er von hinten an einen Feind heran, packt ihn am Hals und ersticht ihn. Der Feind sagt dann leise »Öch« oder »Urrg!«, und keiner kriegt's mit. Aber so ist das in der Wirklichkeit nicht. Leute, denen man plan- und ziellos irgendwelche Messer irgendwohin sticht, können ziemlich viel schreien. Oder zappeln, was genauso unangenehm ist, gerade für Messerstecher: Überzeugte Messerstecher sind Leute, die es gerne eher unauffällig und ruhig haben. Die sind so was wie die Rentner unter den Killern. Also hat man für solche Leute das Stilett erfunden.

Ein Stilett ist ein Messer, das so dünn und so lang ist wie eine Stricknadel, von diesem nadelartigen Messer hat auch der Stiletto-Absatz seinen Namen. Es hat einen schmalen Griff und eine winzige, schmale Parierstange, das ist die Querstange zwischen Griff und Klinge, und die ist gerade beim Stilett fast genauso wichtig wie der ganze Rest des Messers. Denn mit einem Stilett sticht man sehr hart und schnell zu, und ohne die stoppende Parierstange würde die Hand durch den Schwung ungebremst nach vorn auf die Klinge rutschen, und dann würde die Klinge ganz, ganz sanft durch die Finger hindurchgleiten wie durch cremig weiche Butter, und man müsste sie hinterher vom Boden aufsammeln.

Die Finger, nicht die Klinge.

Das Hantieren mit einem Stilett ist also nicht einfach, hat aber einen Vorteil: Wenn man es jemandem an der richtigen Stelle von hinten in die Nieren rammt, dann ist das ein so höllischer Schmerz wie von tausend Hexenschüssen auf einmal. Und wenn der Jemand den Mund aufmacht, kommt kein »Öch« und kein »Urrg« raus, sondern – die reine, erholsame Waldesruhe. Obwohl der Inhaber der Niere noch lebt. Kein Piep ist zu hören. Und das bleibt so, bis der Jemand verblutet ist. Was aus demselben schmerzhaften Grund sehr bewegungsarm vor sich geht und obendrein auch noch blitzschnell, weil die Niere ein erstklassig durchblutetes Organ ist, das man nicht ohne Not anritzen sollte. Alles in allem also eine sehr praktische Erfindung für die Killerbranche, wenn man etwas davon versteht. Leute mit Stiletten haben daher im Allgemeinen auch anatomische Kenntnisse, mit denen man ein kleines Medizinstudium absolvieren könnte.

Deswegen sind Stilette auch verboten. Denn der Gesetzgeber geht davon aus, dass man im Alltag kein Stilett braucht, sondern auch mit einem Brotmesser klarkommen sollte. Da gibt's dann kein Diskutieren, das gilt für alle und jeden und auch für Rentner, die es gern ruhig haben, weil Brot nämlich sowieso nicht schreit. Überhaupt, sagt der Staat, kommen Tätigkeiten, für die man ein Stilett braucht, in einem gesetzestreuen Alltag nicht vor. Und wer kein Stilett hat, kann sie auch gar nicht erst durchführen, also ist der Besitz verboten. Und genau da ist die Parallele zum Zielfernrohr von den Büffeljägern.

Otto Normalgroßwildjäger, sagt der Staat, sollte eigentlich in der Lage sein, einen handelsüblichen Elefanten auch ohne Nachtsichtgerät oder Laserpointer zu treffen. Wer behauptet, dass er dazu ein Nachtsichtgerät und einen Laserpointer braucht, denkt der Staat, der will womöglich eher auf etwas schießen, was ein paar Dutzend Konfektionsgrößen kleiner ist als ein Elefant und vielleicht auch keine vier Beine hat, sondern nur zwei. Und dieses Prinzip setzt sich fort bis zum Butterflymesser.

Das Butterflymesser ist nicht länger, schärfer oder gefährlicher als ein Metzgermesser, aber man kennt es aus Actionfilmen. Da ist die Klinge in einer durchlöcherten Metallhülle. Klappt man die Hülle auf, ist in der Mitte die Klinge, die beiden Hüllenhälften kann man dann umgekehrt zuklappen, so dass sie zu einem Griff für die Klinge werden. Im Film machen die Butterflymesserbesitzer aus dem Aufklappen stets eine große Show und wirbeln so wild damit herum, dass man Angst kriegt, vor allem um deren Finger. Alles nicht nötig, sagt der Staat, so ein Messer nützt nur dazu, furchterregend damit herumzuwirbeln, und Furcht haben nur Menschen, aber weder wilde Tiere noch Brote.

Also ist das Butterflymesser in Deutschland verboten. Faustmesser mit Schlagring ebenfalls, aber auch Schlagringe ohne Faustmesser – Brot, das man mit einem von beiden schneidet, mag kein Mensch mehr essen. Also: verboten. Völlig zu Recht, wenn Sie mich fragen – ein Schlagring ist keine sympathische kleine Boxhilfe, auch wenn das im Kino manchmal so wirkt, mit den minutenlangen Zweikämpfen. Tatsächlich reicht mit einem Schlagring ein halbwegs gezielter Kopftreffer, dann ist man weg. Und wenn man aufwacht, kann man von Glück reden, wenn man noch kauen kann, und von noch größerem Glück, wenn das Gehirn noch registriert, auf was man gerade herumbeißt. Und trotzdem ist, wer immer diese Waffen dabeihat, normalerweise kein Terrorist. Sondern ein Fan. Und Waffenfans gibt es in den erstaunlichsten Varianten.

Ich hatte mal einen Rentner zu Gast am Nachschautisch, garantiert achtzig Jahre alt. Mit Hosenträgern und Krümeln auf dem Hemd, und bei dem tauchte auf dem Monitorbild seiner Reisetasche so ein dunkler Umriss auf, ein tiefschwarzer Fleck, der entfernt an eine Aubergine erinnerte. Die Kollegin am Monitor machte mich drauf aufmerksam, also guckte ich mal rein. Was ich rausholte, war ein uralter Totschläger, eine Art lederumwickelter Strumpf, gefüllt mit Stahlkugeln. Flexibel, nostalgisch und jederzeit in der Lage, bei richtiger Handhabung einen Schädel zu zertrümmern. Ich kannte so was nur noch von uralten Fotos, heute nehmen die Leute lieber einen Teleskopschlagstock.

»Was haben wir denn da …? Ist das ein Totschläger?«

»Ja, und?«

»Ja und« ist übrigens eine meiner Lieblingsantworten, und am allerliebsten mag ich sie, wenn sie so selbstverständlich kommt, als hätte ich den Passagier gerade nach seiner Zahnbürste gefragt. Also nicht irgendwie entrüstet oder so, nein, ganz offen und aufrichtig erstaunt.

»Oh, ein Messer.«

»Ja, und?«

»Oh, eine Tretmine.«

»Ja, und?«

»Oh, zwanzig Kilo TNT und eine Schachtel mit Milzbranderregern.«

»Ja, und?«

Nur in einem Fall war diese Reaktion immerhin halbwegs berechtigt. Else hatte mit sicherem Händchen im Handgepäck einen Waffenkoffer entdeckt. 30×25 Zentimeter, acht Zentimeter dick, so was wie der Koffer, in dem andere Leute zu Hause vielleicht einen Akkuschrauber liegen haben. Drin war aber kein Akkuschrauber. Drin war eine 9-Millimeter-Glock, mit extra Magazinen, für den Fall, dass man mal mit den üblichen siebzehn Kugeln im Griff nicht auskommt. Ein Inder hatte das Teil in seiner Reisetasche angeschleppt. Eleganter, leicht glänzender Anzug, mit einem indischen Sohn dabei, der Begriff »wohlhabend« wurde den beiden nicht gerecht.

»Sie haben eine Glock im Handgepäck? You got a Glock with you?«

»So?«

Das Ding war wirklich harmlos, es entpuppte sich als täuschend echter Nachbau mit verschweißtem Lauf. Üblicherweise für Waffenfans, in dem Fall aber als Spielzeug gedacht für den verwöhnten Herrn Sohn. Ich hab mal nachgesehen, diese Nachbauten kosten rund tausend Euro, sind nicht verboten, aber selbstverständlich ein Fall fürs Reisegepäck, nicht fürs Handgepäck. Wir haben den Koffer beschlagnahmt, aber der Mogul im Glanzanzug blieb gelassen. Ich nehme an, zu Hause hat er dann die ganze Fabrik gekauft und zu sich aufs Grundstück verfrachten lassen. Na ja, Waffenfans halt.

Die dritte große Gruppe von Waffenfunden stellen wir bei Frauen fest, und damit meine ich keine Nagelscheren. Ein- bis zweimal am Tag werden wir bei Frauen fündig, meistens gut aussehenden, der Businesstyp, vor allem aus den Vereinigten Staaten. Die haben oft Reizgas dabei. Rücksicht können wir da nicht nehmen, erstens sind Spraydosen generell nicht zugelassen, und zweitens sind auch die ozonschichtfreundlichen Pumpsprays im Handgepäck verboten. Der durchaus verständliche Zweck ändert daran nichts. Einer Amerikanerin mussten wir auch mal ein Nadelschussgerät abnehmen, ein eigentlich sehr hilfreicher Apparat, mit dem man einen Millimeter dicke, zehn Millimeter lange Stahlstifte so in die Wand schießen kann, dass davon kein Kopf und gar nichts mehr rausschaut. Sie wollte ihrer Freundin damit die Boutique dekorieren, mit Tüll und Girlanden und was weiß ich noch alles, doch spätestens seit »Lethal Weapon 2« wissen auch wir, dass man mit solchen Apparaten genauso gut Leute ins Jenseits dekorieren kann. Aber das Hauptproblem an Waffen ist ja nicht, was die Leute mitnehmen. Pistolennachbauten, Nadelschussgeräte, Reizgas, selbst Sammler mit Wurfsternen im Gepäck haben nicht vor, das Flugzeug zu entführen, in das sie grade steigen. Das Hauptproblem ist der Kopf. Das sieht man ganz gut am Beispiel des Kubotan.

Ein Kubotan ist eine Art Stöckchen. Aus Holz oder Plastik oder vielleicht leichtem Metall, ein bisschen länger, als eine Faust breit ist, ein bisschen dicker als ein Kugelschreiber. Er ist nicht scharf, er ist nicht spitz, er ist nicht schwer, und wenn man ihn gerade nicht braucht, kann man ihn jedem Erstklässler zum Spielen geben, der kann da drauf herumkauen oder auf den Boden trommeln, da kann nichts passieren. Doch wenn wir ihn im Handgepäck finden, nehmen wir ihn ab. Dabei ist das Ding in Deutschland nicht mal verboten.

Aber ein Kubotan ist eine teuflische Waffe, wenn man weiß, was man damit anfangen muss: Man nimmt ihn in die Faust und schlägt so zu, dass man eben nicht mit der Faust trifft, sondern den gesamten Schwung und die Kraft auf die kleine, stumpfe Stockkuppe konzentriert. Und wenn man jetzt ganz gut zielen kann und weiß, welche Zentren des Körpers da wie reagieren, hat der Gegner keine Chance. Ein Schlag auf die richtigen Nervenbahnen in der Schulter, ein Schlag, über den man noch grinst, weil er gar nicht wehtut und eigentlich richtig läppisch wirkt, bis man merkt, dass man seinen Arm für kein Geld der Welt auch nur noch einen einzigen Millimeter bewegen kann. Ein Schlag an die Schläfe, und man muss sich nie mehr um irgendwas Sorgen machen. Natürlich kann man mit Recht fragen: Wenn jemand das mit einem kleinen harmlosen Stöckchen anrichten kann, braucht der dann dazu überhaupt noch unbedingt das Stöckchen? Wenn man's ihm wegnimmt, kann der nicht irgendwas anderes nehmen? Und damit kommt man der Wahrheit um die Sicherheit im Flugverkehr schon ziemlich nahe.

Was wir verhindern, sind sozusagen die größten Stümpereien. Wir filtern die dummdreisten Verbrecher raus, die auf eine Pistole angewiesen sind oder auf ein Messer. Und wir erhöhen so die Qualifikationsanforderungen an Terroristen und Entführer. Unsere Botschaft lautet: Wenn du nur mit Messern oder japanischen Samurai-Schwertern hantieren kannst, dann lass es besser. Aber wenn jemand mehr drauf hat als das – was sollen wir da tun? Sein Können und sein Wissen können wir ihm schließlich nicht aus dem Kopf brennen. Der vermutlich gefährlichste Mensch, den ich je am Flughafen erlebt habe, hatte sogar überhaupt keine Waffe dabei.

Ich stand am Transitkontrollpunkt, checkte einen US-Flug und hatte gerade ein wenig Zeit, als ich ihn sah. Er war Asiate, und er war schon hinter der Kontrolle. Er lehnte lässig vor den Toiletten, ein Bein gegen die Wand gestützt. Er war komplett in Schwarz gekleidet, ein *Man in Black,* und den Stil hatte er sich allerhand kosten lassen. Er war schlank, durchtrainiert, und der Anzug saß so exzellent, dass es einen bewundernd nach Luft schnappen ließ. Man sah keine Falte, man hätte vermutlich nicht mal eine Falte gesehen, wenn er gesessen wäre. Er hatte einen kurzen, sachlichen Haarschnitt, trug eine elegante Sonnenbrille, war leicht gebräunt, aber nicht so, dass es albern ausgesehen hätte. Er scannte die Umgebung, und als er dazu die Brille herunternahm, habe ich losgelacht. Er hatte entweder ein Glasauge oder eine farbige Kontaktlinse, und mir schoss es sofort durch den Kopf: »Auffallen um jeden Preis – da spielt doch einer den supercoolen Yakuza aus der Dorfdisco.« Ich hatte wohl etwas zu laut gelacht, denn er drehte den Kopf zu mir. Sein Blick war eiskalt, er verzog keine Miene, und dann verging mir das Lachen, weil er mir plötzlich gar nicht mehr so ulkig vorkam. Ich hatte seine rechte Hand gesehen.

Man sieht nicht ulkig aus, wenn einem das letzte Glied des kleinen Fingers fehlt.

Es ist nicht alles erfunden, was im Film vorkommt. Die Yakuza, die Mitglieder der japanischen Mafia, trennen sich tatsächlich hin und wieder Teile eines Fingers ab, so wie in »Black Rain«. Sie können auf die Art für kleinere Fehler, die sie begangen haben, bezahlen – anschließend ist alles verziehen. Sein Blick wandelte sich ins Verächtliche. Er hatte mitbekommen, dass ich seinen Finger gesehen hatte und dass mir das Lachen vergangen war. Und damals dachte ich für einen Moment, dass das noch lange nichts bedeuten musste. Da ist einer mit einem eleganten Anzug, er hat ein buntes Auge, er schaut todernst, und ihm fehlt ein Fingerglied – das kann ja auch ein ganz ungünstiger Arbeitsunfall gewesen sein. Aber eine halbe Stunde später sah ich ihn wieder.

Diesmal war er von vier Freunden umringt. Sie trugen alle die gleichen Sonnenbrillen, die gleichen fantastisch sitzenden Anzüge, die gleiche Frisur. Sie hatten natürlich, soweit ich das aus der Entfernung beurteilen konnte, nicht alle bunte Augen. Aber was ich auch aus dieser Entfernung erkennen konnte, war, dass ihnen allen ein Stück des rechten kleinen Fingers fehlte.

Damals hab ich das erste Mal so richtig begriffen, was Mafia bedeutet. Dass es nicht darum geht, unerkannt zu bleiben. Sondern wie wichtig es im Gegenteil ist, auszustrahlen, dass man dazugehört. Und diese fünf Männer, die samt und sonders schon durch die Kontrolle gegangen waren, weil es einfach nicht verboten ist, mit unvollständigen Händen zu reisen, diese Männer strahlten vor allem eines aus: dass es völlig gleichgültig war, ob man ihnen einen Kubotan abnahm oder ihnen stattdessen noch einen dazupackte. Wir können keine Sicherheit garantieren, wir können nur die gröbste Unsicherheit verhindern. Diese Männer waren und blieben gefährlich, so, wie sie da standen, und sie wären auch nackt noch gefährlich gewesen. Wenn solche Leute was im Schilde führen, dann können wir sie mit unseren Kontrollen nicht bremsen. Im Gegenteil: Mit etwas Pech helfen wir ihnen sogar noch.

Ich habe mal bei B 54 im Dauerstress einen Passagier der Businessclass gecheckt. Ich war Sonder. Er war im Grunde unscheinbar, das Auffälligste war noch, dass er mir, als die Torsonde piepste, zuflüsterte:

»Machen Sie bei mir einfach nur dünn drüber!«

Ich stutzte. Auf den ersten Blick sah ich keine größeren Geldbeträge in der Gegend herumliegen, also konnte es schon mal kein besonders bescheuerter Bestechungsversuch sein. Andererseits: Wieso sollte er sonst plötzlich auf die Idee kommen, mir irgendwelche Anweisungen zu geben? Handelte es sich hier um ein Sensibelchen, das leicht Druckstellen bekam? Ich beschloss, die Sache großzügig zu ignorieren, und kontrollierte brav weiter. Hand folgt Sonde. Und nicht dünn drüber, sondern schön dick drauf. Ist doch wahr – wo sind wir denn hier?

Und es lohnte sich ja auch.

Die Handsonde piepste in seinem Brustbereich. Die Hand folgte brav, ich fühlte Ledergurte, die unter dem Arm zu einer harten Lederhülle führten, die gewichtig gefüllt war und aus der vorne ein deutlich fühlbarer Griff ragte. Ich hätte auf Anhieb gesagt: eine Pistole. Dass ich sie gefunden hatte, machte ihn nicht glücklicher. Er sagte, jetzt schon ein wenig lauter:

»Mann, du Depp, ich gehör' zur Crew!«

Das kam mir einen Augenblick lang so abstrus vor, dass ich überlegte, was genau er mir da weiszumachen versuchte. Sollte ich ihn mir eher als Kapitän vorstellen, in Zivil, aber bewaffnet? Oder als Stewardess, die sich so lange nicht unterm Arm rasiert hatte, bis ihr Pistolen gewachsen waren? Das war so aberwitzig und er blieb zugleich so gefährlich ruhig, das konnte nur Ärger geben. Ich richtete mich auf, baute meine fast ganzen zwei Meter vor ihm auf, setzte meinen klarsten und sachlichsten Ton auf und sagte:

»Öffnen Sie bitte Ihr Jackett!«

Die Pistolenstewardess rollte mit den Augen, griff beruhigend langsam in die Tasche und zog einen Ausweis des Landeskriminalamts aus der Tasche. Mit einer Nuance unterhalb der Megafonlautstärke sagte sie:

»Wenn Sie so weitermachen, können Sie's gleich plakatieren, dass ich Sky-Marshall bin!«

Die Sky-Marshalls, die Flugsicherheitsbegleiter, die neben einem im Jet sitzen wie ein 08/15-Passagier, die gibt's tatsächlich, und wenn sich der Luftassi nicht gar so begriffsstutzig anstellt wie ich, dann kriegt davon auch niemand etwas mit. Und wenn der Sky-Marshall auch noch im selben Jet sitzt wie das Yakuza-Quintett, dann könnte das auch noch was bringen. Sicherheit ist also immer nur relativ. Das größte Problem ist der Kopf, in den man nicht reinsehen kann, auch, wenn wir unser Bestes dazu tun. Die größte Gefahr aber ist woanders. Ich will niemandem den Spaß am Fliegen nehmen, aber es gibt eine kleine Anekdote, die die größte Gefahr für die Sicherheit ziemlich genau auf den Punkt bringt – es sind nicht die Terroristen oder Mafiosi oder durchgeknallten Schläger. Es sind die Fluggesellschaften und die privat betriebenen Flughäfen.

Wer wissen will, wo die Interessen der Fluggesellschaften beginnen und wo die Sicherheit der Passagiere endet, der muss sich im Flugzeug nur mal sein Besteck ansehen. Viele haben sich ja vielleicht selbst schon gefragt, weshalb man ihnen alles abnimmt von der Nagelschere bis zum stockartigen Stäbchen in Stiftlänge, um ihnen dann zum Essen auf vielen Airlines ein ungewöhnlich stabiles Besteck zur Verfügung zu stellen. Es gab ja mal Zeiten, in denen man ein ziemlich furchtbares Plastikbesteck bekam, da musste man nur einmal kräftig ansetzen, dann war's ein Besteckbausatz. Heute ist das nicht mehr so, das sind oft Stahlbestecke, stabiler als in den meisten Hotels für Pauschalreisende, da verbiegt sich gar nichts. Man kann sich also zu Recht wundern, dass man Passagieren so was bedenkenlos in die Hand drückt. Die Passagiere wundern sich oft gleich so sehr über die Qualität des Bestecks, dass sie es als Andenken einstecken wie einen Bademantel im Hotel. Und wenn sie dann durch die Transitkontrolle müssen, wird gestaunt.

Da durchleuchten wir die Passagiere ja wieder mal und finden das Besteck. Und so wenig besorgniserregend die Fluglinien das Besteck auch finden, für uns war das lange Zeit eine tadellos verwendbare Stich- oder Stoßwaffe. Um es mal klar zu sagen: Was man mit einem Kubotan anstellen kann, kann man auch mit einem der eher stumpfen Metallmesser machen. Also haben wir bei Transitkontrollen tonnenweise Besteck beschlagnahmt. Andere wiederum haben uns für völlig bekloppt gehalten, aber das waren wir ja gewohnt. Manche Passagiere fanden es auch gut, weil ihnen nämlich da erst auffiel, was man im Flugzeug so ausgehändigt bekommt, und vielleicht war ihnen auf dem Flug auch der eine oder andere Mitreisende aufgefallen, der ihnen bei genauerer Betrachtung ohne Edelstahlgabel sympathischer gewesen wäre. Wie dem auch sei, einer Partei gefiel unsere Praxis überhaupt nicht – den Fluglinien. Am lautesten, habe ich gehört, schrie die Lufthansa, aber da kann ich mich auch irren.

Die Fluglinien fanden, das sei doch eine prima Werbung, wenn alle das schöne Flugbesteck mitnähmen. Und jedes Mal, wenn Mutti oder Vati oder die Kinder daheim das Besteck abtrocknen, lesen sie: British Airways. Oder Air France. Also sollten wir den Passagieren die Messer doch bitte schön lassen. Die Frage war: Was tun?

Die Vorschriften sagten: Messer abnehmen. Die Airlines sagten: Messer durchlassen.

Die Airlines bezahlen den Flughafen.

Der Flughafen bezahlt die FraSec, unsere Firma.

Also fand sich tatsächlich eine Lösung.

Die Passagiere durften die Messer weiterhin mitnehmen.

Weil die Messer nämlich wie durch ein Wunder plötzlich keine Messer mehr waren.

Sie hießen jetzt »Butterstreicher«.

Man kann es auch so ausdrücken:

Die Sorgen, die sich der Frankfurter Flughafen um die Sicherheit der Passagiere macht, sind bei weitem nicht so groß wie die Werbeinteressen der Fluglinien.

 **Klartext**

Eigentlich hatte Jerry ja studiert, aber nicht zu Ende. Ich weiß auch nicht genau, warum er das Studium abgebrochen hat, manchmal denke ich, das hat sogar ganz gut zu ihm gepasst. Denn für seine Zwecke hat er eigentlich lange genug studiert. Er wollte vermutlich sehen, was die an der Uni so machen und ob er das auch kann. Dann ist er hingegangen, hat festgestellt, dass man kein Genie sein muss, um Arzt zu werden, und dass die da auch nur mit Wasser kochen. Und ab da fing die Sache vermutlich an, anstrengend zu werden, somit auch weniger unterhaltsam. Aber seinen Spaß hat er immer gewollt. Also hat er sein Studium hingeschmissen. Weil er aber Geld brauchte, hat er sich mal umgesehen, was es da sonst noch so gibt an bezahltem Entertainment – und dann kam Jerry Weber zu uns.

Was Besseres ist mir nie passiert – mit keinem Kollegen hatte ich mehr zu lachen.

Nun kann man sich ja nicht aussuchen, mit wem man arbeitet, das soll immer dem Zufall überlassen bleiben, damit die Sicherheit nicht durch irgendwelche Absprachen unterlaufen werden kann. Die Praxis sieht aber anders aus: Wenn man jemanden in der Steuerung kennt, kann der ein waches Auge darauf haben, dass man nicht in einem Team mit lauter Nervensägen arbeitet. Es gibt ganze Mannschaften, die ich praktisch nur im Viererteam kennengelernt habe und zu denen ich immer mal wieder als fünfter Mann eingeteilt wurde – das war natürlich kein Zufall, dass die immer zusammen waren. Und auch ich habe mit der Zeit ein paar Kontakte gekriegt, so dass ich damit rechnen konnte, den Herrn Weber öfter mal im Team zu haben.

Man konnte von Anfang an erkennen, dass er's draufhatte. Innerhalb von wenigen Tagen wusste er genau, worauf es ankommt. Das ist ja in jedem Job wichtig, und trotzdem finden sich leider in jeder Firma genug Kollegen, die das auch nach Jahren noch nicht merken. Jerry Weber hat nur zwei Wochen gebraucht. Und ab diesem Zeitpunkt hat er den Job so ausgestaltet, wie er es für richtig hielt. Die Fra-Sec konnte von ihm für das mäßige Gehalt eine erstklassige Luftsicherheitskontrolle kriegen, aber er wollte sich dabei amüsieren. Und das war eine einmalige Verbindung: Denn man kennt ja viele Firmenkasper, die hin und wieder ganz komisch sind, aber wenn man einen Job richtig erledigt haben will, dann gibt man ihn lieber dem langweiligen Herrn Huber. Das war nun das Erfreuliche am Jerry Weber – der konnte ackern wie ein Tier, gründlich und gleichzeitig relaxt. Der Unterschied zwischen mir und ihm war: Er sagte alle die Dinge, die ich mir nur dachte. Und vielleicht wäre ich bei ihm nicht unbedingt gerne Passagier gewesen. Aber Luftassikollege von Jerry Weber – jederzeit! Jede Schicht! Jeder Checkpoint! Allein schon wegen der Geschichte mit dem wichtigen Menschen.

Einer der unschätzbaren Vorteile unserer Gegenwart ist, dass man endlich die wichtigen Menschen dieser Welt erkennen kann. Das ist einem früher ja oft passiert, dass die völlig unerkannt an einem vorbeigelaufen sind. Vielleicht hat einen abends noch die eigene Frau gefragt: »Na, Schatz, heute irgendwelche wichtigen Leute getroffen?« Und dann konnte man nur sagen: »Hm. Weiß nicht.« Heute ist das Gott sei Dank nicht mehr so. Wichtige Menschen erkennt man sofort, und zwar an zwei Details.

Die einen wichtigen Menschen erkennt man an ihrem Handy. Also, nicht daran, dass sie eines haben, bitte, ein Handy hat heute ja praktisch jeder! Nein, die Frage ist, wo der wichtige Mensch das Handy benutzt. Daheim oder an der Haltestelle oder auf der Straße telefoniert jeder Durchschnittsbürger. Der wichtige Mensch hingegen muss so viele wichtige Dinge mitteilen, dass er sogar dann telefonieren muss, wenn er eigentlich mit anderen Menschen reden sollte. Sagen wir: an der Supermarktkasse, während die Kassiererin ihm sagt, was der Einkauf kostet. Oder im Restaurant, wenn der Kellner gerade gekommen ist, um die Bestellung aufzunehmen. Das sieht dann fast unhöflich aus, wenn man einfach weitertelefoniert, aber so unhöflich meinen die wichtigen Leute das gar nicht.

Das ist genau so, wie wenn die Bundeskanzlerin gerade mit Herrn Berlusconi redet, dann klingelt ihr Handy und Barack Obama ist dran. Da muss sie natürlich ans Telefon, ist ja klar – obwohl der Herr Berlusconi dann vielleicht denkt: »Och, ich bin ihr wohl nicht so wichtig wie der US-Präsident.« Aber das muss man eben in Kauf nehmen, als wichtiger Mensch, der andere wichtige Menschen kennt, und genau so ist das dann auch, wenn die wichtigen Leute an der Supermarktkasse telefonieren. Obwohl nicht immer Barack Obama anruft. Manchmal hört man dann Sätze wie:

»Staubsaugen brauchen Sie diesmal nicht, putzen Sie lieber die Fenster.«

Oder:

»Ach nee, ich bring das dann nachher in die Reinigung.«

Aber das sind wahrscheinlich nur Code-Wörter für irrsinnig geheime Missionen. Jedenfalls erkennt man die einen wichtigen Menschen jetzt am Handy.

Die anderen, fast noch wichtigeren Menschen haben einen iPod im Ohr.

Diese Menschen sind so wichtig, dass sie theoretisch dauernd angerufen werden würden, von anderen auch oder beinahe genauso wichtigen Menschen. Sie würden so oft angerufen, dass es sie völlig wahnsinnig machen würde, und um das zu verhindern, müssen sie sich eine künstliche Privatsphäre schaffen. Sie müssen sich hin und wieder von der Außenwelt abschotten, indem sie Musik hören, und diese Musik ist dadurch mindestens genauso wichtig wie jedes Handy, wahrscheinlich aber noch wichtiger. In jedem Fall ist diese Musik wichtiger als der Restaurantkellner oder die Supermarktkassiererin mit ihren kleinbürgerlichen Vorstellungen vom Bezahlen. Woraus man schlussfolgern kann, dass der distinguierte Herr an der Kontrollstelle nicht ganz so wichtig war, denn er hatte ja nur ein Handy. Was uns wiederum zu Herrn Weber bringt, der Einweiser war.

Der Herr ging am Einweiser vorbei, immer das Handy am Ohr. Es war im Übrigen durchaus möglich, dass er dabei mit Barack Obama telefonierte. Allerdings setzt das voraus, dass er mit dem Präsidenten auf sehr vertrauter Ebene verkehrte.

»Ja, Kleines, ich bin ja in zwei Stunden bei dir.«

»Haben Sie'n Laptop dabei?« Das war Jerry.

»Ja, Kleines, ich hab dir das Chopard aus Paris mitgebracht.«

Ich überlegte mir rasch, ob es jetzt besser oder schlechter für den Herrn wäre, wenn Chopard neuerdings Laptops produzierte. Letztlich war es egal, Jerry kam langsam auf Betriebstemperatur.

»Hallo, der Herr«, röhrte er launig, »das ist hier eine Sicherheitskontrolle!«

»Aber ja, mein Kleines«, telefonierte der Herr, »entschuldigen Sie, bin gleich fertig …«

Das konnte man jetzt als Indiz werten, dass er Jerry bemerkt hatte.

»Nein, mein Kleines, ich steh' hier an der Sicherheitskontrolle, mit dir bin ich doch nicht fertig, mein Kleines, haha …«

Nun hört man an solchen Sätzen, dass die wichtigen Menschen sich der ungünstigen Situation im Grunde durchaus bewusst sind. Eine Möglichkeit wäre daher, das Gespräch zu beenden. Man wird jedoch feststellen, dass von hundert wichtigen Menschen neunundneunzig eine andere Option wählen, nämlich einen Satz einzustreuen wie: »Ich stehe hier an der Sicherheitskontrolle.« Dieser Satz soll zeigen, wie wichtig das Telefonat ist. So wichtig, dass man nicht der einen Person am anderen Ende der Leitung sagt: »Ich ruf dich in fünf Minuten zurück, wenn ich sowieso am Gate stehe und vor lauter Zeit nicht weiß, wohin mit mir.« Sondern stattdessen allen anderen Menschen um einen herum zeigt, dass man jetzt ihretwegen auch noch mitten im Gespräch erklären muss, wo man sich gerade befindet: an der Sicherheitskontrolle.

Oder auch: »… ich stehe hier an der Supermarktkasse …«

Dann hat der wichtige Mensch meistens das Handy zwischen Backe und Schulter geklemmt und steht auch ein wenig verkrümmt da, und mit der anderen Hand wühlt er unter seinem langen Mantel seinen Geldbeutel aus der Hosentasche, den er dann auf den Kassentisch legt und mühsam öffnet, weil er ja nur eine Hand zur Verfügung hat, die andere ist wegen der Schulter-Handy-Klemm-Aktion nicht so beweglich. Und erst kriegt er den Geldbeutel nicht auf, dann klappt der Geldbeutel immer wieder zu, und er kommt nicht an das Münzfach, und ein Vorgang, der normalerweise nicht länger als zehn Sekunden dauert, kann so auch schon mal fünf Minuten in Anspruch nehmen, dabei fällt ihm das Handy aus der Schulter, aber üblicherweise bleibt er gut gelaunt – »… ich bin hier an der Supermarktkasse, Schatz …«, häufig wird an dieser Stelle auch der muntere Satz eingestreut: »…du, die Leute gucken schon …«. Und so viel Verständnis ich für diese wichtigen Menschen ja immer habe, in diesem Moment guckte ich verträumt zu Jerry Weber, bei dem ich die Situation in besten Händen wusste.

»Guter Mann, würden Sie bitte Ihren Mantel und Ihre Aktentasche in die Box legen«, trompetete Jerry, »Sie halten hier den ganzen Verkehr auf!«

»Aber nein, mein Kleines, da hast du dich verhört. Ich hab doch keinen Verkehr, haha – Moment bitte, bin gleich so weit – aber Kleines. Ich bitte dich …«

»JETZT HÖREN SIE MAL MIR ZU, MEIN BESTER! WENN SIE NICHT SO-FORT MEINEN ANWEISUNGEN FOLGEN, DANN GEHT ES HIER RÜCKWÄRTS RAUS.«

»Ich …«

»UND OB SIE MIT DOLLY BUSTER ODER EINEM MIN-DERJÄHRIGEN MEERSCHWEINCHEN RUMMACHEN, IST MIR SCHEISSEGAL!!!«

»Ich …«

»HABEN WIR UNS VERSTANDEN?!?«

»Jetzt hat sie aufgelegt.«

Ich muss sagen: Das mit anzuhören war, als bekäme ich eine von diesen asiatischen Massagen, wo sie einem warmes, duftendes Öl auf die Stirn laufen lassen. Man muss es jetzt auch nicht unbedingt gut finden, ich selber hätte so was nie gesagt. Aber wohltuend fürs Personal war's trotzdem. Daher rührt auch meine Überzeugung, dass die Jerry Webers auf der Welt enorm wichtig sind.

Denn in jedem Beruf gibt es Dinge, die einen in den Wahnsinn treiben. Und kaum jemand reagiert so darauf wie der Herr Weber, obwohl es jeder gerne mal täte. Aber der Herr Weber tut es, und er tut es sozusagen stellvertretend. Und jeder, der es mitbekommt, fühlt sich hinterher besser. Ich würde sogar sagen, dass der Herr Weber in seiner Zeit am Frankfurter Flughafen etwa acht Dutzend Magengeschwüre bei anderen Luftsicherheitsassistenten verhindert hat. Man darf bestimmt keinen Checkpoint nur mit Jerry Webers füllen, aber man sollte eigentlich sicherstellen, dass jeder Luftsicherheitsassistent einmal pro Woche mit einem Jerry Weber zusammenarbeitet. Ich denke, das sollte in fast jedem Beruf so sein: An der Supermarktkasse, im Postamt, im Krankenhaus, überall sollte einmal pro Woche ein Jerry Weber vorbeisehen. Und ich würde sogar fast vorschlagen, einen eigenen Beruf daraus zu machen, eine Agentur zu gründen, die auf Bestellung Jerry Webers in Firmen schickt. Aber das geht leider nicht, weil es zum richtigen jerrywebern wichtig ist, dass man den Irrsinn des jeweiligen Berufes selbst erlebt hat. Andererseits geht es natürlich manchmal etwas schneller ohne die Jerry Webers.

Ich war wieder mal Einweiser, Jerry Weber stand mit einer Kollegin am Nachschautisch. Es war Hochbetrieb an allen Kontrollstellen am Gate A52, wie immer in den Morgenstunden. Man hat viele Vielflieger, und die meisten bringen das Ganze genauso routiniert hinter sich wie wir auch. Aber bei dieser Menge muss man auch immer davon ausgehen, dass einer dabei ist, der wirklich richtig miese Laune hat. Der Miesgelaunte dieses Morgens trug einen sündteuren Anzug und Schuhe, die nach einem kleinen Monatsgehalt aussahen. Allerdings hatte er ein neues Argument dabei. Die Einleitung war zwar relativ abgedroschen, also die Feststellung, dass es jede Woche dieselbe Scheiße hier wäre, aber im Unterschied zu vielen anderen war er nicht der Ansicht, dass wir ihn davor verschonen sollten, weil er nicht aussähe wie ein Terrorist. Sondern:

»So langsam müsstet ihr hier doch wissen, wer ich bin! Ich fliege schließlich Businessclass.«

Ich ging im Kopf wieder mal meine Antwortdatei durch. Zur Auswahl standen:

a) »Himmel! Stimmt! Sie sind der aus der Businessclass!«

b) »Dann sind Sie hier genau richtig – das ist die exklusive Businessclass-Kontrolle!«

c) »Hübscher Anzug. Wohin möchten Sie den Senf?«

Aber ich war natürlich wieder halbwegs Profi und brummelte nur:

»Na also, dann wissen Sie doch, wie's geht.«

Das reichte zwar fast für eine weitere Eskalation, aber eben nur fast. Der Miesgelaunte sah mich sauer an, ging aber weiter durch die Torsonde. Es klingelte auch nicht, kein einziges Warnsignal, es lief so, wie man es von einem echten Vielflieger erwarten konnte. Am Monitor wurde in seinem Gepäck nichts gefunden, und so wäre alles in schönster Ordnung gewesen. Wäre.

Jerry Weber hatte sich die Tiraden geduldig angehört. Er wartete, bis das Gepäck vom Miesgelaunten aus dem Röntgengerät rollte. Er wartete, bis der Miesgelaunte den Griff des Koffers in der Hand hatte. Und er wartete auch noch bis zu dem Moment, in dem der Miesgelaunte Luft holte, um den Koffer runterzuheben. Ich würde sogar sagen, Jerry Weber wartete, bis der Koffer fast schon in der Luft war. Was ich im Nachhinein noch bewundern muss, weil der Moment wirklich extrem schwer abzuschätzen ist, in dem der Passagier schon das Gewicht des Koffers angehoben hat, aber den Koffer eben gerade noch nicht. Das ist aber wichtig, diesen Moment abzuschätzen, denn nur dann macht der Passagier so richtig dicke Backen und lässt so richtig schön verblüfft die Luft »pfffffffft« herauszischen, wenn man ihn ganz ernst ansieht und in einem ganz nüchtern-beiläufigen Tonfall sagt:

»Guten Tag, der Herr, würden Sie bitte Ihren Koffer öffnen?«

»Was?«

Schon immer wieder erstaunlich, wie viel Hass man in drei Buchstaben packen kann.

»Bitte öffnen Sie Ihren Koffer!«

»Was soll die Scheiße?!?«

»Ich sagte: Öffnen Sie Ihren Koffer!«

»Verdammt nochmal, Sie wissen wohl nicht, wer ich bin, Sie kleiner Scheißer!«

Ein Amateur wie ich hätte jetzt vielleicht so was gesagt wie »Aber sicher doch, Sie sind der aus der Businessclass.« Aber Jerry Weber stellte seine Stimme noch zwei Grad sachlicher.

»Haben Sie vielleicht eine kostspielige Krankheit an den Ohren? Ich sagte, Sie sollen den Koffer öffnen!«

»Ja, so was! Wie reden Sie denn mit …«

Es ist nicht leicht, an diesem Punkt den richtigen Tonfall zu finden. Es muss sachlich bleiben, so ein bisschen desinteressiert, aber auch blasiert. Die hohe Kunst besteht allerdings darin, die Lautstärke anzuheben, damit die Leute drum rum auch was davon haben. Es darf aber trotz größerer Lautstärke nicht so klingen, als wäre einem die Sache in irgendeiner Art wichtig.

»Hören Sie endlich auf sich einzureden, Gott habe die Form zerbrochen, nachdem er Sie erschaffen hat. Und machen Sie den Koffer auf.«

Der Miesgelaunte öffnete verwirrt seinen Koffer.

»Das wird ein Nachspiel haben!«, brodelte er. »Ich verspreche Ihnen: Das hat ein Nachspiel!«

Ahhh, großer Jerry Weber! Sobald der Koffer offen war, setzte er einen tödlich gelangweilten Blick auf und sagte mit der Herzlichkeit eines ostpreußischen Großgrundbesitzers:

»Lassen Sie's gut sein, guter Mann, Sie können gehen.«

Dazu machte er eine sacht wedelnde Handbewegung, als müsse er eine Fliege von einem Wurstbrot vertreiben, und wandte sich bereits dem nächsten Passagier zu.

»Oder soll ich vorher noch einen Blick in Ihr edles Schuh-werk wagen?«

Eigentlich hätte er währenddessen auch noch mit dem Handy telefonieren können.

Ein Dreivierteljahr hat es Jerry bei der FraSec ausgehalten. Dann hat er gekündigt.

Weil ihm der Spaß ausgegangen ist.

 **Kinder und Kegel**

> **»Sie brauchen mich nicht zu prüfen!**
> **Der Papa hat gesagt, ich stehe unter Naturschutz.«**

Kinder bedeuten immer höchste Alarmstufe. Nicht, weil Kinder prinzipiell so gefährlich sind. Sondern weil der weibliche Teil der Belegschaft dann prinzipiell unter dem Ansturm der Hormone ertrinkt.

»Süß! Darf ich mal halten?«

So geht's schon los. Dabei ist es ausdrücklich untersagt, das Halten fremder Kinder. Nicht, weil es die Verteidigungsfähigkeit der Luftsicherheitsassistenten beeinträchtigen würde, sondern aus dem schlichten Grund, um zu vermeiden, dass ein Mitglied des Luftsicherheitspersonals so ein Kind fallen lässt. Zum Beispiel, weil man mit dem Kind im Arm rückwärts über einen Koffer stolpert. Natürlich kann man so nicht verhindern, dass irgendjemand anders mit dem Kind im Arm über einen Koffer stolpert, aber das ist ja auch der Sinn der Sache: Wenn hier jemand ein Kind fallen lässt, sollen das gefälligst die Eltern selber sein.

> **Junge Frau mit Tochter ist an der**
> **Kontrolle extrem unleidlich.**
> **Ihre Tochter:**
> **»Nehmen Sie's ihr nicht übel, der Papa hat 'ne Affäre.«**

»Süüß! Ein Junge?«

»Süüüß! Ein Mädchen?«

Was ich mich schon immer gefragt habe, ist, was das »süüß« mit seinen ein bis acht »ü« in der Mitte soll. Das kommt ja *immer,* völlig egal, wie hässlich der kleine Schratz ist, und ich weiß, wovon ich rede: Meine eigene Tochter ist als Kind auch ständig als »süüüß« bestaunt worden, und die war hässlich wie ein Wurzelstrunk. Das hat sich zwar mit den Jahren entschieden gebessert, aber ich weiß seither trotzdem, wie diese Hormonausschüttungen den Frauen die Welt rosig färben.

Kollegin zu einem blond gelockten Knirps:
»Na, du bist aber ein ganz Süßer!«
Knirps:
»Mama, die Frau baggert mich an!«

Nicht dass Sie denken, ich hätte was gegen Kinder. Kinder sind prima, aber wir sind hier an einer Sicherheitskontrolle. Und ich bin ja meinetwegen noch bereit, zuzugestehen, dass ein Kind vielleicht meistens harmlos ist, obwohl man sich bereits darüber streiten kann, vor allem, wenn man mal eine Tochter in der Pubertät gehabt hat. Aber nur wegen des Kindes sind es die Eltern noch lange nicht. Und jetzt mal ohne Witzeleien: Diese Erkenntnis hat mich zwei Kolleginnen gekostet.

»Du, Onkel, ich kann zaubern.
Ich kann machen, dass die Luft riecht.«

Wir waren im dicksten Trubel, an die zweihundert Leute warteten in der Schlange vor der Kontrolle, und als Nächstes war eine hübsche Orientalin dran, gepflegt, ganz verhüllt in ein elfenbeinfarbenes Tuch, aber das Gesicht hatte sie freigelassen. Sie hatte ein höchstens sechs Monate altes Kind dabei, das ich auch als gut aussehend bezeichnet hätte. Aber generell war das nicht meine Angelegenheit, es war die meiner beiden Kolleginnen. Die kümmerten sich zunächst um die Mutter. Und dann wäre eigentlich auch der Säugling fällig gewesen.

Mit Kindern, zumal mit den ganz kleinen, geht man vorsichtig um. Man nimmt sie nicht nur nicht auf den Arm, man lässt sie auch nicht durch die Torsonde, vorsichtshalber und aus demselben Grund, weshalb man auch Schwangere nicht durchlässt. Die vorgesehene Vorgehensweise ist so, dass man den Säugling auf dem Arm der Mutter abtastet. Letztlich ist da ja auch nicht viel abzutasten, an einem Säugling kann man nicht viel schmuggeln. Und wenn es Probleme gibt oder wenn die Mutter zu besorgt ist, kann man das auch vom medizinischen Dienst machen lassen. Das dauert zwar ein bisschen, bis der eintrifft, weil's da am Flughafen nicht so viele Stützpunkte gibt wie zum Beispiel von der Bundespolizei, aber wenn's sein muss, tun wir auch das. Im Grunde geht es ohnehin nur um die Windel, in die allerhand reinpasst, was man da nicht unbedingt vermuten würde. Nach der Mutter wollten die beiden Kolleginnen also den Winzling checken – und dann fing der an zu weinen.

Junge wehrt sich gegen die Kontrolle, spuckt, tritt, schreit:
»Das dürfen Sie gar nicht, ich bin erst sieben!«
Kollege:
»Und wenn du so weitermachst, wirst du keine acht.«

Losheulende Säuglinge gehören mit zu den schlimmsten Alpträumen eines Luftsicherheitsassistenten. Denn bei ungünstiger Konstellation sind heulende Säuglinge extrem gefährlich. Der Grund ist, dass sämtliche Frauen um die vierzig dann komplett ausrasten. Die lassen alles stehen und liegen und eilen zu Hilfe, weil sie die Ratlosigkeit der Mutter zu sehen glauben oder denken, sie müssten sich mit ihren Tipps beeilen, weil das arme, arme Kind jede Minute wieder zu heulen aufhören könnte.

»Sind sicher Blähungen!«

»Nehmen Sie Sab Simplex!«

»Wird er grad umgewöhnt?«

»Hat meiner auch immer gemacht – man muss die Fußsohlen kühlen!«

»Brauchen Sie eine Salbe?«

 »Oder besser Öl …?«

»Ich kannte mal wen, der hat die falsche Salbe genommen …!

»Sie sollten unbedingt …«

»Machen Sie auf keinen Fall …«

»Was hat er denn?«

»Ooooch…«

»Aaachhh…«

»Streicheln!«

»Reiben!«

»Im Uhrzeigersinn!«

»Rhythmisch!«

»Aber nie im Leben!«

»Aber sicher doch!!!«

»Bitte sind Sie vorsichtig,
ich komm bald in die Pubertät!«

Losheulende Säuglinge und vierzigjährige Frauen bescheren in Sekundenschnelle ein heilloses Chaos. Und heilloses Chaos ist nie gut für eine geordnete Sicherheitsüberprüfung. Das kann dann Pech für uns sein. Oder aber es ist im Gegenteil der Sinn der Sache und hat nichts mit Glück oder Pech zu tun, sondern mit einem gezielten Kniff in den schnuckeligsüßen Oberschenkel.

Man beginnt als Luftsicherheitsassistent so zu denken. Das ist ein wenig so wie die Geheimdienstdenke. Es kann natürlich sein, dass Dinge schlicht ungünstig laufen, weil man Pech hat. So, wie Fußballspieler manchmal den Pfosten treffen anstatt das Tor. Aber man lernt zu unterscheiden. Pech ist nicht gleich Pech: Es ist verdammt schwer, absichtlich den Pfosten zu treffen. Einen Säugling schreien zu lassen, ist hingegen ein Klacks. Aber das mag nicht jeder so sehen. Meine beiden Kolleginnen sahen die unglückliche Mutter und den heulenden Winzling und sagten:

»Kommen Sie, gehen Sie durch.«

Und das war der Zeitpunkt, wo ich »Moment mal« sagte, und »Wie haben wir's denn hier?«.

Das ist ein problematischer Augenblick im Team, denn tatsächlich ist von den vier bis fünf Leuten an der Kontrollstelle keiner der Chef. Ich hatte also nicht mehr zu melden als meine Kolleginnen, aber wenn man in solch einem Moment etwas bewegen will, muss man sich durchsetzen. Manchmal wächst einem eine gewisse Autorität zu, wenn man sich bereits in verschiedenen heiklen Situationen bewährt hat. Aber nachdem die Teams ständig durcheinandergewürfelt werden, ist das natürlich dem Zufall überlassen, ob die Kollegen, die man grade dabeihat, die eigenen Heldentaten miterlebt haben, und wenn man keine solchen Heldentaten vollbracht hat, die einen über Jahrzehnte hinaus an allen Kontrollstellen zur Legende haben werden lassen, dann kann es genauso sein, dass man dasteht wie die letzte Nervensäge. Das Einzige, was man dann noch hat, sind Kontakte, zum Beispiel zur Kontrollstelle nebenan, bei der an diesem Tag Judith Dienst schob.

»Guck mal, Mama, der Papa würd' jetzt sagen, die hat 'nen Knackarsch.«

Judith, von der ich wusste, dass sie in Sicherheitsfragen ähnlich tickt wie ich – obwohl sie auch so um die vierzig ist. »Du«, sagte ich zu ihr, »hilf mir mal. Ich hab die Mädels aus meiner Gruppe nicht mehr unter Kontrolle.«

Hinter mir schnaubten die Kolleginnen durch Mund, Nase und was sonst noch an schnaubfähigen Körperöffnungen zur Verfügung stand. Aber das war mir grad wurscht, und Judith erfreulicherweise auch. Sie kam kurz rüber und fragte den Elfenbeinschleier:

»Was hat denn der Kleine?«

»Er ist krank.«

»Krank?«

»Windeldermatitis. Seit zwei Wochen.«

»Und da haben Sie noch immer kein Mittel dagegen?«

Das war das Schöne an Judith, neben manch anderem: Ihr kamen dieselben Sachen seltsam vor wie mir. Seit zwei Wochen ist das Kind krank und wird nicht behandelt – warum eigentlich nicht?

»Das sehen wir uns mal an«, sagte Judith und verschwand mit Mutter und Kind in der Kabine.

Es stellte sich heraus: Die Windel war reichlich voll.

Mit 15 000 Dollar.

Die Mutter fing an zu weinen, jammerte, dass ihr Mann das niemals erfahren dürfte. Dieses Gejammer war im Gegensatz zu dem des Kindes absolut glaubhaft. Wir holten die Polizei.

Was rausgekommen ist, weiß ich nicht, aber ein schwererer Fall müsste es schon gewesen sein. Rein rechtlich ist es nämlich ein Unterschied, ob man seinem Kind wortlos 15 000 Dollar in die Windel schiebt oder ob man auch noch eine Krankheitsgeschichte drum herum erfindet. Letzteres nennt man Verschleierung, und das ist eine Nummer schlimmer.

Fünfjähriger Knirps nach der Kontrolle:
»Jetzt brauchen Sie aber wirklich keine Angst mehr vor mir zu haben, oder?«

Warum mich diese Geschichte zwei Kolleginnen gekostet hat? Weil sich die beiden von diesem Tag an weigerten, mit mir Dienst zu tun. Weil ich ihre Autorität angezweifelt hatte. Aber man sieht: Die Skepsis gegenüber Kindern ist keine Paranoia. Kinder werden selbstverständlich instrumentalisiert. Deswegen gab es auch bei der Hippie-Mama keine Ausnahme.

»Die Mama hat gesagt, ich soll nicht mit Fremden reden. Und Anfassen geht gar nicht!«

Die Paletten tauchten im Handgepäck einer jungen Mutter auf. Vier Paletten mit Hipp-Gläsern. Vom Typ her hätte ich die Frau unter der Rubrik alternativ, fast schon Hippie, eingeordnet. Sehr hübsch mit einer überaus wohlgeformten Figur, freundlich, aufgeweckt, mit einem niedlichen Kind, das auch mal nur gucken durfte und grapschen. Und mit einem Kind ist Babynahrung natürlich kein Problem, die darf selbstverständlich mit. Aber nicht unbegrenzt. Nahrung fürs Baby geht in Ordnung, aber es darf nicht aussehen wie Export.

»Sagen Sie mal, das ist ja Wahnsinn! Wollen Sie das Kind mästen?«

»Nein«, sagte sie gut gelaunt, »ich wandere aus.«

Sie wollte für ein Jahr nach Australien. Und für die erste Zeit sollte die Kindernahrung reichen. Aber so geht's leider nicht. Kindernahrung ist Flüssigkeit.

»Es tut mir leid, das ist zu viel. Das können Sie nicht alles mitnehmen.«

»Ja, aber mein Kind muss doch was Vernünftiges essen!«

»So sind unsere Vorschriften«, sagte ich. »Es wird doch

208

auch in Australien was Ordentliches für Kinder zu essen geben.«

»Es ist aber dort wirklich, WIRKLICH schwer zu bekommen«, sagte sie.

»Eine Palette kann ich Ihnen lassen, aber das ist schon das Äußerste.«

Da sah ich schon das Wasser in ihren Augen. Man merkte sofort, dass das niemand war, der aus Showzwecken weint oder bei jeder Gelegenheit oder aus Rechthaberei oder aus Hysterie, sondern weil sie einfach nur unglücklich war und für ihr Kind das Beste wollte. Vielleicht war es auch nur der Gegensatz: Dass sie sich so auf Australien gefreut hatte und alles so wunderschön hinbekommen und organisiert – und dass jetzt eine so wichtige Sache wie Babynahrung nicht so sein würde, wie sie es sich vorstellte … Jedenfalls begann sie zu weinen, aber nicht zu zetern. Sie nahm einsichtig die überzähligen Paletten vom Band und entsorgte sie in unseren Mülltonnen.

Na ja, aber was sollte ich denn machen? Ich konnte nicht anders handeln. Außer vielleicht so wie meine weiblichen Kolleginnen.

Zübeyde war die Erste, eine hübsche junge türkische Luftsicherheitsassistentin. Sie ging zu der jungen Mutter, nahm sie in den Arm und versuchte sie zu trösten. Und weil die junge Mutter so untröstlich war, stimmte Zübeyde gleich mit in das Weinen ein.

Und weil die beiden grad so schön dabei waren, kam Carla dazu, ihre deutsche Kollegin, die nahm alle beide in die Arme und heulte sich auch mal so richtig aus.

Ich sah mich um, ob noch mehr Mädels kämen. Vor meinem geistigen Auge strömten sämtliche weiblichen Luftassis des Frankfurter Flughafens zusammen, um schwesterlich des Ablebens von drei Paletten Babynahrung zu gedenken.

Und ich kam mir gleichzeitig furchtbar schofel und sachlich-nüchtern vor. Achim, dachte ich, was bist du für ein gefühlloser Klotz. Aber wenn ich heute drüber nachdenke, finde ich nicht, dass das stimmt. Ich bin höchstens ein konsequenter Klotz. Und auch nicht um jeden Preis, es gibt Momente, da setzt auch bei mir die Konsequenz aus.

Wir standen zu fünft an unserer Kontrollstelle, Judith, Else, Fatih, Sergej und ich. Es war Hochbetrieb, und mir sind die Kinder zuerst gar nicht besonders aufgefallen. Es waren junge Schwarzafrikaner, zwischen drei und 15, und beim ersten dachte ich mir noch nichts außer: »Oh, der Bub ist ja auf Krücken unterwegs.« Bis mir auffiel: Dem nächsten Buben nach ihm fehlte ein Arm. Dem danach auch, dem nächsten wieder ein Bein. Und dann guckte ich zu den Kontrollstellen neben uns: Fehlende Arme, fehlende Beine, Kinder jeden Alters. Und dann trat eine Betreuerin zu uns.

Die Kinder stammten aus vier oder fünf Bussen voll mit Kriegsopfern aus Somalia, Eritrea, allen Bürgerkriegsgebieten des schwarzen Kontinents. Opfer von Landminen, von Spielzeug, das mit Sprengstoff versehen war, von all dem unglaublichen Dreck, der übrigens auch gerne von deutschen Firmen produziert wird. Ein Jahr lang waren diese Kinder in Deutschland gewesen, zur medizinischen Behandlung, zur Versorgung mit Prothesen und damit sie den richtigen Umgang damit üben konnten.

Ich sah zu Judith. Judith, die selbst eine Tochter hat, blieb äußerlich ruhig. Else stand das Wasser in den Augen. Fatih und Sergej versuchten die Fassung zu bewahren. Und dann begannen wir mit der Kontrolle.

In einer Prothese kann man mindestens so viel schmuggeln wie in einer Windel. Und natürlich war die Annahme fast schon pervers, das ausgerechnet diese Kinder, denen die hinterlistigsten Sprengstoffe das Leben versaut hatten, dasselbe Zeug jetzt schmuggeln würden. Aber Dienst ist Dienst. Und ausgerechnet diese Kinder erleichterten uns das Kontrollieren. Das mag vielleicht auch an ihrer Herkunft liegen. Schwarzafrikanische Kinder sind oft fröhlicher, unvoreingenommener, herzlicher als europäische Kinder. Kann natürlich auch sein, dass das damit zusammenhängt, dass man ihnen nicht ständig mit einer versauten Zukunft droht, wenn sie nicht vom Kindergarten weg in sämtlichen Eignungstests die höchstmögliche Punktzahl abräumen. Jedenfalls schnallten die Kids ihre Prothesen in einer Geschwindigkeit ab, dass wir kaum nachkamen. Sie waren froh, dass sie uns helfen konnten, krähten, kreischten, dass es eine Freude war.

Wir durchleuchteten ihre neuen Beine und Arme, wir sahen ihr Lachen und konnten doch nicht verdrängen, dass es am Ziel ihrer Reise – wo auch immer jeder von ihnen hinfliegen mochte –, wahrscheinlich verstummen würde. Dass sie dort nicht mehr Teil einer Gruppe sein würden, in der jedem etwas fehlt, sondern in ihrem Heimatort, der- oder diejenige ohne Arm oder ohne Bein. Wir dachten an die künftige medizinische Versorgung, und wir dachten, dass das hier vor unseren Augen die Folgen jener Kriege waren, die wir nur aus der Tagesschau kannten. Jener nicht enden wollenden Kriege, bei denen irgendein afrikanisches Land irgendein anderes afrikanisches Land überfällt, oder irgendeine Volksgruppe irgendeine andere, und das so oft und anhaltend, dass jeder von uns längst schon bei den Nachrichten genervt mit den Augen rollte, weil diese endlose Gewalt doch nie zu irgendwas führte, was lange genug Bestand hatte, damit es sich lohnte, sich auch nur den Namen des aktuellen Diktators von Nirgendwo zu merken.

Aber diese Kinder waren nicht in der Tagesschau.

Diese Kinder wimmelten und lachten und weinten und krähten und alberten an allen Kontrollstellen in unserem Abschnitt.

Und wir haben auch einige Prothesen nicht durchleuchtet. Wir haben es einfach nicht fertiggebracht. Die Kinder hatten fast nichts dabei außer den Sachen, die sie am Leib trugen, und ihren Prothesen. Es gab Kinder darunter, denen fiel auch nach einem Jahr noch immer jede Bewegung schwer. Ich habe einige gesehen, denen ein Auge fehlte, denen Finger fehlten, die Hand, der Unterarm, der ganze Arm bis hoch zur Schulter. Und ich sah ein Mädchen, ein wirklich hübsches Mädchen, das gerade dabei war, eine junge Frau zu werden, und ihr fehlte ein Bein bis hoch zum Bauch, und ich war in dem Moment nur dankbar, dass ich etwas zu tun hatte, dass ich Prothesen zu durchleuchten hatte oder sonst was. Aber trotzdem: Nein, die Kollegen und ich haben nicht jede Schraube untersucht und geröntgt.

Irgendwo ist Schluss.

Kundenservice

Man mag es oft nicht glauben, aber es bewahrheitet sich immer wieder: Es gibt kaum eine Katastrophe, die man nicht mit etwas gutem Willen noch schlimmer machen könnte. Zum Beispiel die Kontrollstelle A 54.

A 54 liegt am Zugang zum rechten oberen Ende des Y-förmigen Terminals 1 und ist daher ein neuralgischer Punkt: Man kann nämlich an diesem Ausläufer des Terminals ziemlich viele Flugzeuge parken, indem man sie einfach kreisförmig darum herumstellt. Leider bleibt die Breite der Zugangswege immer die gleiche, ganz egal, wie viele Flugzeuge man dort parkt, und als Luftsicherheitsassistent kennt man schon nach wenigen Tagen die Gleichung: Viele Maschinen plus wenig Platz gleich Gedränge. Insbesondere, wenn diese Maschinen vorzugsweise in die USA fliegen und daher nach den schärferen US-Standards kontrolliert werden müssen. Das kann derart höllisch werden wie auf Hell's Kitchen, der tröstliche Unterschied ist, dass das nicht rund um die Uhr so ist. Aber es gibt Tage, da ist tatsächlich kein Unterschied feststellbar. Und an einem dieser Tage beschloss die Lufthansa, etwas guten Willen zu zeigen.

Die Lufthansa führte eine Regelung ein, die insgesamt drei Tage lang Bestand hatte. Dann wurde sie in aller Stille beigesetzt. Diese kurzlebige Neuerung bestand in einem zusätzlichen Check-in-Schalter. Der Gedanke war der, dass viele Passagiere bei der Personenkontrolle viele Flüssigkeiten abgeben mussten, und dass das die Leute nicht richtig glücklich machte. Also sollte es eine Möglichkeit geben, diese Flüssigkeiten weiter vorne abzugeben, sie sozusagen nachträglich ins Reisegepäck zu stecken, wo man manche Flasche Champagner oder Cognac selbstverständlich völlig problemlos transportieren darf. Diese Regelung bedeutete allerdings, dass man ungefähr die Hälfte der Passagiere doppelt kontrollieren musste. Nämlich zum ersten Mal, wenn sie kamen und man ihnen den Champagner abnahm, dann das zweite Mal, nachdem sie zurückgegangen waren und den Champagner der Dame von der Lufthansa in die Hand gedrückt hatten.

Man muss zugeben: Das war schon sehr effizient. Mit nur einer Idee hatte die Lufthansa aus zweitausend zu kontrollierenden Passagieren dreitausend gemacht. Aber damit war der Einfallsreichtum des Unternehmens noch nicht erschöpft. Eine weitere Arbeitsgruppe hatte sich offenbar noch Gedanken gemacht, wie man parallel dazu das Personal verringern konnte, und war auf eine verblüffend simple Lösung gestoßen: Man schickte einfach jeweils einen Luftsicherheitsassistenten mit. Wenn also der Passagier seine Flasche Champagner doch lieber abgeben wollte, musste ihn ein Luftsicherheitsassistent begleiten, damit er der Dame von der Lufthansa bestätigen konnte, dass diese Flasche Champagner wirklich nur eine ungefährliche Flasche Champagner war.

Es war ein Erfolg auf der ganzen Linie: Unser neuer Escortservice legte den Betrieb konsequent lahm. Die Halle war hoffnungslos überfüllt. Neben Passagieren, die sich zum Zusatz-Check-in durchquälten, gab es auch noch Luftsicherheitsassistenten, die sich mitdrängten, zudem ballten sich an den Kontrollstellen Passagiere, die auf den fehlenden Luftsicherheitsassistenten warteten. Schließlich konnte mit fünf Mann am Gerät immer nur einer weg. Erst, wenn der fehlende Luftsicherheitsassistent zurückgekehrt war, konnte der nächste mit seinem Passagier und dessen Flasche Asti Spumante zum Zusatz-Check-in.

Die Luft war inzwischen zum Schneiden. Die Leute standen wie die Heringe, ich begann mir ernstlich Sorgen um eine Massenpanik zu machen. Es passierten natürlich auch die üblichen Katastrophen. Auf dem Rückweg vom Zusatzschalter der Lufthansa stellte ich fest, dass sich einer der Passagiere übergeben hatte. Ich rutschte fast in der Suppe aus. Inmitten des Gedränges entstand sofort eine kleine stinkende Lichtung von fünf Quadratmetern Größe. Ich alarmierte den Putzdienst und warnte Judith vor.

Judith hatte mit mir Dienst und hatte gerade ihren mütterlichen Instinkt entdeckt. Ich nehme an, das hing mit ihrem, unserem Beruf zusammen. Es ist ja nicht wirklich schön, den ganzen Tag Leuten was wegnehmen zu müssen, die einem dafür natürlich auch nicht gerade vor Dankbarkeit um den Hals fallen. Und jetzt sah Judith wohl die einmalige Chance, diesen Leuten mal was Gutes zu tun. Sie musste ihnen zwar immer noch sagen, dass dies und das verboten war, aber sie konnte ihnen auch eine Lösung anbieten. Also dirigierte sie die Wartenden schwitzend nachgerade rudelweise zu diesem Zusatzschalter. Ich konnte ihr nur noch im Vorbeigehen die Warnung vor der freigekotzten Lichtung zurufen. Geholfen hat es nichts. Ich sah sie noch im Gedränge verschwinden, und schon im nächsten Augenblick hörte man einen schrillen Aufschrei. Wenige Minuten später kam Judith zurück und roch gar nicht mehr gut.

Das machte allerdings den Kohl auch nicht mehr fett. Die ganze Halle roch gleichermaßen furchtbar, weil der Putztrupp es nicht durchs Gedränge schaffte. Es stank, es war eng, es war heiß, es war unglaublich laut, und deshalb griff ich zu meinem letzten Mittel: Ich setzte mir meinen Astronautenhelm auf.

Diesen Astronautenhelm gibt es natürlich nicht wirklich. Ich stelle ihn mir immer dann vor, wenn gar nichts mehr geht.

Eine Glaskuppel rund um meinen Kopf. Außen ist Lärm, innen nicht. Außen ist Gestank, innen nicht. Außen ist Hektik und Panik und Ärger und Wut, und innen ist nur Achim Lucchesi, dem sein Gehirn eine winzig kleine Privatsphäre vorlügt. Ich weiß nicht, ob das bei jedem klappt, mir hilft es, und ich kann versichern: Es ist in solchen Momenten den Versuch auf jeden Fall wert.

Ich arbeitete dann gewissermaßen auf Autopilot. Ich war dann nicht unfreundlich, aber ich machte keine Witzchen mehr, ich pfiff den Leuten nichts vor, ich war nur noch eine Kontrollmaschine. Ich registrierte, was um mich herum vorging, aber ich bewertete es nicht mehr. Hübsch, hässlich, dick, alt, dreist, höflich, das war dann alles eins. Ich gab kurze Anweisungen, ließ die Leute die Taschen leeren, ließ sie die Arme heben, ich hörte kaum, was sie sagten, es berührte mich nicht, wenn sie maulten, es gab nur noch mich und den Auftrag: kontrollieren, reibungslos kontrollieren. Und ich hätte den Mann auch gar nicht wahrgenommen, wenn er nicht so auffallend pflegeleicht gewesen wäre.

Er war Mitte oder Ende fünfzig und trug so eine Art Künstlerbarett, Stiefel, Jeans, ein Totenkopf-T-Shirt, alles schwarz. Er war relativ klein, marschierte zügig durch die Torsonde, stand dann – ohne dass ich auch nur einen Piep sagen musste – kerzengerade da, die Beine leicht gespreizt, die Arme ausgebreitet, und er machte ein todernstes Gesicht. Das war so luftassistentenfreundlich, dass ich das Visier meines Astronautenhelms ein wenig hochschob.

Das Gesicht kam mir bekannt vor, aber ich kannte es nicht so todernst.

Ich begann, den Mann zu sonden. Zu finden war nichts. Ich versuchte währenddessen eifrig, mir das Gesicht mit einer anderen Mimik vorzustellen. Politiker? Schauspieler? Lächelte er normalerweise? Schließlich gab ich auf und sagte:

»Sagen Sie mal, ich kenn Sie doch irgendwoher!«

Auf dem todernsten Gesicht erschien ein Anflug von Lächeln.

»Kann sein!«

Ich überprüfte die Gürtelschnalle und den Gürtel. Das Lächeln hatte ich jetzt gesehen. Das war nicht sein Standardgesicht, aber etwas Ähnliches, etwas ganz Ähnliches – und dann war's plötzlich da: Der Mund war normalerweise weiter offen. Der Mann schrie hauptberuflich.

»Die Scorpions! Sie sind Klaus Meine!«

Er grinste breit und sagte knapp: »Jepp.«

Ich ging in die Knie, sondete beide Beine, die Oberschenkel und sagte ihm:

»Ich hätte Sie mir eigentlich ein bisschen größer vorgestellt.«

»Tja«, sagte er, jetzt wieder todernst, »da unten hätt' ich's auch gern ein bisschen größer.«

Ich prustete los. Gut, das war kein Gag, für den man den Grimme-Preis kriegt, aber es lag wohl auch an der aberwitzigen Situation. Und dann stand ich auf und nahm meinen Helm ab. Wenn Klaus Meine ohne Helm in der vollgekotzten Halle stehen konnte, im Gedränge, im Krach und trotzdem noch gut gelaunt war, dann konnte ich das auch.

Verschnupft

Es waren drei Norweger mittleren Alters. Gepflegte Erscheinung, tadelloses Auftreten, gute Manieren. Mit Rohrbomben im Gepäck. Die gehörten mit zum Übelsten, was ich je aus einer Tasche herausgeangelt habe. Am Transitschalter, logisch. Mal wieder. Wo sonst zieht man solche Hauptgewinne?

Die Dinger waren schon am Monitor nicht zu übersehen. Zwölf, dreizehn Zentimeter lang, rund, sechs Zentimeter Durchmesser, etwa wie die Papröhre im Toilettenpapier, und aus nicht zu dünnem Metall, zehn Stück.

»Können wir da mal reinschauen …?«

»Of course!«

Ist oft ein schlechtes Zeichen, wenn die Leute so fröhlich sind. Also, nicht schadenfroh-fröhlich, sondern mit so einer ehrlichen Begeisterung, als würden sie einem gleich das Prunkstück ihrer Briefmarkensammlung vorführen dürfen. Oder als hätte man irgendeinen Schmetterlingsfan um einen Diaabend gebeten. Da sollte man eigentlich zusehen, dass man schnell wegkommt. Und das machen die Leute dann meist auch, alle, bis auf den Luftsicherheitsassistenten. Der muss gucken, was da wieder für ein neues Wunder aus der Tasche gezaubert wird.

Es waren zehn Blechbüchsen. Schön aufwendig, wie ganz teure Lebkuchendosen, blau und gold lackiert, garantiert nicht billig.

»Und was ist da drin …?«

»Snuff!«

»Schnupftabak?«

»Yeah. But special. Specialty. From Norway!«

»Eine Spezialität? Und was ist daran so besonders?«

»With fish.«

»Mit Fisch??«

»With dried fish. How you say – mit trockene Fisch. Fisch-puder.«

»Fischmehl, aha. Da müssen wir aber in eine Büchse mal reinschauen …«

»No problem. Wanna try?«

Es gibt einen Unterschied zwischen Aufgeschlossenheit und Todessehnsucht. Wenn man auf einer Klippe steht, genügt es durchaus, wenn man vorsichtig runterschaut. Man muss gar nicht springen. Aber ich hab natürlich gedacht: Wenn normaler Schnupftabak nach Menthol riecht, dann riecht der norwegische eben nach Fisch, was soll da schon passieren? Ist halt mal was anderes. Der Norweger schraubte stolz sein Döschen auf. Er nahm eine schöne Prise in die Falte zwischen Daumen und Zeigefinger. Ich machte auch eine leichte Faust, legte den Daumen längs an und ließ mir ein Häufchen spendieren. Es war unbeschreiblich.

Aus diesem winzigen Häufchen Schnupftabak stieg ein penetranter Dunst, und der Norweger hatte nicht gelogen: Es roch auch nach Fisch. Aber dieser Fisch musste eine seltsame Karriere hinter sich haben. Meine Vermutung war: Irgendjemand hatte den Fisch erst ein Vierteljahr in einer Klärgrube eingelegt und dann acht Tage über brennenden Traktorreifen geräuchert. Dann hatte er den Fisch in eine Plastiktüte gepackt und auf einem Heizkörper vergessen.

Ich wollte, ich hätte den Mut gehabt, die Sache wieder abzublasen, aber ich hatte die Klappe zu weit aufgerissen und wollte nicht kneifen. Also saugte ich die Spezialität durch meine Nase.

Mir war noch eine Stunde später speiübel.

 **Kermit der Schwanz**

Was das Thema Überraschungen angeht, hat in meinen Augen ein Amerikaner bislang den Vogel abgeschossen. Er war um die sechzig, Bodybuilder, aber klein, so ein wandelndes Schuhschränkchen. Er hatte kurze graue Haare, einen akkuraten GI-Haarschnitt, trug hautenge Shorts, die ein Abtasten beinahe überflüssig machten, und ein schreiend buntes Hawaiishirt. Das Monitorbild verriet, dass sich irgendein fulminanter Schlagstock in seiner Tasche befand. Also fragte ich ihn, was das denn sei.

Übrigens ist das keine Scheinfrage oder so was. Die Frage ist ehrlich gemeint, weil wir nicht einfach in die Tasche gucken dürfen. Wir müssen zwar nachsehen, aber wir dürfen nur, wenn es der Passagier gestattet. Man kann zwar darüber streiten, wie frei der Passagier wirklich in seiner Entscheidung ist, weil er ja nicht mitfliegen darf, wenn er es nicht erlaubt. Aber deshalb dürfen wir ihm die Entscheidung noch lange nicht abnehmen – sie bleibt immer noch ihm überlassen. Außerdem ist unser Ziel ja die Sicherheit und nicht das Heraufbeschwören peinlicher Momente. Und so einer war bei dem Amerikaner offenbar auch zu erwarten: Er sagte, das würde er hier nicht so gerne erörtern, es seien schließlich Kinder anwesend. Ob man das denn nicht irgendwo anders …?

Also baten wir ihn in unsere kleine Kabine.

Er hätte eben ein wenig andere sexuelle Neigungen als andere Herren, sagte er, sozusagen als Einleitung. Er war nicht ganz locker, aber auch nicht total verschüchtert, und was wir aus seiner Tasche holten, war definitiv anders als das, was wir aus den Taschen anderer Herren gezogen hatten. Es war ein Vibrator, gut, davon kannten wir schon einige. Aber so einen hatten wir noch nicht gesehen.

Er war knallgrün, so zwischen gras- und laubfroschfarben, mit einer durchaus naturgetreuen Eichel. Er hatte den Durchmesser einer Espressotasse und war ziemlich lang: so um die fünfzig Zentimeter. Der erste Gedanke, der mir durch den Kopf schoss, war: »Bitte nur äußerlich anwenden.« Der Apparat war obendrein auch noch erstaunlich schwer, vermutlich durch die Riesenbatterien darin. Der Blick des Herrn in den Schlauchshorts verriet, dass er mit dem Teil schon so einiges verzapft hatte. Und dass es angenehm gewesen war, für ihn oder jemand anders. Nun, damit war jetzt leider Schluss: Wir mussten den Vibrator beschlagnahmen. Sexspielzeug ist zwar okay, aber wir konnten nicht ausschließen, dass Kermit der Schwanz mit seinem halben Meter Länge einen Nebenjob als Schlagstock hatte.

Das war ein Sonderfall. Ich denke, ich habe so gut wie jede existente Variante von Vibratoren gesehen, die der liebe Gott auf dieser schönen Erde hat herstellen lassen – was eine ganze Menge ist. Der klitzekleine für die Handtasche. Die Standardgröße zwischen fünfzehn und zwanzig Zentimetern. Die Metallversion. Die Form der ziemlich neutralen Riesenzäpfchen, die man problemlos auch im Versandkatalog als »Massagestab« verkaufen kann. Die naturgetreue Version, mit Adern oder ohne, mit – sagen wir – Unterbau oder ohne. Die hübsch entworfenen Versionen der Fun Factory, die sogar richtige Design-Auszeichnungen dafür bekommen und derart knallige Farben haben, dass man eher denkt, der Benutzer hätte Sex mit Lego-Steinen. Fleischfarben, blümchenbunt, manche aus poliertem Holz, manche nagelneu und manche solide bewährt. Und wir beschlagnahmen sie so gut wie nie – obwohl manche länger und schwerer sind als die Kubatons, die kleinen Schlaghölzer für die Faust.

Der Grund ist, dass Vibratoren meistens dicker sind, was verhindert, dass man die Faust richtig schlagkräftig darum schließen kann. Das Gefährliche an Vibratoren ist die Füllung. Im Batteriefach kann man eine Menge gefährlicher Dinge schmuggeln – was umgekehrt bedeutet: Wenn Sie nur einen Dildo mitnehmen, also eine Vollgummi-Penisnachbildung, die nicht auf Knopfdruck brummt, dann ist der für die Luftsicherheitsassistenten so interessant wie eine große Karotte. Na ja, etwas interessanter schon, man ist ja nicht aus Holz. Aber man muss es im Gesamtzusammenhang sehen: Wir denken nicht jedes Mal: »Ui, ein Vibrator.« Oder: »Donnerwetter, ein Dildo!« Wir sehen die Dinger den lieben langen Tag, und auch, wenn viele dabei gucken, als hätte man sie bei irgendwas ganz Schlimmem erwischt: Wir sehen das so oft, dass selbst die verklemmteste Vibrator-Transporterin sofort erleichtert auflachen würde, wenn sie wüsste, wie selbstverständlich das ist. Einmal hab ich tatsächlich erlebt, wie jemand fast so was wie stolz auf seinen Vibrator war.

Das war eine ältere Berlinerin. Ich schätzte sie auf irgendwas über sechzig, aber sie hatte noch immer eine sensationelle Figur. Sie trug einen schneeweißen Hosenanzug und hatte lange Haare mit erstaunlich vielen Varianten von Blond, das war schon noch so indianerblondgrau, aber nicht künstlich. Sie war richtig sexy, nicht nur für ihr Alter, sondern für so ziemlich jedes Altersstufe jenseits von Ende zwanzig. Vielleicht lag es auch an ihren Augen, die blitzten wie zwei Fernlichter, und sie kamen auch deshalb so gut zur Geltung, weil sie keine zehn Zentimeter Putz aufgetragen hatte, sondern ganz dezent geschminkt war – die Dame war nicht gut restauriert oder mit Ersatzteilen aufgepäppelt, die war schlichtweg grandios gut erhalten. Sie flog nach Süden, irgendeine Insel, glaube ich.

»Na, geht's in den Urlaub?«

»Nein, ich hab hier Bekannte besucht und fliege jetzt wieder nach Hause.«

»Kann ich mal in die Tasche sehen?«

»Aber sicher!«

Ich guckte in die Tasche. Neben dem üblichen Kleinkram lag dort ein Vibrator, nicht der kleinste, aber auch kein Monster, natürlich geformt, natürlich gefärbt. Ich sah sie an. Sie grinste. Das lief so nett und locker, dass ich auch gleich einen Funktionstest machte. Weil ja das Batteriefach das Gefährlichste am Vibrator ist, machen wir immer wieder einen Funktionstest – der besagt dann: Wenn der Vibrator normal funktioniert, müssen Batterien drin sein. Wenn Batterien drin sind, ist nichts anderes drin, also ist die Sache ungefährlich. Ich drehte hinten, und es brummelte sanft aus der Tasche heraus.

»Das ist wohl Ihr kleiner Freund?«, fragte ich im Plauderton.

»Ja«, lachte sie, »das ist mein kleiner Freund. Auch in meinem Alter braucht man noch ein bisschen Liebe.«

Sie lief nicht rot an, sie machte auch keinen auf »Guckt-mal-hier!«, es war einfach das Normalste von der Welt: Ein Postbote bringt einen Brief, ein Polizist regelt den Verkehr, eine ältere Dame fliegt ihren Vibrator in ihre Finca.

»Tja«, sagte ich, »alles in Ordnung. Einen guten Flug.«

»Danke«, sagte sie, »nun fragen Sie schon.«

»Hm?«

»Sie haben mich gar nicht nach meinem Alter gefragt.«

»Das geht mich doch nichts an«, sagte ich vorsichtig. »Außerdem dachte ich immer, man fragt Damen nicht nach dem Alter.«

»Stimmt, aber in meinem Alter dürfen Sie wieder fragen.«

Und sie reichte mir ihren Personalausweis. Also guckte ich aufs Geburtsdatum.

Sie war Jahrgang 1924. Drei Jahre früher hätte ich ihr noch zum Achtzigsten gratulieren können.

Aber diese Lockerheit ist die Ausnahme bei den Vibratoren. Die Jungs nehmen das sogar oft noch verklemmter.

Von hundert bei Männern gefundenen Vibratoren sind fünfundneunzig für die Freundin. Was bedeutet, dass Frauen ihre kleinen Freunde überall und ständig vergessen oder sie außerhalb des Bettes plötzlich nicht mehr heben können. Oder aber, dass die Jungs sich selbst damit vergnügen, es aber nicht zugeben wollen. Warum, weiß ich nicht – so, wie ich das in den Reisetaschen und Rucksäcken sehe, sind Männer, die Spaß mit Vibratoren und Dildos haben, in etwa eine so große Rarität wie Fahrradfahrer. Nein, ehrlich, wer einen Luftsicherheitsassistenten beeindrucken will, muss sich was einfallen lassen. Als vor ein paar Jahren die Vibratoren in Delfinform aufkamen, da hat man kurz gestaunt. Oder als die ersten Vibratoren auftauchten, die keine Batterien zum Rausnehmen mehr hatten, sondern fest installierte Akkus wie die elektrischen Zahnbürsten, die ihre eigene Ladestation haben – da haben wir auch mal »Sieh an« gesagt. Aber inzwischen muss man da schon härtere Geschütze auffahren. Und das Interessante ist: Die mit den härtesten Geschützen gehen am lässigsten damit um.

Eine Amerikanerin kam zu uns an die Kontrolle. Sie sah nicht sonderlich gut aus, hatte eher etwas Schlampiges. Nicht im Sinne von »unordentlich«, sondern, na ja, eben von »Schlampe«. Liederlich – aber reinlich, das soll man nicht verwechseln: Sie roch tadellos, sehr angenehm. Sie war groß, es können durchaus eins achtzig gewesen sein, trotzdem war das immer noch zu wenig Höhe für die rund hundert Kilo, die sie darauf verteilte. Sie trug eine Designerjeans, soweit man das noch sagen konnte, die Hose war mehr Loch als Jeans, und aus jedem Loch quoll eine Doppelportion Pobacke. Ein Gürtel mit einer monströsen D&G-Schnalle hielt die gesammelten Löcher auf Hüfthöhe, darüber flatterte ein weites, verlottertes Jeanshemd, das auch von einer Baustelle hätte stammen können. Über dem Hemd trug sie eine Lederweste, in der mehr Nieten steckten als in einem kleinen Schlachtschiff. Auf ihrem Kopf war eine stoppelige, fast punkige Kurzhaarfrisur, gegelt, durchaus provokativ, aber keinesfalls provokativer als ihr Gesicht, das hatte sie offenbar frisch überarbeiten lassen, aber nicht im OP, sondern in einer Feinblechnerei.

Die Zunge hatte ein Piercing, die Unterlippe deren zwei, eines links, eines rechts. Die Nase war dezent durchlöchert, die Augenbrauen hatte sie je dreimal stahlverziert. Ein Ohr war vom Ohrläppchen bis hinauf zum Muschelansatz kunstvoll und kreisförmig verdrahtet und sah aus wie ein alter Schneebesen. Insgesamt war eindeutig zu viel Blech vorhanden, um bei einem Gewitter sorglos vor die Tür zu gehen.

Sie hatte tolle Augen.

Aus denen strahlte sie mich an. Und sie gluckste, als ihre riesige schwarze Ledertasche aus dem Röntgengerät kam und Judith zu mir sagte: »Schau dir das mal an, da musst du wahrscheinlich mal einen Blick reinwerfen!«

Das Monitorbild zeigte einen aberwitzigen Kabelwust und furchtbar viele Metallteile. Es sah aus wie ein Röntgenbild von meinem Werkzeugkasten.

Die tollen Augen guckten, als hätten sie jede Menge Spaß.

»Can I have a look?«, fragte ich.

»Be my guest!«, lachte sie großzügig. »Nur zu …«

Die oberste Schicht war weitgehend normal, wenigstens für diejenigen, die öfter mal Lederdessous tragen. Darunter tauchten lederne Gesichtsmasken auf, eigentlich mehr Kopfhauben als Masken, bei denen man Augen, Mund, Nase nach und nach zuknöpfen konnte, falls man mal so gar keine Lust auf Licht hatte. Oder Luft. Die nächste Lage waren jede Menge Haltegurte, ganz offensichtlich nicht für Bergsteiger, in jedem Fall konnte man viel, viel mehr baumeln lassen als nur die Seele.

Nicht jeder Luftsicherheitsassistent macht so was. Wir sind ja auch alle unterschiedlich. Ich hatte eine Kollegin, die verweigerte den Dienst, sobald ihr zu viele Dinge in die Quere kamen, die den Unterleib betreffen:

»Pfui, nä! Das fass ich nicht an!«

Einer meiner ehemaligen Kollegen ist Zeuge Jehovas, ein Superkumpel, aufgeweckt, total in Ordnung, aber wenn ihm die Vibratoren unter die Finger kommen, stehen ihm die Haare zu Berge. Das geht gegen alle seine Überzeugungen, und wenn man ihn näher kennt, sieht man ihm das dann auch an, wie er seinen ultraprofessionellen Gesichtsausdruck aufsetzt und mit Todesverachtung den Funktionstest durchführt. Mir ist das oft ziemlich gleichgültig, aber diese lederne Wundertüte war anders: Es war interessant, in diesem Zeug herumzuwühlen, eine komische Mischung aus Neugier, Schock und Spaß. Und mir gegenüber blitzten die tollen Augen vor Vergnügen und konnten kaum erwarten, bis ich zur nächsten Schicht kam. Ich konnte allerdings nicht so schnell buddeln, wie sie es erwartete. Das Geld bremste mich.

Zwischen all dem Zeug lag eine Unmenge Kohle. Überall steckten Scheine, und nicht die kleinsten. In jedem String, in jedem Lederteil steckte ein Hunderter, ich sammelte sie im Vorüberfilzen mal ein, man sah dann ziemlich schnell, dass sie unter der 10 000-Euro-Grenze bleiben würde, aber ein paar Tausend Dollar waren das locker. Zerknüllt wie alte Einkaufszettel. Als ich so um die zweitausend Dollar beisammen hatte, wollte ich sie ihr geben, aber sie schüttelte nur gleichmütig den Kopf.

»Just put it back«, meinte sie. »Schmeißen Sie's einfach wieder rein.«

Ich öffnete ihren Kulturbeutel. Hier drin war alles so normal wie jeder andere Kosmetikauflauf mit zweitausend zerknüllten Dollar. Ich stellte ihn beiseite. Und darunter stieß ich auf Geräte, die ich überhaupt noch nie gesehen hatte.

Ich sah Klammern mit Kabeln, die sahen ein bisschen aus wie mein Starterset im Auto, mit dem man sich Strom von einer anderen Batterie holen kann, wenn die eigene leer ist. Nur waren die Klammern kleiner und die Zähne abgerundet. Das Set war fabrikmäßig verpackt, mit einem Karton drunter und der Blisterfolie drüber.

»What's that for?«, fragte ich ratlos.

»That's very good for your eggs«, grinste sie.

Ich sah sie fragend an, aber ihr kurzer Blick sagte, dass ich richtig lag, auch wenn sie »eggs« sagte statt »balls« – die Klammern waren für die Hoden. Die Kabel auch, damit man ein wenig Strom drangeben konnte. Es gab einen weiteren Ring, mit dem man die Eichel unter Strom setzen konnte. Dazu noch wachteleigroße Bleigewichte für die Weichteile und ein paar kleinere Klammern, die man an die Brustwarzen montieren konnte. Und weil das Ganze offenbar eine gleichberechtigte Angelegenheit war, gab es auch noch die Klammern für Schamlippen und Klitoris, selbstverständlich ebenfalls gut verkabelt, woraus man schließen konnte, dass es im erotischen Bereich scheinbar noch nicht per WLAN geht. Das untere Viertel der Tasche war voll mit dem Zeug, alles in mehrfacher Ausfertigung. Es musste sich um Utensilien für Gruppensex handeln, oder …?

»Verkaufen Sie das beruflich?«

Sie nickte, und wieder lachten die Augen mit.

»Und? Läuft das gut?«, fragte ich.

»You bet!«, grinste sie. Und dann erklärte sie mir ihr Geschäftsmodell.

Mit Fotos.

Sie hatte ihre eigene Showband, mit der sie am Wochenende auch in Frankfurt aufgetreten war. Zwei Mädels, drei Jungs, die ein bisschen auf der Bühne zum Playback sangen, bevor sie sich entkleideten. Und dann zogen sie eine Art Werbeverkaufsveranstaltung ab, fesselten sich, knebelten sich, setzten sich wechselseitig unter Strom. Und das machten sie nicht etwa in irgendwelchen Schmuddelschuppen, sondern bei richtig teuren Veranstaltungen, Firmenfesten oder auch Fetischevents. Es durfte auf keinen Fall obszön oder pervers wirken, es sollte so rüberkommen, dass es Lust zum Ausprobieren machte – die Zuschauer und Zuschauerinnen sollten so ein Warum-eigentlich-nicht?-Gefühl bekommen. Denn dann kam der Teil, der viel lukrativer war als die Gage: der Verkauf. Was auch erklärte, weshalb sie so bereitwillig ihren Tascheninhalt auf dem Nachschautisch untersuchen ließ – sie hatte überhaupt nichts dagegen, wenn ihre Produktpalette derart exklusiv zur Schau gestellt wurde. Und tatsächlich guckten sich ja auch vor, hinter und in den Schlangen neben ihr die Leute die Augen aus dem Kopf.

Es würde mich nicht wundern, wenn sie anschließend im Sicherheitsbereich noch den einen oder anderen Kilometer Kabel verkauft hat. Was mich hingegen immer wieder erstaunt, ist, dass nicht alle erotischen Bereiche gleich peinlich sind. Vibratoren bringen fast alle Passagiere zum Erröten – Piercings hingegen nicht.

Im Gegenteil. Sobald die Handsonde in irgendeinem der immer weniger überraschenden Bereiche pfeift, geht im Gesicht des Passagiers die Sonne auf, als hätte man ihm gerade schriftlich bestätigt, dass Casanova gegen ihn ein erotischer Langeweiler wäre. Dabei sind die Dinger inzwischen noch häufiger als Vibratoren – da fragt man sich schon manchmal, was der Aufwand soll. Wir sehen die in der Kontrolle ja nicht mal an. Bis auf dieses eine Mal, und das war eher unfreiwillig.

Es war ziemlich am Anfang meiner Kontrolltätigkeit, als das ja noch ganz lustig war: Eine Gruppe von sechs oder sieben Engländern kam zu uns, eine angenehm gut gelaunte schwule Truppe, und bei jedem von denen pfiff die Hose wie ein Wasserkessel. Die hatten sich alle das gleiche Piercing machen lassen, und beim Ersten, den wir in unsere Kabine baten, konnten wir kaum den Vorhang schließen, da hatte er uns seine Neuerwerbung schon präsentiert. Wir hätten selbst nicht drauf bestanden, das tun wir praktisch nie. Außerdem konnte man ja schon an seiner Miniunterhose erkennen, dass da beim besten Willen neben der natürlichen Füllung kein Revolver mehr reingepasst hätte. Diese fröhliche Begeisterung hatte noch was Ansteckendes, aber seither ist der Witz mit den Piercings ganz ehrlich reichlich abgedroschen. Ich frage mich manchmal, ob sich die ganzen Freizeitbohrer noch immer genauso verrucht vorkommen würden, wenn sie wüssten, dass die Jungs und Mädels, die sie gerade eben kontrollieren, längst schon genauso verrucht sind. Was glauben Sie, wie oft ich mit einem halben Ohr den Satz hören konnte: »Macht's dir was aus, wenn ich heute nicht am Monitor arbeite? Ich kann noch nicht so gut sitzen, ich hab da ein neues Piercing.«

Richtig gestaunt habe ich nur, als einmal der Weltmeister im Piercing zu uns kam. Ich weiß nicht, ob das der Fachbegriff ist, wahrscheinlich zählten auch seine Tattoos dazu, kann sein, dass sich das dann »Körperkunst« oder so nennt. Der Mann war eine Sehenswürdigkeit, keine Frage. Er trug eine schön tätowierte Glatze, Augenbrauen, Lippen, Nasenflügel, das Gesicht war eine einzige Ringsammlung, Brustwarzen, Nabel, Genitalbereich, alles war lückenlos verplombt, und dazwischen war er mit Bildern verziert wie der Louvre. Ein sehr höflicher, freundlicher Typ, und das Beste an ihm – neben seiner Bescheidenheit – war seine Antwort auf meine Frage, ob das nicht schmerzhaft wäre, wenn man das Zeug mal rausnehmen müsste. Er lächelte, machte ein Paar Handgriffe, *zackzackzack*, und hatte in weniger als einer Minute einen geschätzten Doppelzentner Blech aus seinem Gesicht in der Hand. Gute Arbeit. Aber der Souveränste war er trotzdem nicht.

Diesen Titel verdiente sich eine unglaubliche Blondine, die genauso ausgesehen hätte, wenn ich sie mir ausgedacht hätte. Eine menschliche Granate. Nackte Füße mit rot lackierten Fußnägeln in silbernen High Heels, eine Haut wie direkt aus einem Werbespot. Die zum Mittelscheitel gekämmten glatten hellblonden Haare reichten bis zum hellbraunen Ledergürtel ihrer ultraengen, verwaschenen Bluejeans, sie trug ein cremefarbenes flauschiges Kaschmirtop, nabelfrei. Und dazu kombinierte sie ein derbes rot-schwarzes Holzfällerhemd aus Baumwolle, vielleicht eine Erinnerung an ihre kanadische Heimat. Das Erstaunlichste war allerdings, dass sie in der Torsonde keinen Alarm auslöste. Nicht, weil's so schön ins Klischee gepasst hätte, sondern weil sie eine goldene Gürtelschnalle in Form eines amerikanischen Seeadlers trug, die mindestens ein Pfund wiegen musste. Keine Torsonde, das konnte nur eines bedeuten: Das Ding war echt. Ich hätte ein ganz kleines Vermögen dafür gegeben, am Nachschautisch stehen zu dürfen. Aber ich war nur Sonder, Jerry Weber war am Tisch, er war derjenige, der ein bisschen Blickkontakt mit dem Engel aufnehmen durfte. Damals war Jerry noch neu.

Rolf, der am Monitor saß, wurde prompt fündig. Das Bild zeigte etwas Längliches, Metallisches mit Batterien in der Tasche. Also schob Rolf den Koffer mit todernstem Blick zu Jerry.

»Es sieht zwar gefährlich aus, ist aber vermutlich nicht explosiv, keine Ahnung, was das sein könnte«, meinte er. »Lass die Dame den Koffer öffnen, den Gegenstand herausholen und dir erklären, was es ist und wozu man es braucht.«

Jerry zögerte.

»Also Weber, was is nun?«, drängelte ich.

»Koffer auf und nachsehen, zack, zack«, sagte Rolf, »da draußen stehen über tausend Leute, die heute auch noch fliegen wollen.«

Also schritt Jerry zur Tat.

»Okay, Ma'am«, sagte er streng, »what we are looking for is about twenty centimetres long, metallic and there are batteries inside.«

Und das war der Moment, in dem ich mich endgültig ein bisschen in das blonde Wunder verliebte. Sie war nur einen ganz kurzen Moment verunsichert. Dann zeigte sie ein strahlendes Lächeln und begann in ihrem Koffer herumzuwühlen.

»Oh yes, I know, what you mean. I'm a single woman and this is my little electronic friend.«

Und mit diesen Worten holte sie gelassen einen silber glänzenden Vibrator aus dem Koffer, und fügte hinzu: »His name is Bartholomew.«

Ich weiß nicht, ob der Vibrator wirklich so hieß oder ob sie improvisierte, aber als sie ihren Vibrator mit Namen vorstellte, hatte sie gewonnen. Im Umkreis von zehn Metern lachte jeder vom Passagier bis zur Putzfrau. Und mindestens im selben Maß wie das Gelächter wuchs die Anerkennung für die blonde Zauberfrau, die auch danach alles richtig machte. Sie glotzte nämlich nicht mit stolzgeschwellter Brust in die Runde, als hätte sie den Superbrüller gelandet, sondern blieb ganz sachlich und guckte mit Jerry ins Batteriefach, als sähe sie es zum ersten Mal in ihrem Leben. Sie servierte den Gag so wundervoll trocken, dass ich ihr dringend gratulieren wollte oder sie umarmen oder vor ihr niederknien oder alles abwechselnd.

Jerry kontrollierte den Hohlraum.

Dann die Batterien. Es waren ganz normale Batterien.

Dann füllte er sie wieder ein, schraubte zu und schaltete den Vibrator an.

»Brrrrrr«, machte der Vibrator.

Jerry schaltete den Vibrator aus und gab ihn der Dame zurück:

»Okay, Ma'am, all things are fine.«

Die hübsche Kanadierin packte ihre Sachen zusammen, bedankte sich mit einem bezaubernden Lächeln für die freundliche Kontrolle und entschwand auf ihren silbernen High Heels mit ihrem »little electronic friend«.

Ich drehte mich um und sondete wieder weiter. Der Nächste war ein kleiner älterer Herr mit blau-grün kariertem Trenchcoat und gelber Anglermütze. Ich seufzte, sondete ihn vorne, hinten, Hand folgt Sonde, na, ich war wieder zurück in der Realität. Und winkte den nächsten Passagier heran, als ich hinter mir ein Räuspern hörte.

Ich drehte mich um. Vielleicht hatte ich ja was vergessen. Aber das Räuspern galt nicht mir. Es kam unter der gelben Anglermütze hervor, aus dem älteren Herrn, der am Nachschautisch auf die Kontrolle seines Trolleys wartete. Aber die Kontrolle kam nicht.

Der angeräusperte Jerry Weber auf der anderen Seite des Tisches sah nicht besonders intelligent aus, wie er so mit offenem Mund dastand und mit glasigem Blick in die Richtung starrte, in der sechzig Sekunden zuvor der kanadische Traum entschwunden war.

Probepackung

Er war ein kleiner Inder. Das muss man schon dazusagen, manche denken ja, Inder seien alle klein. Aber das wissen zumindest wir, die wir »Indiana Jones und der Tempel des Todes« gesehen haben: Der Inder kann ein ziemlicher Schrank sein. Der hier aber war eher so ein Nachtkästchen. Und er hatte enorme Schlagseite, wegen der Tasche, die er schleppte. Es war eine ganz normale dunkle Reisetasche, aber irgendwas war da drin, was so viel wog wie ein Panzerschrank oder ein sehr großer Inder. Und dann wird man neugierig.

Die Neugier eines Luftsicherheitsassistenten ist schwer zu beschreiben. Andere Leute sind beim Betrachten von einem kleinen Inder mit einer irrsinnig schweren Tasche ja vielleicht auch neugierig. Aber der Unterschied ist: Wir wissen, dass wir gleich reinschauen dürfen. Das ist keine Ich-will-das-jetzt-wissen-ich-muss-das-JETZT-wissen-Neugier, das ist eher wie wenn man Hunger hat, das Essen ist schon bestellt und jetzt muss es nur noch kommen: Man spürt beinahe so was wie eine richtige kleine Vorfreude, man hat Appetit auf die Tasche von dem Inder, und man wartet geduldig, bis er kommt. Manchmal gibt's sogar einen Aperitif. Wie dieses Mal.

Eine Tasche schleppen ist ja eine Sache, das allein sagt noch nicht allzu viel aus. Fünf Kilo, zehn Kilo sind nach einer halben Stunde auch ziemlich schwer, das kann einen ganz schön runterziehen. Aber wenn so ein kleiner Inder dann am Einweiser vorbeigeht, die Tasche erst mal abstellt und sich danach fast einen Leistenbruch hebt, wenn er die Tasche auf das Rollband vor dem Röntgengerät wuchtet, dann ist man natürlich gleich doppelt neugierig. Und man weiß ja: Jetzt dauert's nur noch 'ne Minute oder so, und dann kennt man das Geheimnis.

Am Monitor konnte man es schon ziemlich genau eingrenzen: ein gewaltiger Quader, knallorange, das konnten eigentlich nur Getränkekartons sein. Die Frage war allenfalls noch, was für Kartons man in großen Mengen nach Indien fliegen musste. Durfte man womöglich die heiligen Kühe nicht melken, und das war alles Milch, fettarm, 1,5 Prozent? Ich wartete, bis die Tasche aus dem Röntgengerät rollte, und zog sie zu mir. Sie war so schwer, da schnaufte auch ich.

»Kann ich mal reingucken?«

Er nickte freundlich.

Ich öffnete den Reißverschluss. Und blickte auf zwanzig Kartons Apfelsaft. Nicht die Literkartons, sondern die 1,5-Liter-Version. Dreißig Liter Apfelsaft. Ich sah ihn an. Er sah mich an. Mit leuchtenden Augen.

»Das ist – Apfelsaft«, sagte ich geistreich.

»Apple juice«, nickte er und strahlte über das ganze Gesicht. Offenbar wirkte Apfelsaft ab dreißig Litern auf Inder euphorisierend.

»Den können Sie nicht mitnehmen«, sagte ich. »You can't take it with you.«

Das Leuchten verschwand, als hätte er es ausgeknipst. Er sah mich verwirrt an.

»Zu viel«, sagte ich »too much! Thirty litres! Only one litre is allowed. Nur ein Liter.«

Mit den 100-Milliliter-Sperenzchen fing ich gar nicht erst an.

Sein Gesichtsausdruck veränderte sich.

Er war jetzt nicht mehr verwirrt, er war erschüttert. Dann entsetzt. Dann am Boden zerstört.

»Das ist doch nicht so schlimm«, versuchte ich ihn zu trösten, »das ist doch nur Apfelsaft.«

»Yes, apple juice«, sagte er und bekam dabei ganz feuchte Augen, »apple juice is sooo good.«

»Gibt's denn in Indien keine Äpfel?«, fragte ich ihn. »No apples in India?«

»Yes, apples in India«, nickte er eifrig, »but no juice. No juice in India.«

Und mit Händen und Füßen erklärte er mir, dass es in seiner Heimat keinen Apfelsaft gäbe. Äpfel schon, aber eben keinen Apfelsaft, weil ihn offenbar keiner dort herstellte. Das sei seine schönste Entdeckung in Deutschland gewesen: Apfelsaft. Und deshalb hatte er Saft für die ganze Verwandtschaft gekauft. Er hatte sie überraschen wollen.

»Surprise«, sagte er flehend, »big suprise! Only juice!«

Da hatte er schon Recht: Es war nur Saft. Und im Reisegepäck wäre das auch kein Problem gewesen.

»Wenn's ihn nicht stört, nochmal in der Schlange zu stehen, kann er den Saft doch noch beim Check-in aufgeben«, sagte mein Kollege Frank, der neben mir stand. Der kleine Inder blickte hoffnungsvoll zu uns.

Wir sahen auf die Uhr, dann schüttelten wir den Kopf. Es war zu knapp.

»Haben Sie Freunde hier? Verwandte?«, fragte ich ihn. »Jemand, der den Saft für Sie noch zum Check-in bringen kann? Relatives? Friends?« Aber er schüttelte den Kopf.

»Ich kann es Ihnen nicht erlauben«, sagte ich und zeigte auf unsere Müllcontainer. Aber noch während ich redete, sah ich, wie die Tränen in seinen Augen aufstiegen.

»Sorry«, sagte er, »so sorry«. Dabei hatte er doch gar nichts angestellt. »But can I … can I … drink? Please?«

Also machten wir eine Ausnahme.

Natürlich konnten wir ihm seinen Saft nicht lassen. Aber

wir stellten ihm einen kleinen Stuhl hin, ans Ende des Personenkontrollbereichs, in unserem Blickfeld. Und ich sah, wie er sich zu seinen dreißig Litern Apfelsaft setzte, den ersten Karton öffnete und an den Mund hob.

Ich schwöre, ich habe noch nie in meinem Leben jemanden mit einem solchen Genuss Rotwein, Champagner, Cognac trinken sehen wie diesen kleinen Inder seinen Apfelsaft. Es war, als schluckte er das reine Gold, eine Offenbarung, flüssiges Glück. Und in fünf Minuten war der erste Karton leer.

Aber beim zweiten war nach zwei Schlucken Schluss. Und er musste ja auch zu seiner Maschine. Also nahm er die übrigen neunzehn Kartons und trug sie zum Müllcontainer, langsam, schleppend, als ginge er zu ihrer Hinrichtung.

»Es ist nur Apfelsaft«, beruhigte ich mich, »es ist doch nur Apfelsaft!«

Fast hätte es geklappt.

Aber dann stemmte er die Kartons auf den rappelvollen Müllcontainer. Und bevor er umkehrte und zu seinem Flugzeug ging, streichelte er die Kartons langsam und liebevoll zum Abschied.

Und mir schnürte es derart den Hals zu, dass ich mich ganz, ganz schnell um den nächsten Kunden kümmerte.

Große Klappe

Witze sind eine tolle Sache. Alle Luftsicherheitsassistenten mögen Witze. Und flotte Sprüche. Wir alle mögen flotte Sprüche.

Aber nicht immer.

»Na, Jungs, heute schon 'ne Bombe gefunden?«

Dabei flachsen wir gerne. Der Tag an so einer Kontrollstelle ist ja an sich sehr eintönig. Es gibt relativ viele ähnliche Dinge, die man immer wieder macht. Manchmal macht man aber auch sehr lange immer das gleiche Nichts, das ist auch nicht schön. Ich habe schon aus Langeweile sämtliche anwesenden Passagiere supergründlich gefilzt. Natürlich habe ich dann auch prompt nichts gefunden, aber man macht's halt, nur damit man nicht so dumm rumsteht. Wenn die Passagiere dabei freundlich sind oder gut drauf, dann hilft uns das allen weiter. Und wenn einer von ihnen mal einen lustigen Spruch bringt, dann gibt man einen lustigen Spruch zurück. Ich liebe zum Beispiel englische Fußballmannschaften. »Send him back« ist ihr Lieblingsgag. Den können die stundenlang spielen.

»Send him back!«

»Bitte?«

»Watch out for my friend!«, und dabei wird immer mit rollenden Augen auf den Hintermann in der Kontrolle gezeigt. »He's very dangerous!«

»Don't believe him!«, schreit dann der. »*He's* the dangerous one!«

»You should watch them play«, seufzt meistens der Trainer, »not one of them is dangerous at all.«

Flachsen bei der Kontrolle ist eine schöne Sache.

Aber wie gesagt – nicht immer.

»Na, Jungs, heute schon 'ne Bombe gefunden?«

Wenn man wissen möchte, wann ein guter Tag für lustige Sprüche ist und wann nicht, sollte man ein bisschen darüber Bescheid wissen, wie Luftsicherheitsassistenten ticken. Das ist gar nicht so schwer, wir sind sogar ziemlich berechenbar. Und das lässt sich ganz gut am Beispiel der USBV erklären.

Die USBV ist nicht unsere Vereinssatzung, sondern eine Abkürzung, und sie steht für eines der Dinge, die wir am akribischsten suchen. Schon deshalb, weil wir nicht wissen, wie unser Zielobjekt aussieht. USBV steht für Unkonventionelle Spreng- und Brandvorrichtung, und das heißt letzten Endes, dass niemand diese Vorrichtung irgendwo im Supermarkt gekauft hat, sondern dass sie hausgemacht ist. Marke Eigenbau. Es kann also sein, dass sie aussieht wie eine Bombe, aber das wäre so wahrscheinlich wie die Möglichkeit, dass jemand auch gleich noch einen Zettel draufgeklebt hat mit »Achtung, Bombe. Nicht anfassen!«. Nein, wenn jemand was mit einer Bombe vorhat, dann will er, dass man die Bombe nicht findet. Wir wissen also nicht, wie das Ding aussieht, wir wissen nur, was drin sein muss.

Eine Bombe braucht einen Sprengstoff, klar.

Dann braucht sie einen Zündmechanismus, einen Zünder, eine Energiequelle und eine Verdrahtung. Ein Bild macht das Ganze etwas übersichtlicher: Man stelle sich eine Revolverpatrone vor. Der Sprengstoff ist das Pulver in der Patrone. Der Zünder ist das Zündplättchen hinten dran, so eines, wie man es aus Spielzeugpistolen kennt – das Plättchen, das knallt, wenn man draufhaut. Der Hahn, der wiederum auf das Plättchen schlägt, ist der Zündmechanismus. Und eine Energiequelle haben wir auch, das ist die Schnappspannung, die dafür sorgt, dass der Hahn nicht langweilig zuklappt, sondern – *zack!* – zuschlägt: die Geschwindigkeit liefert die nötige Energie. Und eine Verdrahtung ist in dem Fall die Patronenhülse, die dafür sorgt, dass alles schön eng beisammen ist. Würde nur ein Bestandteil fehlen, würde die Patrone nicht funktionieren: Ohne Zündplättchen kann der Hahn ein Dutzend Mal auf die Patrone fallen, da passiert nichts. Wenn der Hahn nicht richtig flott aufs Zündplättchen saust, passiert da nichts. Und wenn das Zündplättchen nicht nahe genug am Schießpulver ist, passiert da auch nicht viel. Oder jedenfalls nicht das, was sich der Bombenbauer so vorstellt. Der Weihnachtsbomber hat das am eigenen Leib erlebt.

Das war Ende Dezember 2009. Ein Nigerianer hatte es an Bord eines Passagierflugzeugs geschafft, mit allen erforderlichen Zutaten. Keine Ahnung, wer den wie fahrlässig kontrolliert hatte, aber sein Plan war, das Flugzeug während des Anflugs auf Detroit in die Luft zu jagen. Und er hat im Prinzip auch alles richtig gemacht. Sprengstoff war genug dabei, die Energiequelle, alles war da, den Zünder hatte er sich in die Unterhose gesteckt. Nur die Verdrahtung war fehlerhaft. Was zur Folge hatte, dass die Luftbegleiterinnen während des Landeanflugs auf Detroit plötzlich einen Nigerianer betreuen mussten, der erbärmlich kreischte, weil seine Unterhose genauso rauchte wie ihr Inhalt. Das ist der Nachteil dieser Selbstmörderei – da steckt man beim Bombenbasteln schnell mal völlig bedenkenlos allerlei Bestandteile irgendwohin, weil man sich denkt: »Ach, ich fliege ja sowieso direkt ins Paradies.« Und wenn's danebengeht, hat man sich nur die edelsten Teile gegrillt.

Aber das soll nicht unsere Sorge sein. Unsere Sorge ist, dass wir die Einzelteile finden. Was unsere Aufgabe so schwierig macht, ist, dass unser Beispiel nur symbolisch zu sehen ist.

Man kann statt Schwarzpulver jeden beliebigen Sprengstoff einsetzen, C4, Semtex, Amon-Gelit, Nitroglyzerin, völlig wurscht.

Man kann statt der Patronenhülse den Zündimpuls auch durch Kabel übertragen oder per Funk.

Man kann statt des Pistolenhahns auch einen Wecker nehmen, ein Handy, ein Thermometer, das etwas auslöst, sobald die Temperatur stimmt oder ein Barometer, das etwas auslöst, sobald man in der richtigen Flughöhe den passenden Luftdruck erreicht hat.

Man kann statt des Zündplättchens einen Glühdraht nehmen oder eine Zündschnur.

Als Energiequelle geht ein Akku, eine Batterie, ein Laufwerk zum Aufziehen, und wenn man nur ein bisschen kreativ ist, fallen einem da sicher noch tausenderlei andere Dinge ein.

Das Kabel kann an einem Föhn hängen, die Batterie in einem Rasierapparat, der Akku aus dem Laptop, und ein halbwegs denkender Terrorist hat all diese Zutaten auch nicht so auf einem Brett zusammengeschraubt, wie es Papa im Keller mit seiner Modelleisenbahn tut, komplett mit dem Schaltplan daneben – nein, das liegt selbstverständlich alles kunterbunt durcheinander zwischen den Unterhosen. Was wir nun tun, ist: suchen. Und zwar nicht so lange, bis wir alle Einzelteile gefunden haben, sondern nur so lange, bis wir was Sprengstoffartiges finden und zwei Teile haben, die ins Muster passen. Das sieht dann so aus:

Eine Stange Lübecker Marzipan ist kein Grund zur Sorge.

Eine Stange Lübecker Marzipan und das Stromkabel vom Fön sind auch noch in Ordnung.

Eine Stange Lübecker Marzipan, das Stromkabel vom Fön und ein Handyakku – Alarm!

Das mit dem Marzipan ist wirklich wahr und kommt häufig vor, gerade in der Weihnachtszeit. Der Fernsehkoch Johann Lafer kann das jederzeit bestätigen, der hat sogar mal einen passenden Vortrag darüber in einer seiner Kochsendungen gehalten. Das liegt daran, dass Marzipan die Form von einem Block Sprengstoff hat und auf dem Monitor auch dieselbe Farbe zeigt, orange, denn Sprengstoff ist genauso organisch wie Marzipan. Obendrein hat der Sprengstoff C4 tatsächlich auch eine leichte Marzipanfarbe und riecht sogar ein wenig nach Mandeln. Aber das alles kann der Mensch am Monitor nicht wissen. Einmal fanden wir tatsächlich drei Riesenriegel Marzipan, umwickelt mit dem Kabel von einem Rasierapparat und dem Rasierapparat selbst, und das sieht als Monitorbild dann so dermaßen nach Bombe aus, wie man sie aus den Daffy-Duck-Cartoons kennt: drei lange Stangen, ein Spiralkabel, ein kleines Kästchen.

Wenn wir genug Zutaten gefunden haben, sehen wir uns die Sache genauer an. Die Tasche wird mit dem EGIS-Teststreifen abgewischt, der kommt ins EGIS-Gerät und wird dort auf Sprengstoff untersucht. Aber das Prinzip ist klar: Wir suchen nach Dingen, die man im weitesten Sinne zum Bombenbauen verwenden könnte. Und mit diesen Indizien laufen wir nach und nach voll wie eine Regentonne. Erst kommt ein Indiz, dann noch eins, dann das dritte – und los geht's. Und so läuft das nicht nur bei der Suche nach den Unkonventionellen Spreng- und Brandvorrichtungen. So ticken wir insgesamt. Man kann in anderen Bereichen nur nicht so genau mitzählen. Und das macht die Sache mit den coolen Sprüchen so gefährlich.

»Na, Jungs, heute schon 'ne Bombe gefunden?«

Es gibt einen wichtigen Begriff, den man in diesem Zusammenhang kennen sollte: den Begriff des »erhöhten Grundrauschens«.

Erhöhtes Grundrauschen ist Geheimdienstdeutsch. Aber die Bedeutung kennt fast jeder Mensch, und garantiert kennen sie alle Eltern. Das ist, wie wenn man zwei Kinder hat und noch acht Kinder zu Besuch, und man geht draußen vor dem Kinderzimmer vorbei. Manchmal ist alles ganz ruhig, dann spielen die irgendwas. Oder es wird munter gekräht, dann spielen die was Lautes. Es gibt aber auch die Momente, wo hinter der Tür gekichert und gegiggelt wird, und *psst, psst,* und *hihihi,* und da kann man sich an den Fingern einer Hand abzählen, dass da was ganz besonders Witziges im Busch ist, das die Aufsichtspersonen vermutlich gar nicht so witzig finden werden. Diese Vorahnung ist ein »erhöhtes Grundrauschen«. Und wenn die Geheimdienste lauter kichernde Terroristen hören und das Rascheln, mit dem die Terroristen sich voll Vorfreude die Hände reiben, dann geben sie eine Terrorwarnung heraus. Wir Luftsicherheitsleute haben auch ein »erhöhtes Grundrauschen«, aber ein etwas anderes: Unser Rauschen setzt ein, wenn die Sache schon passiert ist.

Nach dem 11. September zum Beispiel. Nach den Attentaten in Madrid. Nach der Discobombe in Indonesien. Dann sind wir nicht mehr so freundlich, weil wir selber Angst haben. Wir sind kribbelig, aufgescheucht wie ein Hühnerstall. Und unsere mentale Regentonne ist schon vom Start weg halbvoll.

»Na, Jungs, heute schon 'ne Bombe gefunden?«

Bombe ist übrigens generell kein sehr gutes Wort. Auf »Bombe« reagieren wir alle. Und natürlich denken wir alle dasselbe, was jeder normale Mensch auch denkt: »Wenn der Kerl wirklich eine Bombe hätte, würde er's doch nicht aussprechen!«

Schon klar. Wir sind ja auch nicht doof.

Trotzdem können und dürfen wir den anderen Gedanken nicht weglassen:

»Wenn aber doch?«

Es geht um die Sicherheit. Und nicht nur das: Wir können uns obendrein auch noch den Ärger vorstellen, den es gibt, wenn der Bombenwitzbold tatsächlich eine Bombe dabeihat und es später rauskommt, dass er es auch noch in der Kontrolle erwähnt hat. Die Medien, die dann über uns herfallen würden, wären noch das Geringste. Und kein Mensch wird in dem Fall zu uns sagen: »Aber das war doch klar, dass Sie den Mann nicht richtig kontrolliert haben. Wenn jemand einen Witz über Bomben macht, brauchen Sie den selbstverständlich nicht zu durchsuchen.«

»Na, Jungs, heute schon 'ne Bombe gefunden?«

Der Satz ist daher wie eine Extrafüllung für unsere mentale Regentonne. Und wir reden hier nicht von einem Schnapsgläschen für die Regentonne, auch nicht vom Sandeimerchen der kleinen Friederike, wir reden von einem 50-Liter-Fass, mindestens, und mit ordentlichem Schwung reingefeuert. Wenn da nichts passieren soll, muss die Regentonne vorher praktisch leer sein. Auf gut Deutsch: An den meisten Tagen bettelt man mit diesem Gag darum, seinen Flug zu verpassen. Sorry, wir können einfach nicht anders.

Der Typ war um die dreißig, groß, schlank, kurze blonde Haare, Jeans, Sneakers, ganz entspannt. Aber nicht entspannt genug, dass er die Gruppe der Mädels, die nach ihm kam, ignorieren konnte. Da wollte er witzig sein und cool und sagte schön laut und lässig, als ich ihn sondete:

»Jungs, die Bombe sucht ihr vollkommen umsonst. Ich bin doch nicht so blöd und hab die hier!«

Mein Kollege am Nachschautisch sagte ruhig und gelassen:

»Das würde ich an Ihrer Stelle nicht so laut sagen, das könnte für Sie schwierig werden.«

Für den Typ klang das vielleicht von oben herab, so nach dem Motto: Der belehrende Beamte droht mit dem Zeigefinger. Aber er wusste nicht: Das war eine Warnung, und zwar eine wirklich freundliche. Der Kollege und auch ich, wir konnten den Gag nicht mitspielen, wir konnten keine Bombenwitze reißen, weil der Typ dann auch weitergemacht hätte. Also trat ihm mein Kollege verbal vors Schienbein, und für einen Tritt vors Schienbein war das nun wirklich immer noch ausgesprochen sanft.

Aber er checkte es einfach nicht.

»Als wenn ihr die Bombe von einem echten Terroristen finden würdet …«

Ruckzuck ist der Alarm ausgelöst. Dann schwenken die Kameras der Steuerungszentrale zu uns, wir sind alle schön im Film, und damit gibt's auch überhaupt keinen Spielraum mehr für niemanden. Wenn die Kamera filmt, läuft alles supervorschriftsmäßig ab. Ich sage das nur für den Fall, dass einige Leser hoffen, der Typ hätte sich jetzt noch herausreden können. Es kann ab hier kein Happy End mehr geben, bei dem sich alle herzlich lachend auf die Schultern klopfen.

Natürlich fragten die Polizisten nach dem Sachverhalt.

Und natürlich sagte der Blonde, er habe einen Scherz gemacht.

Und natürlich wussten alle Beteiligten, dass er allerhöchstwahrscheinlich die Wahrheit sagte.

Wenn aber nicht?

Also nahmen die Cops ihn vorübergehend fest. Er hat seinen Flug verpasst, und er konnte noch von Glück sagen, dass er kein Reisegepäck dabeihatte. Denn wenn das schon im Flugzeug ist, hilft es wenig, wenn man nur ihn dabehält. Dann muss man das gesamte Reisegepäck aus dem Flugzeug holen, seinen Koffer suchen, und in dieser Zeit kann die Maschine nicht starten.

Wenn man Glück hat, deckt die Haftpflichtversicherung die entstehenden Kosten in puncto Schadensersatz. Da kann allerhand zusammenkommen, allein schon an Parkgebühren laufen beim Rumstehen eines Flugzeugs am Flughafen 1500 Euro pro Stunde auf. Strom und Sonstiges gehen extra.

Der Vorteil einer Festnahme ist, dass während der folgenden Viertelstunde die Passagiere alle lammfromm sind. Das ist Wahnsinn, die sind wie die Engel. Keiner nölt rum, niemand grinst mehr, alle sind stumm. Sogar die Schweizer. Und die ganzen kleinen Kevins und Heinz-Svens, die immer durch die Gegend wuseln, die werden sofort an die Seite ihrer Eltern geholt.

»Ludmilla, du kommst *so*fort hierher!«

Auch erstaunlich. Da kann die nachgiebigste Mutter der Welt in der Schlange stehen, der die Kinder sonst ständig auf der Nase herumtanzen, völlig egal: Auch die findet in diesem Moment den einen Tonfall, bei dem die kleine Ludmilla in Lichtgeschwindigkeit mucksmäuschenstill neben ihr steht.

Manchmal juckte es mich schon, einfach mal zu sagen:

»Na, Jungs, wir haben heute doch schon 'ne Bombe gefunden. Jetzt mal wieder schön lustig alle miteinander!«

Aber ich hab's mir dann doch verkniffen.

 **Nazi bei der Arbeit**

Es gibt unterschiedliche Arten, den Dienst zu beginnen. Es gibt die Tage, an denen man an einer verwaisten Kontrollstelle eintrifft, sich gegenseitig untersucht und dann wartet, bis einem die Füße pelzig werden. Es gibt die Tage, in denen die Kundschaft bereits Schlange steht wie im Winterschlussverkauf um neun Uhr morgens vorm Kaufhof. Es gibt Tage, da findet man bei den ersten fünfzig Passagieren nichts, gar nichts, nicht mal eine Büchse Cola, da möchte man aufstehen und sagen: »Wisst ihr was, Jungs? Ihr macht das so super, ihr braucht uns heute nicht, ihr kommt auch alleine klar.«

Und dann gibt es die Tage, da tritt durch die Torsonde als Allererstes ein klapperdürres Männlein, dessen Alter sich nur noch mit der Radiokarbonmethode feststellen lässt. Und die Torsonde blinkt wie das Quiztaxi von innen. Das sind die Tage, an denen man eigentlich sofort rückwärts rausgehen sollte aus seiner Kontrollstelle, den Gang entlang bis zum Ausgang, immer schön rückwärts, dann in die S-Bahn, dann raus und sofort wieder ins Bett, die Decke über den Kopf und beten, dass der Tag vorbeigeht.

Aber dafür wird man natürlich nicht bezahlt.

Bekleidet war er mit einer viel zu weiten Gabardinehose, mit der er vermutlich seit den sechziger Jahren viele langweilige Abenteuer erlebt hatte. Über der Hose flatterte ein ebenfalls viel zu weites Kunststoffhemd derselben Ära. Es war möglich, dass im Deutschen Textilmuseum in Krefeld noch ein weiteres Exemplar dieses Hemds lagerte, aber wahrschein-

lich war es nicht. Den interessanten Eindruck vervollkomm-
neten riesige nagelneue Wanderschuhe. Sie verliehen seinem
Gang eine Leichtfüßigkeit, die zuletzt nur der große Boris
Karloff erreicht hatte. So um 1931, in »Frankenstein«.

Ich machte mir erst gar nicht die Mühe, mit dem vor-
geschriebenen Sonden zu beginnen, sondern hielt dem
Druiden einfach die Sonde vor die Brust – und schon klingelte es.

»Guten Morgen, ich muss Sie leider kontrollieren.«

»Jaja, kontrollieren Sie nur. Hier wird ja *alles* kontrolliert!«

»Stimmt. Alles, was klingelt.«

»Alles und *überall* und *jeder*.«

»Was haben Sie denn da unter Ihrem Hemd?«

»Nichts, ich hab da nichts.«

Ich seufzte. So früh am Morgen will man eigentlich nicht
gleich diskutieren.

»Sehen Sie«, sagte ich zu ihm, »diese Sonde hier«, und dabei
deutete ich auf die Sonde, als wäre ich in der »Sendung mit
der Maus«, »diese Sonde hier klingelt doch nicht, weil's Weihnachten ist. Sondern wegen Ihrem Hemd. Also bitte: Was ist
da drunter?«

»Was geht Sie das an?«

Irgendwie war mir nach einem kühlen Umschlag.

Oder einem Schnaps.

»Tragen Sie vielleicht einen Brustbeutel?«

»Und wenn?«

»Dann würde ich den gern mal sehen.«

»Warum?«

Früher, als ich noch neu war, habe ich an solchen Stellen
im Dialog ganz gerne mal gesagt:

»Um sicherzugehen, dass Sie kein Känguruh sind.«

Aber diese Zeit schien plötzlich Jahrzehnte hinter mir zu
liegen. Mit den Jahren lernt man, dass Ironie nur für den Mo-

ment erleichternd wirkt. Langfristig hilft sie nicht weiter. Sie prallt an den Köpfen ab wie ein Schneeball an einem Flugzeugträger. Leider.

»Weil dies hier eine Sicherheitskontrolle ist.«

»Sie sind ein Nazi!«

Das kam jetzt ein wenig unvermittelt, bereicherte aber zugegebenerweise die Diskussion um einen völlig neuen, erfrischenden Aspekt.

»Ich glaube, Sie tragen auch noch eine Bauchtasche«, vermutete ich munter zurück. »Und einen Geldgürtel.«

»Na und? Sie sind trotzdem ein Nazi.«

Im Prinzip hatte der Mann vollkommen Recht: Es ist ohnehin schon schwer genug, diese Naziverbrecher aufzuspüren. Wenn man dann mal einen gefunden hat, soll man es ihm nicht so leichtmachen, davonzukommen.

»Kann es sein, dass Sie auch eine Oberschenkelmanschette tragen?«

»Ich wandere aus nach Chile, da gibt es keine Nazis.«

»Das ist sehr interessant, aber ich muss all diese Sachen trotzdem aus Sicherheitsgründen in Augenschein nehmen. Also bitte!«

»Deshalb wandere ich ja nach Chile aus. Kontrolle, Überwachung überall, jeder weiß über jeden Bescheid, Verrat an allen Ecken und Kanten. Es gibt bald wieder Krieg, das sehe ich doch an dir.«

Das war beunruhigend. Erst heute Morgen hatte ich noch in den Spiegel geguckt, und da war von Krieg überhaupt nichts zu sehen.

»Wieso an mir?«

»Das ist doch alles schon vorbereitet! Da stehst du vor mir, blond, blauäugig, zwei Meter groß, Arier, Leibstandarte Adolf Hitler, und ich will nach Chile auswandern. Das darf ich wohl nicht und muss jetzt ins KZ.«

Ich schloss kurz die Augen und versuchte, positiv zu denken. An schöne Dinge.

Von mir aus auch aus Chile.

Kräftiger Rotwein.

Die Abdankung von Pinochet.

Seelers Kopfballtor gegen Chile bei der Fußball-WM 1962.

Nach dieser Flanke von Brülls, und Seeler hechtet hinein wie in ein Schwimmbecken und köpft praktisch von unterhalb des Rasens ins Netz.

Solche Tore werden heute gar nicht mehr gemacht.

Als ich die Augen wieder öffnete, sah ich, wie der Kunststoff-Catweazle sein Hemd aufriss. Es hätte imposanter wirken können, wenn er es in Zeitlupe gemacht hätte, ein Aufschrei der gequälten Seele. Aber auch wenn es mehr wie ein vom Alter zermürbtes Aufrupfen rüberkam – ein Hingucker war's in jedem Fall. Dann begann er an seiner Hose herumzuknöpfen.

Das zog einige Blicke auf sich. Praktisch alle von den Schlangen der benachbarten Kontrollstellen und eine schön dicke Traube hinter der Kontrollstelle widmeten sich der Stripeinlage des älteren Herrn, moderiert vom Sicherheitsassistenten Lucchesi, dem Zwei-Meter-Nazi Ihres Vertrauens.

Eigentlich fehlte nur noch das Kamerateam von Phoenix.

Ich wollte gerade verhindern, dass die aufgeknöpfte Hose fallen würde, als die Torsonde hinter mir schon wieder klingelte wie ein Hauptgewinn. Ich drehte mich um. Vor mir stand eine Dame. Sie passte altersmäßig ganz gut zu dem aufgerissenen Plastikhemd hinter mir. Auf ihrem Kopf türmte sich eine aschgraue Betonfrisur, die man vermutlich in einem Stück aufsetzen konnte, wie bei einem Playmobil-Mädchen. Das Klingeln hatte einen Bundespolizisten alarmiert, der sich zu uns in Bewegung setzte. Er sollte es noch bereuen.

»Ich werde Sie anzeigen!«, kam aus dem Playmobil-Mädchen.

Ich hatte volles Verständnis. Ich hätte mich sogar sofort selbst angezeigt, wenn ich damit diese Stimme hätte abschalten können. Wie der kleine Oskar Matzerath in der »Blechtrommel«. Aber mit Text.

»Ich will, dass Sie auf der Stelle entlassen werden«, kreissägte es aus dem Playmobil-Kopf, »Sie haben meinen Mann gezwungen, sich in aller Öffentlichkeit nackt auszuziehen.«

Ich sah mich vorsichtig um. Vielleicht benötigten ja schon einige Brillenträger Hilfe beim Zusammenkehren ihrer zersplitterten Gläser. Aber noch war alles heil. Der Playmobil-Matzerath hatte das offenbar auch bemerkt und war mit dem Ergebnis noch nicht zufrieden. Vermutlich, weil der Bundespolizist noch nicht aus den Ohren blutete. Sie modulierte deshalb ihre Stimmbänder fachgerecht um eine kleine Terz nach oben.

»Sie sind ein Nazi! Sofort raus mit Ihnen.«

Währenddessen hatte Boris Karloff seine Hose endgültig geöffnet und ungefragt fallen lassen. Die Hose rauschte schwungvoll nach unten und blieb federnd knapp über Kniehöhe hängen. Da er sein Hemd herzhaft hinter den Nachschautisch gefeuert hatte, konnte man auch sehen, warum: Boris hatte sie an Hosenträgern befestigt, die er unter dem Hemd trug. Das war schon mal eine gute Erklärung für das Klingeln der Handsonde.

»Dich«, mahnte er nachdenklich, »hätte ich damals vergasen lassen, duuu!«

Letzteres kam jetzt doch reichlich unerwartet. Wie ich es verstanden hatte, war der Nazi an diesem Checkpoint immer noch ich. Hinter mir widmete sich der Bundespolizist freundlicherweise der singenden Säge von Playmobil.

»Guten Tag, ich bin von der Polizei. Bitte beruhigen Sie sich. Der Mann hat doch Recht, Sie müssen sich kontrollieren lassen. Aus luftsicherheitstechnischen Gründen ist jeder Passagier verpflichtet, sich genauestens kontrollieren zu lassen.

Oder er darf nicht mitfliegen.« Er hielt sich ganz ordentlich. Er rezitierte seinen Klassiker in der perfekten Tonlage, einer Mischung aus Lehrbuch und Kindergarten.

»Sie sind ja auch ein Nazi! Sie stecken mit dem da unter einer Decke! Ich werde Sie auch anzeigen!«

»Dienstaufsichtsbeschwerde«, keuchte Häuptling Hängende Hose mit rüttelnden Fäusten. »Das gibt eine Dienstaufsichtsbeschwerde!«

Dann kam Schumi.

Schumi war Einsatzleiter. Warum er so hieß, weiß ich nicht. Er sah auch nicht aus wie Schumi, weder wie der hübsche junge Schumi noch wie der späte Elefanten-Schumi. Und einen Hüftschwung hatte er auch nicht. Aber er war einer von den Guten, die ihre Leute arbeiten lassen und nur dann eingreifen, wenn sie tatsächlich etwas Sinnvolles tun können. Schumi packte seine Engelszunge aus und brachte Boris Karloff, den künftigen Chilenen, tatsächlich dazu, sich in unsere Untersuchungskabine zu begeben. Dort konnte er sich nach Herzenslust ausziehen.

Ich schnitt ganz gut ab mit meiner Vermutung. Gut, Brustbeutel gab es keinen.

Aber er trug eine Oberschenkelmanschette. Und in der Hose steckte ein Geldgürtel, was mich in Kombination mit den Hosenträgern schwer an Henry Fonda in »Spiel mir das Lied vom Tod« erinnerte: »Wie soll man einem Mann mit Gürtel und Hosenträgern trauen? Der Mann traut ja nicht mal seiner eigenen Hose.«

Was ich nicht geahnt hatte, war, dass sich ein kleines Stiefelmesser in seine nagelneuen Wanderschuhe verirrt hatte. Vermutlich für den Fall, dass ihm Zollnazis die Schuhe klauen wollten.

Wir brachten ihn samt seiner Säge zur Polizeiwache im Terminal 2, Ebene 2.

»Ich verlange, dass diese Männer sofort entlassen werden«, predigte Boris Karloff und deutete mit rudernden Armen auf den Bundespolizisten und mich. Dabei wandte er sich an Schumi, vermutlich wegen dessen beeindruckend roten Krawatte.

»Ich will eine Anzeige machen!«, zeterte er.

»Und zwar wegen …?«

»Weil das Nazis sind! Haben Sie das nicht gesehen?« Das war Madame Playmobil.

»Genau! Wegen Nazitum!«

»Nazitum?«

»Und Verschwörung!«

Schumi und ich, wir waren noch dabei, als die Personalien der beiden festgestellt wurden. Dann war es Zeit, das Alptraumpaar nach Chile zu entsorgen.

Mit dem Bundespolizisten und seinem Revierleiter wünschten wir ihnen alles Gute und ließen sie ziehen. Ich sah auf die Uhr.

Erst zwanzig Minuten vorbei.

 # Die perfekten Utensilien

Die Skepsis gegenüber der Bordverpflegung ist, soweit ich das beurteilen kann, berechtigt. Das war sie nicht immer. Irgendjemand hat sich das mal ausgedacht, dass man im Flugzeug nicht nur sitzen soll, sondern auch ein Getränk bekommen und dann noch was zu essen. Das ist lange her. Wenn Sie mich fragen, war das vermutlich Graf Zeppelin, und der hat sich immerhin noch was dabei gedacht, der hatte ja auch ein Luftschiff, in dem man recht langsam vor sich hin geschippert ist. Und wenn man nach Sydney fliegt, ist das ja vielleicht auch heute noch angemessen, aber warum zwischen Frankfurt und München? Zwischen Frankfurt und München verhungert kein Mensch. Aber man ist ja im Flugzeug, also muss auch gegessen werden.

Leider sind die Flugzeiten inzwischen so kurz, dass man in der knappen Zeit nicht mal mehr mit der Mikrowelle was Brauchbares zubereiten kann. Der gemeine Flugpassagier bekommt daher auf den blödsinnigsten Strecken auch die blödsinnigste Verpflegung. Zum Beispiel: eine Tüte Kartoffelchips. Dabei ist eine Tüte Kartoffelchips eigentlich gar keine Verpflegung, das ist nur eine kulinarische Bankrotterklärung. Das kann man zu Hause mal servieren, wenn man gar nichts anderes hat, und auch das nur, wenn der Besuch überraschend um zwei Uhr morgens eintrifft. Wenn man aber seit einigen Wochen mit zweihundert Passagieren zu einem Flug nach München verabredet ist, und man hat für die dann nichts anderes vorbereitet als eine Tüte Kartoffelchips oder einen abgepackten Folienkeks, dann ist das kein Essen mehr.

Viel schneller dürfen unsere Passagiermaschinen jedenfalls nicht mehr werden, sonst haben die Stewardessen nur noch Zeit, einem beim Aussteigen eine Rolle Butterkeks an den Hinterkopf zu schmeißen und »Mahlzeit!« zu schreien.

Insofern habe ich großes Verständnis dafür, wenn die Passagiere vorsichtshalber selber was Vernünftiges zu essen einpacken. Das gute, alte belegte Brot. Die Knackwurst. Erstaunlicherweise gehen ungeheuer viele Passagiere noch weiter: Sie packen gleich die komplette Infrastruktur ein – Küchengeräte.

»Was ist das denn?«

»Ein Brotbackmaschin.«

Sie hatte einen hübschen amerikanischen Akzent. Mit einem hübschen amerikanischen Mund. Sie war um die eins neunzig groß, ein echter Hingucker, dunkelblond. Schick. Schlank. Und obenrum, also – schöne Brötchen!

»Wieso haben Sie eine Brotbackmaschine im Handgepäck …?!«

»Wissen Sie, wie schwer es in die US ist, an gutes Brot zu kommen …?«

Rund um die Brotbackmaschine tauchten immer mehr Mehlpackungen auf. Lauter Brotmischungen. Roggenbrot, Roggenmischbrot, Kartoffelbrot …

»Ich fange an, es zu ahnen. Sagen Sie, das ist ja das Zwei-Kilo-Modell!«

»Ja und?«

»Zwei Kilo Brot – da futtern Sie ja ewig dran!«

»Haben Sie eine Ahnung, was ich Brot essen kann!«

Was für Augen. Mit denen zusammen hätte ich gerne ein paar Brote gegessen.

»Und warum stopfen Sie das ganze Zeug nicht ins Reisegepäck …?

»Wieso? Ist das hier verboten?«

»Nein, aber ist das nicht unhandlich so, den ganzen Tag mit einer Brotbackmaschine in der Tasche?«

»Der Reisegepäck is full. Stuffed! Noch mehr Brotmischung.«

»Ein ganzer Koffer voller Brotmischungen?«

»Sie ahnen wirklich nicht, was ich Brot esse.«

Wer soll das auch ahnen? Wer weiß schon, was in den Passagieren vorgeht? Was soll man zu einem Kerl sagen, der ganz entspannt am Nachschautisch steht, zusieht, wie man sich so durch seinen Trolley forstet und dabei plötzlich auf etwas stößt, das sich anfühlt wie …

»Eine Shisha?«

»Aber sicher, Mann!«

»Eine Wasserpfeife?!«

»Klar, das wird sicher gemütlich.«

Man fasst es nicht. Abgesehen davon, dass man an Bord einer Boeing 737 weder Wasser in ausreichender Menge mitnehmen noch rauchen darf – wie soll das aussehen? Vor meinem geistigen Auge schwebt eine Boeing 737 durch den Nachthimmel, in der die Stewardess mit der Gasmaske überm Gesicht ihr Speisewägelchen durch die Shisha-Schwaden schiebt.

Gut, es ist jedem freigestellt, keine Shisha zu rauchen, solange er mag. Und eine Wasserpfeife ist leer auch nicht richtig schwer, die kann man schon mal eine Weile tragen. Aber eine Küchenmaschine nicht. Die wiegt immerhin locker zehn Kilo, die soll ja nicht beim Rühren selbsttätig über den Tisch wandern. Ich fand sie bei einer stämmigen, sogar sehr stämmigen Dame. Sie erinnerte mich an Lea Linster, aber Lea Linster kriegt selbstverständlich ihre Küchenutensilien vor Ort angeliefert, die muss keine pinkfarbene Kitchen Aid für 870 Euro in der Handtasche mit sich herumschleppen.

»Was haben wir denn da – eine Küchenmaschine?«

»Ist ein Geschenk.«

»Ja, aber warum haben Sie das denn im Handgepäck?«

»Und warum net?«

Und warum net – ich hab's oft probiert, aber ich kriege diesen Tonfall nie so hin wie die Passagiere. Das ist auch sauschwer: Im Idealfall muss das so klingen, als sei die Kitchen Aid so was wie der neue Personalausweis und man wäre verpflichtet, sie ständig mit sich zu führen. In der Stimme muss auch mitschwingen, wie umsichtig und normal man selber ist und zugleich muss man ganz leicht die Frage heraushören, was ich, also: der Luftsicherheitsassistent, denn zu tun beabsichtige, wenn mich morgen die Polizei anhält und nach meiner Kitchen Aid fragt – denn dann stünde ich ja wohl saudumm da, oder? Und es gibt Tage, da glaubt man das beinahe selbst, weil man gerade mal wieder ein Waffeleisen aus dem Handgepäck einer fliegenden Türkin zieht.

»Das ist jetzt nicht Ihr Ernst, oder?«

»Was sag?«

»Das hier: Waffeleisen. Das gibt's doch in der Türkei sicher auch!«

Mindestens sechzig Jahre Lebenserfahrung lächeln einem unter dem Kopftuch hervor entgegen: »Nein, das sehr gut.«

Sie klappt das Waffeleisen stolz auf und klopft mit dem Fingerknöchel auf die Innenseiten.

»Sehr gut. Be… besik…«

»Besiktas? Istanbul?«

»Nein«, ernstes Kopfschütteln, »beschiktet. Teflon.«

Das ist ein Argument. Und ordentliches Essen ist natürlich auch ein Argument. Wer bin ich, dass ich das abstreiten würde? Zum Beispiel, wenn man in einem thailändischen Handgepäck einen Wok findet. Die Faustregel lautet: Zu neunzig Prozent ist's ein Geschenk, aber in einem von zehn Fällen ist es Eigenbedarf. Das merkt man dann daran, dass der Wok noch schön warm ist. Meistens sind das asiatische Transitpassagiere, die sich damit vor dem Flughafen in ihrer langen Wartezeit eine kleine Zwischenmahlzeit zubereitet haben. Das geht recht einfach: Einen Campingkocher drunterstellen, den Wok drauf, fertig ist ein leckeres Mahl für die ganze Familie. Wie der Campingkocher da durch die Kontrollen hingekommen ist, weiß ich nicht, von unserer Kontrollstelle weg kommt er auf jeden Fall nicht. Der Wok schon, ein Wok ist keine Hieb-, Schlag- oder Stoßwaffe – den kann man höchstens noch als Helm benutzen, als Helm mit der Duftnote Zitronengras. Es ist ja ohnehin vieles erlaubt, von dem man nicht fassen kann, warum es mitgenommen wird. Kaffeemaschinen zum Beispiel.

Schön, die sind häufig teuer. Siemens-Kaffeemaschinen im Porsche-Design kosten rund 200 Euro, da habe ich schon Verständnis, wenn man keine Delle riskieren will – das schmeckt man ja wahrscheinlich sofort, und dann sagt der Göttergatte: »Also dieser Kaffee, ich weiß nicht – bist du mit unserem Küchenporsche irgendwo gegengefahren?« Oder diese Senseo-Nespresso-Ungetüme, diese Lizenzen zum stinknormalen-Kaffee-für-sündteures-Geld-in-kleine-Näpfchen-abfüllen-für-Leute-die-mit-einer-normalen-Espressomaschine-nicht-klarkommen, da darf ja auch nichts kaputtgehen, sonst steht man dumm da mit seinem Garagenvorrat voll Kaffeepulvernäpfchen aus dem Sonderangebot.

»Gütiger Gott, warum schleppen Sie das Ding denn im Handgepäck mit?«

Aber die Frage könnte ich mir mittlerweile meistens auch selbst beantworten.

»Das Reisegepäck ist voll, da sind …«

»… die Pads drin?«

»Stimmt – woher wissen Sie das?«

»Steht bei WikiLeaks.«

Aber ich ziehe ja auch ganz normale Kaffeemaschinen aus den Taschen, mit der Glaskanne, leicht angeschlagen sowieso, im Supermarkt für 19,95 gekauft, Mark waren das damals, und seit Jahren schon so verkalkt, dass sie klingen wie ein Fall für die Sterbehilfe. Da frag ich dann schon gar nicht mehr nach. Ich frage auch nicht mehr bei Mixern, die ich im Handgepäck finde. Komplett mit Schneebesen und Knethaken. Oder bei Tauchsiedern. Da weiß ich dann nur schon, bevor ich zum Passagier hochsehe, wer's ist: ein Türke zwischen sechzig und siebzig. Türken transportieren gerne Tauchsieder, warum, weiß ich nicht. Die gibt's ja in den meisten Hotels auf dem Zimmer, wenn man bei Verwandten wohnt, haben die doch sicher einen Herd, und in der Türkei ist sowieso alles voller Teeläden und Bars. Aber das reicht offenbar nicht, der Türke geht gern auf Nummer sicher. Auch bei der Lebensmittelversorgung.

»Tut mir leid, das können Sie nicht mitnehmen.«

»Aber – ist doch nur Angelrute.«

»Ist im Handgepäck verboten. Es tut mir leid. Warum haben Sie die denn nicht ins Reisegepäck gelegt? So hoch fliegen die Fische nicht!«

Der Gag ist natürlich billig, aber mir fällt auch nicht bei jeder Angel ein guter Witz ein. Und manchmal ist man auch einfach zermürbt. Weil man einfach nicht glauben kann, was die Leute anschleppen. Eine Schreibmaschine zum Beispiel.

Schon früher, in den zwanziger Jahren oder so, gab es ja diese massiven Adler-Geräte, gefühlt einen Zentner schwer, schöne alte Monster waren das. Dass man so was dabeihaben will, kann ich noch verstehen. Später war's dann mehr und mehr der Laptop, das kann ich auch noch nachvollziehen. Aber in der Zeit dazwischen, so Ende der Achtziger, da gab's mal diese seltsamen, riesigen Kugelkopfschreibmaschinen mit den Ausmaßen eines Akkordeons. Und genau so ein Teil fiel mir aus einem Koffer entgegen.

»Was wollen Sie denn noch *da*mit?«

»Mein Sohn macht sich selbstständig, in der Türkei. Das geht besser beim Schreiben.«

Ich nehme an, der Sohn hatte sowieso schon einen PC. Aber nach solchen Funden gibt man's dann erst mal wieder eine Zeit lang auf, die Passagiere verstehen zu wollen. Sollen sie doch von mir aus ihre Waschmaschine im Handgepäck verstauen!

Die rote Krawatte

Der Einsatzleiter am Frankfurter Flughafen ist derjenige, der mehrere Kontrollstellen beaufsichtigt. Man erkennt ihn im Prinzip an seiner roten Krawatte. Viel schwieriger hingegen ist zu erkennen, ob es sich um einen *guten* Einsatzleiter handelt. Das wichtigste Kriterium vorneweg: Er ist anständig angezogen.

Das Erstaunliche ist: Das ist gar nicht so selbstverständlich, wie man denkt. Man möchte ja meinen, dass man automatisch ordentlich angezogen ist, wenn die Firma die Kleidung stellt. Das ist schließlich der Sinn einer Uniform – es bleibt nicht dem Zufall überlassen, wie man herumläuft, sondern der Arbeitgeber denkt sich erst mal aus, wie er sich seine Angestellten rein optisch vorstellt, und dann gibt er ihnen die entsprechenden Sachen. Auch bei der FraSec ist das so vorgesehen, da muss man die Klamotten nicht mal selber reinigen. Man geht zur Kleiderstelle und kriegt neue, die sind sauber und alles, und wenn's sein muss, kriegt man täglich neue Sachen. Das Problem ist: Hingehen muss man schon selbst, es trägt einen keiner. Weshalb ich immer wieder Einsatzleitern begegnet bin, die seit Wochen dieselbe fleckige Jacke angehabt haben. Oder Hosen trugen, die so durchgesessen waren, dass man die Unterhose durchschimmern sehen konnte. Nicht, weil die Kleiderstelle die Hose so ausgegeben hätte – die wäre dort sofort weggeschmissen worden. Nein, der Träger der Hose hatte einfach seit Jahren die Kleiderstelle nicht mehr gesehen. Und da hilft die rote Krawatte natürlich wenig. Zumal man bei einem Blick auf die Krawatte manchmal sofort sehen kann, dass der Träger überhaupt nicht weiß, wie man eine Krawatte bindet – weil sie durch die ganze Knoterei und die zwölf vergeblichen Anläufe inzwischen aussieht wie ein benutztes Tempotaschentuch. Aber die wichtigste Voraussetzung für einen guten Einsatzleiter ist, dass er selber weiß, warum er eigentlich Einsatzleiter ist.

Man kann mit ein bisschen Nachdenken selbst draufkommen. Dazu genügt es, wenn man sich nur mal seinen Lohnzettel ansieht. Auf dem Lohnzettel sind nach der Beförderung zum Einsatzleiter jeden Monat 100 Euro mehr drauf, und zwar brutto. Macht etwas über drei Euro am Tag, und wenn man Steuern und Sonstiges abzieht, zwei Euro. Da kann man sich dann schon denken, dass die FraSec diesen Job nicht unbedingt als eine wichtige Führungsposition einstuft, wie, sagen wir mal, Vorstandsvorsitzender.

Tatsächlich ist der Einsatzleiter auch nicht wirklich weisungsbefugt. Wenn also die Aufgabe nicht so wichtig ist, dass man sie anständig bezahlen würde, darf man daraus schließen, dass die Idee des Einsatzleiters überhaupt nicht auf dem Mist der FraSec gewachsen ist. Und damit liegt man richtig: Der Einsatzleiter entstand auf den Wunsch der Bundespolizei hin, die bei fünf Kontrollstellen nicht jedes Mal einen neuen Ansprechpartner suchen wollte. Die wollten einen Ansprechpartner für sich, und wenn man böse ist, kann man sagen: Das ist der Grund, weshalb die alle rote Krawatten haben – damit erstens die Polizisten sie leichter finden und weil man zweitens gedacht hat »Rote Krawatte sieht weniger doof aus als ein Blaulicht auf'm Kopf«.

So erklärt sich auch, dass es mir schon passiert ist, dass eine rote Krawatte zu uns an den Checkpoint kam, auf Aushilfe vom Paragraf 8, ein hauptberuflicher Kofferlurch also. Seine ersten Worte waren: »Guten Tag, ich bin der neue Einsatzleiter, was muss ich jetzt machen?« Zwei Wochen später war er seinen Job los. Ich bin auch schon Einsatzleitern begegnet, die Teile von Kriegswaffen durchwinken wollten. Wir sehen: Die Qualität von Einsatzleitern ist nicht von der Position abhängig, sondern vom Zufall.

Wenn ein Einsatzleiter das alles weiß, dann kann man schon mal davon ausgehen, dass er gut ist, weil er sich nicht wichtiger nimmt als seine Krawatte. Weil er weiß, dass er nur eine eingefügte Hierarchieebene ist, die niemand so richtig braucht. Was aber nicht heißt, dass man sich als Einsatzleiter nicht nützlich machen könnte. Man kann sich auf dem unnützesten Posten nützlich machen, wenn man Wege findet, ihn sinnvoll auszufüllen. Zum Beispiel mit Kompetenz. Die an dieser Stelle so aussieht, dass ein guter Einsatzleiter die Arbeit der anderen erleichtert, indem er in Zweifelsfällen schnell richtige Entscheidungen herbeiführt. Entweder, indem er sich die nötigen Informationen besorgt, oder – noch besser, weil schneller – sich selbst auskennt. Wie man aber am Gehalt des Einsatzleiters ablesen kann, beträgt das Interesse der Firma an der Besetzung des Postens genau 100 Euro im Monat, und genauso planvoll ist denn auch die Auswahl der Leute, die infrage kommen. Sonst kämen nämlich nie solche Knaller wie Fatma eines Morgens mit der roten Krawatte zum Dienst.

Fatma war Anfang dreißig und eigentlich ziemlich nett. Jedenfalls kamen wir immer gut klar, bis zu dem Tag, an dem ich die Zippos entdeckte.

Wir kontrollierten auf Hell's Kitchen an einer Kontrolle nach US-Standard, man kann sagen: normalschlimm. Ich saß hinter dem Monitor, als ein Kollege an der Nachbarkontrollstelle bei einem Fluggast ein Zippo fand. Für alle Nichtraucher oder Nichtabenteurer: Das sind diese benzinbetriebenen Sturmfeuerzeuge, die eine schön stabile Flamme haben. Man kann in ein Zippo allerdings nicht nur Benzin reinfüllen, sondern darin auch bis zu fünf Patronen verstecken. Zippos sind aus beiden Gründen im Handgepäck verboten. Allerdings sind Zippos nicht ganz billig: So um die vierzig Euro kann man dafür gut ausgeben, bei Sammlerstücken noch mehr, darum sind die Passagiere nicht so erfreut, wenn man sie ihnen abnimmt. In dem Fall war der Passagier so unerfreut, dass der Kollege die Einsatzleitung rief – Fatma.

Fatma besah sich den Fall. Dann hielt sie dem Fluggast einen langen Vortrag über die Problematik des Zippos und warum es im Handgepäck verboten sei.

Dann sagte sie: »Das nächste Mal wissen Sie's!«

Und gab ihm sein Feuerzeug zurück.

Da dachte ich mir, dass es langsam mal an der Zeit wäre, sich einzumischen. Ich stand hinter meinem Monitor auf und beugte mich zu ihr hinüber.

»Fatma«, sagte ich leise, »die Dinger sind verboten!«

»Mensch, Achim, dann muss ich doch wieder einen Bericht machen.«

»Und wo ist da das Problem?«

»Du kennst doch mein Englisch!«

»Wieso Englisch? Da musst du nur ein paar Sachen ankreuzen und fertig. Kreuze machen kannst du notfalls auch auf Schwedisch!«

»Himmel, ich will mit dem Mist nichts zu tun haben.«

»Du kannst den doch nicht mit'm Zippo an Bord lassen!«

»Was soll man machen? Jetzt ist er schon weg.«

Das war nicht von der Hand zu weisen. Ich dachte mir meinen Teil und kontrollierte weiter. Ich wechselte an den Nachschautisch, und wie's der Teufel so will, dauerte es keine zehn Minuten.

»Fatma!«

»Ja?«

»Wieder 'n Zippo.«

Ich hob das Feuerzeug freundlich lächelnd mit zwei Fingern hoch. Für einen Moment nahm ich an, sie würde rötlich anlaufen, aber das war bei ihrem Teint nicht so eindeutig festzustellen. Man konnte aber hören, dass sie zumindest stinksauer war.

»Ich hab dir doch grade gesagt, ich will mit dem Mist nichts zu tun haben.«

»Na, und ich dachte, ich sag dir nur mal, dass ich das Ding jetzt hierbehalte.«

»Willst du etwa meine Autorität anzweifeln!?«

Das ist ein interessanter Satz von einer 100-Euro-Autorität. An diesem vollendet dummen Satz stellt man üblicherweise fest, dass auf dem Frankfurter Flughafen wieder mal eine rote Krawatte die Kontrolle über ihren Träger an sich gerissen hat. Man muss aber zu Fatmas Ehrenrettung sagen, dass es in diesem Fall nicht so war. In diesem Fall konnte man daran nur erkennen, dass Fatma derart Panik vor drei Kreuzchen schob, dass ihr jede Dummheit recht war.

»Die Dinger sind verboten, Fatma!«

»Ich schreib dir eine negative Bewertung!«

Die Fairness gebietet hier, darauf hinzuweisen, dass der Ärger zu einem kleinen Teil auch hausgemacht war. Für Benzinfeuerzeuge wie Zippos gilt eine besondere Regel: Sie gelten als Zufallsfunde. Was bedeutet: Man muss nicht nach ihnen suchen, also nicht so gezielt, wie man beispielsweise nach Pistolen sucht. Aber wenn man sie findet, muss man sie einsammeln. Warum das so ist, kann ich nicht sagen, schließlich ist etwas entweder gefährlich oder nicht. Und wenn die Luftsicherheitsassistenten so arbeiten, wie sie sollen, dann kann ihnen ein Zippo nicht durch die Finger rutschen, also ist der Fund niemals ein Zufall wie etwa ein winziges Tütchen Haschisch. Die Folge dieser bescheuerten Regel sieht man aber an Leuten mit einer Kreuzchenphobie wie Fatma: Die lesen sofort heraus, dass nach Zippos nicht gesucht werden muss, und übersetzen sich das dann in »und wenn ich eins finde, dann tu ich so, als ob ich's nicht gefunden hätte«. Und das ist natürlich in jedem Fall völliger Quatsch.

Die Lage entspannte sich, als sie zu einer weiteren Kontrollstelle gerufen wurde. Ich nahm das Feuerzeug, hob es nochmal schön demonstrativ hoch und zeigte ihr, wo ich es hinlegen würde. Dienst ist Dienst, Schnaps ist Schnaps, und der Einsatzleiter soll ja immer schön informiert sein. Mir war schon klar, dass es später noch Ärger geben würde. Es gab ihn aber früher, nämlich schon nach weiteren dreißig Minuten.

»Fatma! Noch 'n Zippo!«

Ich guckte freundlich zu Fatma rüber.

Ich stellte fest, dass Wut den Menschen selten schöner macht. Außerdem waren offenbar über ihrem Kopf die Rauchmelder kaputt.

»NEE, MEIN LIEBER, SO NICHT! JETZT NEHM' ICH DAS AUF!«

»Mensch, Fatma, jetzt im Ernst: Das steht so in der Vorschrift. Wir müssen die Dinger abnehmen!«

»Weißt du denn nicht, was die kosten?!«

»Was hat denn das damit zu tun? Ein Leatherman ist auch teuer!«

»Ja, eben!«

»Wie – ja, eben? Das ist doch auch verboten! Nach deiner Logik dürften wir ja nichts einsammeln, was mehr kostet als ein Zahnstocher. Und wenn wir eine Glock finden, sagen wir dann neuerdings: Respekt, Herr Terrorist, wir beglückwünschen Sie zum Kauf eines echten Markenfabrikats – immer herein damit?!«

»Es reicht. Da vorn ist der Betriebskoordinator, dem sag' ich's jetzt!«

»Schon gut, aber tu mir den Gefallen und frag nicht nach dem Leatherman. Sonst biste deine Krawatte gleich los!«

Sie hat tatsächlich den Betriebskoordinator gefragt. Übrigens auch nach dem Leatherman. Was zur Folge hatte, dass er mir in puncto Leatherman Recht gab und ihr in puncto Zippo. Ich dachte, ich muss die Wände hochgehen, und empfahl beiden, einfach mal unverbindlich in ihre Handbücher zu sehen.

Kurz vor Feierabend bekam ich dann einen Anruf. Von ganz oben, ich war praktisch schon halb in der S-Bahn.

Eine ganz offizielle Belobigung. Weil: Bescheid gewusst, dass man Feuerzeuge nicht mitnehmen darf.

 Bedeutende Leute

Bedeutende Leute sind ganz einfach zu erkennen. Wenn zum Beispiel ein Kollege immer überall dabei sein muss und zu allem seinen Senf abgibt, wenn er sich dauernd beklagt, dass ihn keiner gefragt hat und dass man daher nicht alles bedacht hat, dann kann man getrost davon ausgehen, dass das kein bedeutender Leut ist, sondern nur gern ein bedeutender Leut wäre. Ein feiner Unterschied. Die wirklich bedeutenden Leute werden automatisch eingeladen. Und dann, wenn sie eingeladen sind, geben die auch nicht zu allem ihren Senf dazu. Die sagen eigentlich so gut wie nichts. Und dass das so ist, habe ich natürlich am Flughafen gelernt. Vom Besten der Besten. Von einem der bekanntesten Manager Deutschlands. Nennen kann ich ihn leider nur X., aber ich kann Ihnen versichern: Den kennen Sie auch. Hundertprozentig.

Nun kann man ja darüber streiten, ob Herr X. wirklich der Beste der Besten ist. Aber er ist jedenfalls zweifellos ein Guter, das hat man bei einem Übernahmestreit gesehen, wie er den einen Chef des Konkurrenten abgesägt hat. Da hat ihm die ganz kleine Säge gereicht. Was man sich, wenn man beide verglichen hat, eigentlich schon hat denken können: Der andere hat ja auf Bildern furchtbar viel gelacht und so eine herzliche, selbstsichere Wärme ausgestrahlt. Den X. hingegen habe ich noch nie lachen sehen. Der verbreitet eine Kühle, dagegen sind die grauen Herren bei »Momo« die reinsten Heizpilze. Habe ich selbst erlebt.

Wir standen im General Aviation Terminal, Judith und ich, und haben gewartet. Darauf, dass was passiert. Dass wer landet. Oder wegfliegt. Oder wenigstens sein Flugzeug putzt. Ein Bundespolizist stand noch herum und half uns beim Warten. Und Günter war auch noch dabei, Günter von der Fraport. Ein Helferlein für kleinere Serviceleistungen. Dann, so am späten Nachmittag, klingelte das Telefon. Günter hob ab. Kurz darauf hastete er nach draußen.

»Der X.«, sagte er im Vorbeigehen.

Und was dann passierte, kommt mir im Nachhinein fast surreal vor, aber so hab ich's nach knapp drei Jahren immer noch in Erinnerung.

Ein paar Minuten später konnte man X. durch die Glastür von außen anmarschieren sehen. Im strammen Schritt, reichlich zackig für einen Mann im fortgeschrittenen Rentenalter. Er trug einen Lodenmantel, braune Schuhe, so ein seltsames bayerisches Hütchen, eine Hose, die ihm nur bis zu den Waden ging – der ganze Mann lief herum, als käme er frisch von der Gamsjagd. Der im damaligen Übernahmepoker Unterlegene hätte vielleicht Günter irgendwas erzählt, wie schön es doch in den Bergen sei und diese Gämsen, nein, das sei aber herrlich, und ob Günter vielleicht auch schon mal in den Bergen gewesen sei. Nicht? Das sei aber schade. Aber zwischen X. und Günter wurden überhaupt keine Worte gewechselt. Günter eilte hinter X. her und trug ihm die Aktentasche. Und der Loden-Manager marschierte derart todernst im Stechschritt, dass man unwillkürlich dachte, der Führer ist grade auf dem Obersalzberg angekommen und muss noch ganz eilig seine Pluderhosenuniform anziehen, bevor Mussolini eintrifft. Dadurch sah Günter dahinter aus, als würde er vom Sog einfach mitgerissen.

Kurz vor dem Gebäude legte Günter einen kleinen Sprint ein, um X. zu überholen und ihm noch rechtzeitig die Tür aufhalten zu können. Die Tür ging auf, der Lodenmantel wehte herein, und ich könnte schwören, dass in diesem Augenblick sämtliche Topfpflanzen im Raum schlagartig ihre Blätter abwarfen. Ich guckte zu Judith, und sah, wie sie sich die Unterarme rieb. Der Einzige im Raum, der nicht fror, war X. selbst. Er sah nicht auf, er blickte sich nicht um. Was hätte es auch schon zu sehen gegeben? Sessel, Tische, blattlose Pflanzen, Zeitschriften für den Pöbel, frierende Untertanen. Er sagte auch nicht »Guten Tag«. Zeit war Geld.

X. drehte sich knapp um. Dann sagte er:

»Günter! Aktentasche, bitte!«

Obwohl, man sollte das Komma wohl streichen: Er sagte es mehr so in einem Rutsch, wie das Leute machen, die eigentlich dazu neigen würden, das »bitte« wegzulassen, es dann aber in Gottes Namen eben doch anhängen, weil sie sonst der Imageberater wieder zwei Wochen lang nervt.

»Günter! Aktentaschebitte!«

Daraufhin machte Günter eine innovative Form aus Knicks, Kratzfuß und alter Kriegsverletzung, die ich noch nie bei ihm gesehen hatte. Bewundert habe ich sie aber schon, weil er sie so gänzlich ironiefrei vorführte und dabei noch gekonnt dem Herrn X. die Aktentasche hinlüpfte. Andererseits: Vielleicht dachte Günter ja auch wirklich, dass X. so eine Verbeugung zustand. X. nahm jedenfalls die Aktentasche gleichmütig entgegen und mit einem Gesichtsausdruck, mit dem andere Leute ihre Streifenkarte abstempeln, legte er 20 Euro in die Aktentaschenhand. Dann wehte er hinaus. Ich bewunderte Günter noch mehr, und die Topfpflanzen zogen ihre Blätter wieder an.

Aber daran erkennt man die bedeutenden Leute. Sie verzichten auf Verben.

»Günter! Aktentaschebitte!«

Und das ist kein Zufall, das ist mir nochmal aufgefallen, beim Altkanzler Helmut Kohl.

Ich hatte mit Svetlana Dienst in VIP, was so ziemlich die

gemütlichste Form des Einsatzes sein kann, wenn man Zeitungsleser ist. VIP ist nicht nur schön gediegen eingerichtet, mit Teakholz und Ledersesseln und allem, was nach Geld aussieht, sondern verfügt auch über eine exzellente Auswahl an Zeitschriften. Klatsch und Wirtschaft und Sport und alles, und natürlich die ausländischen Zeitungen. Wenn man wissen will, was grade so in Hongkong los ist oder in New York oder Paris, VIP hat alles. Und die nötige Zeit dazu obendrein. Dann klingelte das Telefon. Die Delegation Helmut Kohl, mit Freistellung.

Das ist eine Spezialität von Politikern und hochrangigen Persönlichkeiten: Sie kriegen Freistellungen, das heißt, man muss weder den Politiker noch seine Gäste kontrollieren. Das ist mit der Polizei abgesprochen, die ja letzten Endes unser Auftraggeber ist. Die rufen nur an und sagen: Helmut Kohl und drei Personen. Und das heißt dann, dass Helmut Kohl und drei Personen in Ordnung sind. Unsere Kontrolle besteht in dem Fall lediglich darin, dass wir zunächst mal gucken, ob Helmut Kohl dabei ist, und wenn ja, dann zählen wir durch, wie viele Köpfe er dabeihat, und das war's dann. In diesem Fall hatte Helmut Kohl acht Personen dabei. Und das Erste, was wir von ihm mitbekamen, waren die Koffer. Sie kamen eigens mit einem Van, und auf jedem Gepäckstück klebte ein Aufkleber »Delegation Dr. H. Kohl«.

»Doktor H. Kohl. Kennst du den?«

Vielleicht hätte ich noch erwähnen sollen, das Svetlana Anfang zwanzig war.

»Schon mal an Helmut gedacht?«

»Der war doch kein Doktor ...«

»Der ist es. Immer noch.«

Dann rollten drei schwere Mercedes-Limousinen vor die Tür. Es stiegen einige Leute aus, unter anderem auch jemand, der aussah wie diese neue Frau Kohl, bei der mir seltsamerweise immer sofort der Begriff »Angeheiratete Betschwester« durch den Kopf schießt, aber das ist natürlich ungerecht. Und so sicher war ich mir auch nicht, ich hätte schon den Helmut Kohl dazu gebraucht. Aber der blieb zunächst im Auto sitzen.

Damals ging es ihm noch nicht so schlecht wie heute, aber so richtig fit war er auch nicht mehr. Er brauchte drei Anläufe, um sich aus dem Wagen zu wuchten. Und dann war man sicher, dass er es war.

Ich bin ja selber nicht klein, und dünn bin ich auch nicht, aber wenn man Kohl in seiner damaligen Verfassung sah, dann fühlte man sich sofort irgendwie mickrig. Der Mann war ein Gebirge. Wenn er vor einem stand, wurde es schlagartig dunkel, was an der schieren Masse lag, die so gewaltig war, dass überhaupt nichts entkommen konnte, nicht mal das Licht. Wie bei den Schwarzen Löchern. Was gar nicht so abwegig ist. Wenn ich mich recht erinnere, hat er ja auch vor gar nicht allzu langer Zeit sogar einige Informationen und Spendernamen eingesaugt.

Ich muss bei Kohl immer an diese Eierattacken denken, und wie sauer er da war und wie dynamisch. Auch das war leider nicht mehr so. Er schlurfte sehr zögerlich durch die Halle, wie ein Panzer, dem man eine Kette zerschossen hat, und blieb zwischendurch immer wieder stehen. Ich würde sagen: Schaufensterkrankheit. Das Personal der Lufthansa hat das sofort gesehen, und einer von den Mitarbeitern huschte rasch zu der Kohl-Gruppe.

»Herr Doktor Kohl, wo möchten Sie sitzen?«

Kohl nahm überhaupt keine Notiz von dem Lufthans. Er ließ auch nicht erkennen, ob er auf die Frage vom Lufthans einging oder ganz von selbst beschlossen hatte, dass es jetzt allmählich Zeit war für eine kleine Rast. Er sagte mit dieser Stimme, die immer so klingt, als hätte er noch zwei Marshmallows im Mund:

»Eckhard! Stuhl!«

Gedämpft, aber bestimmt.

Daraufhin löste sich sein Leib- und Magenchauffeur Eckhard Seeber aus der Gruppe, organisierte rasch einen Stuhl aus einem nahem Büroraum, brachte ihn zu Kohl und stellte ihn auf sein Geheiß ans Fenster. Dort sackte Kohl auf den Stuhl. Die übrige Gruppe blieb wenige Meter daneben stehen und unterhielt sich dort in der Lautstärke »Pst, Vater hat Kopfschmerzen«.

Der Anblick war irgendwie merkwürdig. Kohl saß da und stierte aus dem Fenster. Dazu muss man wissen, dass man beim Blick aus dem Fenster bei VIP praktisch nichts sieht. Keinen Baum, keinen Strauch, kein Tier. Eine Handvoll Parkplätze sieht man. Und es war fraglich, ob Kohl überhaupt so weit schaute. Ich jedenfalls hatte den Eindruck, man hätte ihn genauso gut vor einer Milchglasscheibe parken können. Aber unglücklich wirkte er nicht. Weshalb ich mich auf den Weg zu ihm machte.

Es gab nämlich ein Problem mit der Delegation Kohl: Statt der acht angekündigten Mitreisenden wuselten neun herum. Und ich dachte mir: Bevor du zum Schmidtchen gehst, gehst du zum Schmidt. Ich trat behutsam auf ihn zu, nicht frontal von vorne, aber auch nicht verstohlen von der Seite, sondern schön deeskalierend, eben so, wie ich's gelernt hatte.

»Herr Doktor Kohl, Luftsicherheit, entschuldigen Sie die Störung: Wie viele Personen haben Sie jetzt dabei?«

Kohl sah nachdenklich durch mich hindurch. Dann sagte er:

»Eckhard!«

Ich dachte kurz, dass er eigentlich auch »Eckhard! Liste!« hätte sagen können.

Oder »Eckhard! Leute!«.

Oder »Eckhard! Zweiter Stuhl!«.

Aber da merkt man wieder, dass man die Welt der wirklich bedeutenden Leute eben doch nicht so gut kennt. Eckhard huschte herbei und sagte:

»Würden Sie bitte Herrn Doktor Kohl in Ruhe lassen. Sagen Sie mir, worum es geht, ich regle das.« Und dann erklärte mir Eckhard Seeber, dass der überzählige Kopf nur ein weiterer Chauffeur der Fahrzeugflotte war. Und dass ich Herrn Doktor Kohl bitte nicht mehr behelligen sollte. Woraufhin ich mich wieder zu Svetlana trollte. Herr Doktor Kohl verfolgte unterdessen weiterhin das abenteuerliche Leben unserer Parkplätze.

Bis die Koffer geholt wurden. Dann machte sich der Rest der Truppe auf, sammelte unter Führung der angeheirateten Betschwester unseren Altbundeskanzler ein und verschwand. Bedeutende Leute machen wenige Worte. Und womöglich hat Manager X. mit »Aktentaschebitte« sogar zu viel gesagt. Vielleicht täusche ich mich aber auch insgesamt, und es ist viel wichtiger, dass man jemanden hat, der Günter heißt oder Eckhard. Der schon erwähnte Medienmanager M. hatte auch so einen dabei.

Den habe ich wiederum im General Aviation Terminal gesehen. Ich hatte Dienst mit Anke, und nachdem ich ihr lange genug beim Sudokulösen zugesehen hatte, bin ich mal rasch eine Zigarette rauchen gegangen. Und wie ich zurückkomme, sitzt da ein Pärchen im Sessel. Der eine Teil des Pärchens saß da und las eine der zeltartigen deutschen Zeitungen, ich nehme an, es war die *Frankfurter Allgemeine*. Der andere saß über Eck auf der Ledercouch vis-à-vis, hatte die Beine parallel geklappt wie eine Sekretärin bei Loriot und saß so aufrecht, dass man meinen konnte, es gäbe bei der geringsten Verfehlung die Prügelstrafe. Dabei sah er dem Herrn hinter dem Zeitungszelt aufmerksam beim Lesen zu. Es konnte ja immer passieren, dass einige Buchstaben herausfielen.

»Sag mal, Anke, das ist doch der M.!«

»Den kenn ich net. Wer soll denn das sein?«

»Der Kerl, der wahrscheinlich dein Sudoku druckt!«

Zum Glück stieß in dem Moment der Pilot zu uns und fragte leise, wo man mal eine rauchen könnte. Ich sagte ihm, dass ich heute auch noch keine geraucht hätte und ihn begleiten würde.

»Sagen Sie mal, das ist doch der M., oder?«

Er nickte. Und erzählte, dass sie wohl wegen irgendwelcher Wettergründe nicht mit dem Flugzeug nach Frankfurt hatten kommen können, sondern von Stuttgart aus den Hubschrauber nehmen mussten, wegen irgendeiner todwichtigen Konferenz. Und all das erzählte er so leise wie die Reisegruppe Helmut Kohls.

»Und, wie ist der so?«, wisperte ich zurück. Wer weiß, vielleicht gab es ja im Hause M. wirklich noch die Prügelstrafe.

»Da könnt ich dir Sachen erzählen, das glaubst du nicht!«

Leider kam er nicht mehr dazu, mir unglaubliche Sachen zu erzählen, weil M.s Droschke eintraf.

Wir traten rasch unsere Zigaretten aus und huschten wieder hinein, wie unartige Schüler.

M. richtete sich gerade auf und faltete sein Lesezelt zusammen. Sein artiger Günter stand ebenfalls auf und bei Fuß. M. drückte ihm das Zelt in die Hand und sagte:

»Hier, nehmen Sie die Zeitung an sich. Und nehmen Sie sie gut in Acht.«

Zweifellos ein skurriler Satz. Ich wartete auf so was wie ein Lachen, schließlich hatte der Chef ja einen leidlichen Witz gemacht. Es lachte aber niemand, am allerwenigsten M.s Günter.

Der klappte nur brav die Zeitung zusammen und nahm sie nach Kräften in Acht.

Dann rauschte das seltsame Paar ab. M. ging wohl zu seiner Konferenz, und die Zeitung kam in den Hotelsafe. Und wenn dieses Buch sich hammerartig verkauft, dann besorge ich mir auch einen Günter.

Der darf dann aber entspannter sitzen.

 **Russendisco**

Die Kombination war ungewöhnlich, aber einheitlich schwankend: Die ersten fünf an Gate C1 schwankten vor Müdigkeit. Eine völlig übernächtigte Familie taumelte uns entgegen, Mom, Dad und drei Kinder aus den USA. Die Kinder waren sogar zu erschöpft, zu quengeln. Mom und Dad legten sie während der Kontrolle einander von einer Schulter auf die andere wie nasse, warme Lappen. Man kann über Amerikaner sagen, was man will – aber bei Kontrollen macht ihnen in puncto Disziplin keiner was vor. Zu finden war nichts, also wünschten wir ihnen eine gute Reise. Sie grunzten irgendetwas und quälten sich weiter, immer die drei kleinen müden Kinder-Klumpen im Schlepptau. Ich sah ihnen nach. Irgendwie musste ich an eine Filmszene denken, »Krieg und Frieden«. Der Rückzug der geschlagenen napoleonischen Truppen. Oder »So weit die Füße tragen«. Irgendwas Russisches.

Vermutlich wegen der Wodkafahne.

Vor unserer Kontrollstelle standen zwei hyperdruckbetankte Russen. An ihnen hing relativ viel Gold. Gut situiert, konnte man wohl sagen, und noch besser gelaunt. Sie lachten und sangen, droschen sich gegenseitig auf die Schultern und waren für die Sicherheitskontrolle kaum ansprechbar.

Mit Russen unter Strom ist das so eine Sache. Das kann zu sofortiger Verbrüderung führen, aber auch zu sofortigen Prügeleien. Der Übergang dazwischen ist schnell und nahtlos. Meine Kollegin Gisela guckte besorgt. Ich wechselte einen Blick mit Jerry, und wir schalteten auf ernsthaftes, amtliches, seriöses Auftreten.

»Hey, Sirs«, grollte ich schön auf Ivan-Rebroff-Tiefe, »this is a security check and not a merry-go-round. Full stop.«

Das war vielleicht kein superkorrektes Englisch, aber erstens war man bei den Russen ohnehin nicht sicher, ob sie es verstehen würden, und zweitens war es immer noch besser als mein Russisch.

Die beiden gafften erst mich an, dann sich gegenseitig, und dazwischen stierten sie überall da hin, wo ihr schwankender Kopf gerade hinleuchtete. Dann radebrechten sie dynamisch zurück:

»Full stop? What full stop!?«

Das konnte kritisch werden. In ihren Augen war ein Glitzern, das alles bedeuten konnte.

»Oh, you German security!«, stellte der Erste fest.

»Yeah, you security!«, stimmte der Zweite ein.

»Security!«

»Security! Nasdrowje!«

Sie fielen sich um den Hals und küssten sich begeistert.

»Yes, security«, mahnte ich. »We gotta check you. Like the family before you.«

Ich deutete auf die marode, aber vorbildliche US-Familie. Sie war nicht sehr weit gekommen in der Zwischenzeit. Vielleicht hatten sie unterwegs ein bisschen geschlafen.

»Security!«

»Yeah, security!«

»We're Russian!«

»Russian, hey!«

Großer Jubel. Sie waren Russen. Alle beide. Jeder von ihnen. Der eine, und der andere aber auch. Hurra.

»Let's go«, mahnte ich und ging mit der Stimme noch etwas tiefer. Ivan Rebroff im Kartoffelkeller.

»Yeah, let's go!«

»Security!«

»German security!«

Sie prügelten sich lustvoll auf die Schultern.

»Forget German security!«

»See Russian security!«

»We show you!«

»We can do better!«

»Better security!«

»We're better than amerikanski!«

Daraufhin rissen sie ihre Trolleys auf, stemmten sie hoch und schütteten den Inhalt enthusiastisch auf das Gepäckförderband. Dann rissen sie sich gegenseitig die Klamotten vom Körper. Es war wie der Besuch der Marx-Brothers. Der Karl-Marx-Brothers.

»Security!«

»Now *that's* security!«

Eine Rolex segelte aufs Förderband. Es folgte ein schweres goldenes Kettengliederhalsband.

»Security!«

»Security, hey!«

Sie begannen leicht zu schunkeln. Ein Bolschoi-Ballett in Unterhosen und Socken. Dann blieben sie stehen. Die Beine leicht gespreizt und die Arme ordnungsgemäß neunzig Grad vom Körper abgewinkelt. Sie sahen dämlich aus, aber vermutlich nicht so dämlich wie Jerry und ich. Wir gafften sie an. Sie guckten uns an und bekamen einen Lachkrampf.

»This is a Russian Security!«

»Yeah, Russian security!«

»Dawei!«

»Dawei, dawei!«

Wir durchsuchten die Gepäckstücke und die Russen. Ich musste zugeben: Ohne Klamotten im Koffer und am Körper war alles viel einfacher. Am Ende des Bandes schnappten sich die Russen ihre Koffer, legten sie vor dem Nachschautisch auf den Boden und warteten auf die Klamotten, die sie dann souverän mit den Armen hinunter in die Koffer wischten. Das einzig Problematische war eine dreiviertelvolle Flasche Wodka. Smirnoff.

»Sorry«, sagte Gisela, »that's too much. This must stay here.«

»Dawei!«

Das schien geklärt. Gisela schickte sich also an, die Flasche zu entsorgen.

»Full stop!«

»Yeah, full stop!«

»Full stop!« Das kam jetzt in perfekter Synchronizität. Wie aus dem Chor der Donkosaken.

Der erste Russe ging mit einigen Umwegen auf Gisela zu. Verblüffend war, dass er die Flasche sofort beim ersten Griff zu packen bekam.

»Full stop!«

Mit geschultem Griff schraubte er die Flasche auf, setzte sie an und verstaute – *glorglorglorg* – einen erheblichen Teil des Smirnoffs im Magengepäck. Dann reichte er die Flasche an seinen Kollegen weiter.

»Drink! For security.«

»Yeah, security!«

Lonk lunk lünk lünk lück lük lük.

Dann war die Flasche leer.

Sorgfältig schraubte der zweite Russe sie zu, dann überreichte er sie Gisela mit einer feierlichen Verbeugung. Man hätte meinen können, es handele sich um einen Strauß Rosen. Gisela nahm entgeistert die Flasche entgegen.

»Here you have security.«

»It's safe.«

»A safe bottle.«

»Very, very safe.«

Dann hoben die beiden ihre Koffer auf und wankten davon, teilweise aneinandergelehnt, teilweise auf die Koffer gestützt, teilweise präzise geführt von den Frankfurter Flughafenwänden.

»Russian security!«

»Hey!«

»Ho!«

Wen interessiert da noch, ob sie ihren Anschlussflug noch bekommen haben oder in diesem Zustand überhaupt noch mitfliegen durften.

 **Beten und transportieren**

Wer etwas schmuggeln will, soll es richtig machen. Der sollte nicht zu kompliziert denken. Es gibt also Leute, die ihrem Kind 15 000 Dollar in die Windel stopfen, da frage ich mich: Wozu? Warum, glauben die, sollten wir nicht in eine Kinderwindel sehen? Wir haben das Geld dann ja auch prompt gefunden, und dafür sollten sie uns noch dankbar sein: Wer weiß, ob das Geld hinterher sonst noch so sauber gewesen wäre?

Wer etwas schmuggeln will, soll Geld und Schmuck auch nicht zwischen den Brüsten seiner Frau deponieren. Warum sollten wir da nicht nachsehen? Wir haben immer mindestens eine weibliche Kollegin dabei, die fährt mit ihrer Handkante einer Dame genauso sachlich-neutral zwischen den Brüsten entlang wie wir den Herren am oberen Ende der Beine im Schritt. Nein, wer die deutsche Luftsicherheit überlisten will, muss es ganz einfach machen: religiös.

Die deutsche Luftsicherheit verletzt keine religiösen Gefühle, und ich weiß nicht genau, warum. Vielleicht liegt es an unserer speziellen Vergangenheit, in der wir eine bestimmte Religion gleich mal zur Rasse erklärt haben. Da kann man schon mal die Lehre draus ziehen, dass man künftig vielleicht etwas freundlicher zu den Menschen sein könnte. Oder dass die Zugehörigkeit zu einer anderen Religion kein Grund ist, jemanden umzubringen. Andererseits ist sie aber auch noch lange kein Grund, in Sicherheitsfragen überhaupt nichts mehr zu machen.

Turbane werden bei uns praktisch nicht untersucht. Im Handbuch steht eigens drin: »Fluggäste, die aus religiösen

Gründen ihren Turban im Rahmen der Personenkontrolle nicht abnehmen möchten, müssen diesen nur dann absetzen, wenn beim Durchschreiten der Torsonde ein Alarm ertönt.« Was in der Praxis bedeutet: Wenn jemand einen Turban auf dem Kopf hat, wird so gut wie nie reingesehen. Vom Aspekt der Höflichkeit her finde ich das prima: Bis man so einen Turban auf- und wieder zugewickelt hat, das dauert ewig. Von der Sicherheitsfrage her muss ich sagen: Katastrophe. In so einen Turban geht eine Menge rein. Wenn man den geschickt wickelt und eine gute Halsmuskulatur hat, bringt man da problemlos ein kleines Fässchen Bier unter. Ein Fässchen Sprengstoff geht natürlich auch, da pfeift die Torsonde noch nicht mal, weil Sprengstoff kein Metall ist. Und manche Religionen brauchen nicht mal einen Turban dazu, die schneiden einfach ihre Haare nicht, wickeln sie zu einem kunstvollen Knoten, der genauso undurchschaubar ist. Die Handsonde kommt da an ihre Grenzen, ebenso wie die Torsonde. Am Anfang hatte ich mal so einen Kunden, der sich weigerte, den Turban abzunehmen.

»This is my religion!«, hat er gesagt und mich mit einem so tödlichen Blick angesehen, dass für einen kurzen Moment meine eigenen Gefühle ein bisschen verletzt waren.

»And security is my religion«, hab ich gesagt und wollte schon drauf pfeifen, aber da hat mich gleich der Einsatzleiter zurückgepfiffen. An diesem Tag habe ich begonnen, an manchen Aspekten meines Berufs zu zweifeln.

Ich erinnere mich deutlich an eine bodenlang verschleierte Frau im Mantel, deren Mann völlig durchdrehte, weil meine Kolleginnen sie baten, den Mantel abzunehmen. Es sei seine Religion, zeterte er, seine Frau dürfe den Mantel keinesfalls ausziehen. Ich nehme mal an, Gott hätte sie dann sofort mit einem Blitz erschlagen – oder ihn, was mich in dem Moment gar nicht so sehr gestört hätte. Die Kollegin bat die Mantelträgerin dann in unser Untersuchungskabäuschen hinter den Vorhang, aber wie ich später erfahren habe, war auch unter Ausschluss der Öffentlichkeit nur ein Öffnen des Mantels möglich, ein Ablegen jedoch nicht.

Wir behandeln auch die orthodoxen Juden sehr vorsichtig. Ihre Schals, Gebetsriemen und die kleinen Kästchen an den Gebietsriemen, die für die Stirn vorgesehen sind – da schauen wir nicht rein. Bei der Kippa, dem kleinen Mützchen, mit dem sich die gläubigen Juden vor der Macht Gottes schützen, da sehe ich das noch halbwegs ein, die Kippa ist so klein und flach, meinetwegen soll die durch, da kann ich ja mit der Handsonde drüber. Aber die Schals, die steifen Hüte, eigentlich auch die Bärte sollte man sich schon genauer ansehen. Bei Nichtjuden tun wir das doch auch.

Und nicht zu knapp.

Ich hab mal zugesehen, wie mein Lieblingskollege Jerry Weber begann, einen italienischen Monsignore zu sonden. Ein Monsignore kann ein Päpstlicher Ehrenkaplan sein, ein Päpstlicher Ehrenprälat, ein Apostolischer Protonotar, aber wahrscheinlich kann man den Titel besser einschätzen, wenn ich sage: Der popeligste Monsignore, der einem begegnen kann, ist schon mal mindestens ein Bischof. Man braucht aber keine Sorge zu haben, dass man ihn vielleicht nicht erkennen könnte. Es steht zwar nicht »Monsignore« dran, doch im Allgemeinen hüpft jemand um den Herrn herum, rennt vorneweg oder hinterdrein und flötet »Monsignore« hier und »Monsignore« dort, da weiß man dann schon, dass man besser nicht sagt: »So, jetzt mal hierher, Don Camillo!«

Jerry winkte also den Monsignore formvollendet durch die Torsonde, und Seine Auch-schon-ziemlich-Heiligkeit schwebte hindurch. Und dann begann Jerry ihn mit der Handsonde ganz vorschriftsmäßig abzusuchen, und immer schön – Hand folgt Sonde – mit der flachen Hand hinterher.

Monsignore ließ das mit einer gewissen Engelsgeduld über sich ergehen, aber für den jugendlichen Beifahrer des Bischofs war Jerry eindeutig zu handgreiflich.

Ich habe Mütter gesehen, die um ihre Kinder zitterten, ich habe Männer ihren Laptop verteidigen sehen, als wäre es das Vaterland, aber ich habe noch nie jemanden gesehen, der so besorgt um etwas war wie der tadellos deutschsprachige Jungpriester. Er benahm sich, als wäre der Bischof ungefähr achttausend Jahre alt und bestünde aus hauchdünnem Glas.

»Vorsichtig, um Gottes willen, seien Sie doch vorsichtig! Monsignore, va bene?«

Und dabei sprang er um Jerry und den Bischof herum wie ein verstörtes Huhn.

»Etwas mehr Ehrfurcht, bitte, es wundert mich sowieso, dass Monsignore so geduldig ist. Sie machen das hervorragend, Monsignore, ganz hervorragend. Himmel, so passen Sie doch auf!«

Letzteres schien wiederum Jerry zu gelten, ich sah es nicht, ich guckte ja gerade in das bischöfliche Handgepäck, das so weit unproblematisch war. Nur einige Zutaten für die Pflege der menschlichen, allzu menschlichen Seite des Bischofs, das große Kreuz trug sowieso der Herr für ihn. Und uns alle, natürlich. Ich wurde nur wieder hellhörig, als Jerry Luft holte. Ich nahm an, er bereitete sich gerade seelisch darauf vor, dem Monsignore am Innenschenkel entlang bis zum Klingelbeutel zu fahren – und wollte wenigstens in diesem heiklen Moment seine Ruhe haben. Jedenfalls drehte er in seiner Stimme die Bässe hoch und sagte langsam und sehr ernst:

»Bruder in Christi, wenn du dich nicht sofort mindestens fünf Meter entfernst, trete ich dir mit Schwung in deinen kleinen gesegneten Gluteus Maximus, auf dass dich die Erkenntnis treffen möge: Eine Sicherheitskontrolle ist kein Gottesdienst!«

Das heilige Huhn hielt abrupt inne. Dann ging es mit kleinen Schritten rückwärts zum Nachschautisch. Ich drückte ihm sein Gepäck in die Hand, während Jerry sicherstellte, dass die bischöfliche Soutane sauber war. Der zerbrechliche Monsignore lächelte halb gnädig, halb unsicher, blieb jedoch wider Erwarten heil und schwebte schließlich von dannen.

Und so Recht Jerry hatte: Mit einem Rabbiner hätte er das wohl nicht gemacht.

Aber mit anderen Religionen kennen wir uns ja auch nicht so aus. Katholiken und Evangelen, das wissen wir, sind gleichermaßen berührungsunempfindlich. Wenn man mich fragt: Bart ist nun mal Bart, und einem Turban sieht man nicht an, aus welchen Gründen er gewickelt wurde. Nur weil einer einen Kaftan dazu trägt, heißt das noch lange nicht, dass der Bart furchtbar religiös ist. Und außerdem ist es auch inkonsequent.

Wenn sich ein Passagier mit den Worten beschwert: »Sehe ich etwa aus wie ein Terrorist?!?«, dann sind wir alle ganz furchtbar unerbittlich und ganz schnell mit feinsinnigen Argumentationen bei der Hand: »Meine Dame, wer weiß schon, wie ein Terrorist aussieht?« Aber sobald der Herr Sikh mit seinem umwickelten Bierfass auf dem Kopf uns böse anschaut, dann wissen wir ganz plötzlich, wie ein Terrorist *nicht* aussieht. »Nur hereinspaziert, der Herr, wer so einen Turban auf dem Kopf hat, der birgt darin sicher nichts als die reinsten und empfindlichsten Gefühle für Gott.«

Das hat vielleicht auch damit zu tun, dass ich generell etwas skeptisch gegenüber Religionen bin. Meiner Meinung nach ist das doch wie mit den Telefonfirmen: Da gibt es so viele, und jede behauptet von sich, sie wäre die einzig wahre – dabei weiß doch jeder, dass man im Prinzip mit allen diesen Firmen telefonieren kann, dass es sogar ganz ohne Extrafirma übers Internet funktioniert, und dass das Telefon nicht kaputtgeht, nur weil man mal die Firma wechselt. Die Wahrheit erfahren wir sowieso erst ganz am Schluss, und völlig egal, ob da überhaupt einer richtig liegt oder wer das sein mag – in jedem Fall werden die meisten danebenliegen. Und da kann man wiederum den meisten nur wünschen, dass der Gott, den sie dann letztlich vorfinden, nicht so kleinlich ist wie der, an den sie glauben.

Was die Sicherheit angeht, gebe ich natürlich zu: Von all den Bärten und Kaftanen und Rabbinern, die ich bisher mehr schlecht als recht kontrollieren musste, hat noch keiner ein Flugzeug entführt oder gesprengt. Aber wenn was passiert wäre, hätten wir einen Großteil der Schuld bei uns suchen dürfen, keine Frage. Und das gilt nicht nur für Frankfurt: Das Gesetz, das wir anwenden, ist in ganz Deutschland das gleiche. Ist natürlich möglich, dass es in München etwas strenger gehandhabt wird, weil da der Staat die Kontrolle übernimmt und nicht der Sicherheitsdienstleister. Vielleicht hätten die Kollegen in München auf meine Nachfragen auch etwas konstruktiver reagiert, in Frankfurt jedenfalls ist, solange ich dort arbeitete, an der Praxis nichts geändert worden. Und wie die Kollegen mir versichern: bis heute nicht.

Aber vielleicht sehe ich das auch völlig falsch. Vielleicht haben ja Kundenbefragungen ergeben, dass Passagiere, die von einer Bombe in 25 000 Fuß Höhe aus ihrer Maschine gesprengt werden, dafür absolutes Verständnis haben, solange die Bombe in einem orthodoxen Bart an Bord gelangte.

 # Deutsche Kernseifenkompetenz

Deutschland ist eine Exportnation. Und das macht vielen Experten Angst. Es ist nämlich nicht gut, wenn ein Land dauernd exportiert. Dann exportiert es und exportiert und exportiert, und irgendetwas muss daran schlimm sein, aber was genau, weiß ich leider nicht. Ich bin kein Wirtschaftswissenschaftler. Vermutlich ist dann irgendwann das Land ganz leer und es gibt nur noch die Sachen, die überhaupt keiner haben will, Brot vom Vortag oder so. Ich hab nur mal wo gelesen, dass das, was man exportiert, sich noch halbwegs mit dem die Waage halten muss, was man wieder importiert. Und das mit diesem Gleichgewicht ist offenbar derzeit nicht so, weil wir zu viele Autos exportieren, zu viele Maschinen, Spielwaren und Fußballprofis. Habe ich gelesen. Aber wenn das stimmt, ist die Wahrheit noch viel schlimmer, weil ich von unseren eigentlichen Hauptexportgütern in der Zeitung noch überhaupt nichts gelesen habe, und das sind:

Putzmittel.

Der Grund dafür, dass das niemand so recht mitbekommt, könnte sein, dass wir diese Putzmittel nicht selbst exportieren. Die exportieren unsere türkischen Mitbürger, und zwar in die Türkei.

Mopps.

Besen.

Kehrsets.

Eimer.

Bodenreiniger.

Stahlwollschwämmchen.

Putztücher.

Schrubber.

Möbelpolitur.

Und alles in riesigen Mengen.

Üblicherweise befinden sich diese riesigen Mengen in riesigen Sporttaschen. Türkische Passagiere sind die weltgrößten Fans der weltgrößten Sporttaschen. Aus denen wir dann die ganzen zerlegten Besen wieder rausholen. Diese modernen Besen sind ja alle zum Zusammenschrauben, Zusammenschieben, Zusammenschnappen, ein bisschen so was wie Putz-Lego.

Und so was gilt im Luftsicherheitsdeutsch leider als mögliche Stoß- und Hiebwaffe. Das Drei-Liter-Fass Bodenreiniger muss natürlich auch hierbleiben, der gefährliche Mopp auch, das Kehrset darf mit, die Stahlschwämmchen auch. Die grobe Berechnung des Luftsicherheitsassistenten lautet in solchen Fällen: etwa hälftig entfernen. Und das ist häufig auch für die Passagiere besser. Denn nicht alle Türken sind große Fans der Sporttasche.

Ein mindestens ebenso großer Teil der türkischen Passagiere, gerade der ältere Teil, hängt noch der alten Methode der Verdunkelungspappe an. Sprich: Man nimmt wachsbeschichtetes, sehr festes Papier, mit dem man früher seine Fenster verdunkeln konnte, und dann wickelt man alles ein. Anschließend schlingt man kunstvoll Faden drum herum, und das Ganze sieht dann aus, wie man es vielleicht noch aus einigen schwarz-weißen Nachkriegsfilmen kennt. Zu Hause lässt sich so was ja auch noch ganz ordentlich machen. Aber wenn der Luftsicherheitsassistent das Ding mal geöffnet hat, hat man nur noch Papier und Schnur und den kunterbunten Inhalt. Da ist es dann ganz praktisch, wenn wir die Hälfte des Zeugs aussortieren, weil sich das Restpaket dann auch wieder leichter packen lässt. Am übersichtlichsten ist es sowieso, wenn

Mopp und Eimer samt Putzmitteln gleich sachgerecht getragen werden. Das kommt ebenfalls oft genug vor, da muss man dann nur aufpassen, dass man die Passagiere nicht mit der Reinigungstruppe verwechselt.

Und dass die türkischen Kollegen nicht ausrasten.

Denn das ist immer wieder faszinierend zu beobachten, wenn sich so ein älteres Paar der Kontrolle nähert. Sie mit Kopftuch, er im Sakko, die speckige Mütze auf dem Kopf, aus den Schuhen sieht man die dicken Wollsocken, in der Hand haben sie Eimer und Besen und drei riesige uralte Koffer und so ein halb zerfleddertes Paket. Und dann kommen sie zu einem der türkischen Kollegen, von denen wir ja auch viele haben.

Wenn der Kollege ein Mann ist, dann ist's ihm peinlich.

Dann sieht man richtig, wie er sich fremdschämt, weil die beiden so furchtbar rückständig wirken. Weil sie aussehen, als kämen sie von da, was man gemeinhin als das finsterste Anatolien bezeichnet, obwohl man gar nicht weiß, wie finster es in Anatolien ist. Dann werden die Kollegen furchtbar ruppig, ihre Kommandos sind noch kürzer als sonst, und wenn die beiden älteren Herrschaften nicht sofort alles richtig machen und wissen, was in welchem Moment zu tun ist, dann fluchen die Kollegen und sagen in breitestem, allerhessischstem Hessisch:

»Wie kammer nur so bescheuert sei?«

Wenn der türkische Luftsicherheitsassistent weiblich ist, dann sieht die Sache anders aus. Obwohl die türkischen Kolleginnen sich noch mehr von diesen älteren Fluggästen unterscheiden als ihre männlichen Kollegen.

Die türkischen Kolleginnen sind supergestylt. Fingernägel auf die Ohrringe abgestimmt, Make-up auf die Frisur, da wird nichts dem Zufall überlassen, die sehen in 99 Prozent der Fälle so schick aus wie eine Barbie, aber noch in der

Originalschachtel. Und wenn jetzt ein älteres Paar kommt, dann kann man regelrecht verfolgen, wie Barbie aus ihrer Schachtel steigt und ihr das Herz aufgeht. Dann sieht die keine zwei Passagiere, dann sieht die ihre eigenen Großeltern in all ihrer Hilflosigkeit, und sie erklärt ihnen jeden Handgriff doppelt und natürlich auf Deutsch, Türkisch und sämtlichen regionalen Unterdialekten, die ihr zur Verfügung stehen. Und bei jedem Besen, jeder Flasche Meister Proper, jeder Sprühdose Möbelpolitur erklärt sie ganz genau und ganz langsam, warum das jetzt nicht mitdarf, leider leider, und sie versteht die beiden so gut, sie schwört selbst auf dieses Mittel, ihre Großeltern benutzen es auch, und wo's denn überhaupt hingeht, im Grunde stehen die drei dann kurz vor der gegenseitigen Adoption, es ist nur noch nicht klar, wer bei wem einzieht.

Bleibt nur die Frage: Warum ausgerechnet Putzmittel?

Herr Sarrazin würde wahrscheinlich schlussfolgern, dass es in der Türkei so schmutzig ist, aber da liegt er falsch: Wir sind einfach kompetent. Die Türken und die Türkinnen sind schlichtweg begeistert von der Qualität unserer Besen und Mopps. Ich weiß ja auch nicht, was so schwer daran ist, einen Eimer herzustellen, aber wenn man den Türken glaubt, sind wir in der weltweiten Eimertechnologie der Konkurrenz vom Bosporus geradezu Lichtjahre voraus. Wir machen keine Eimer, wir machen multifunktionale, ultramobile High-End-Wasserreservoirs.

Mit hammerartigem Henkel!

Und mit unseren Kehrbesen ist die türkische Hausfrau scheint's während der Kehrwoche schon an der Kellertreppe, wenn die Nachbarin mit dem Heimatbesen noch unterm Dachboden im Staub erstickt. Davon erfährt man nichts in den Nachrichten, und in der Tagesschau sieht man auch immer nur, wie Angela Merkel irgendwelche Fabriken besichtigt oder durch Kernkraftwerke schlendert, aber wenn man unseren türkischen Passagieren glauben darf, dann sollte Frau Merkel ruhig mal dem chinesischen Präsidenten beim nächsten Staatsbesuch einen Eimer samt Wischmopp in die Hand drücken.

 ## Abschied vom Herrn Becker

Es war inzwischen fast schon Routine. Ich stand am Gate, und in der Schlange näherte sich Boris. Er tat so, als würde er mich nicht kennen. Ich tat so, als würde ich ihn auch nicht kennen. Man konnte es offenbar nicht leugnen: Wir hatten Beziehungsschwierigkeiten. Aber Ignorieren war unmöglich. Wir hatten einfach zu viel gemeinsam. Es war fast schon wie bei einem alten Ehepaar.

Er kam zu mir, ich tastete ihn ab.

»Nicht so fest!«, dachte ich mir.

»Nicht so fest!«, sagte Boris ungehalten.

»Das war doch nicht fest!«, sagte ich brav und wartete auf: »Doch. Seh' ich etwa aus wie ein Terrorist?«

Boris sagte: »Doch. Seh' ich etwa aus wie ein Terrorist? Oder ein Verbrecher?«

Das mit dem Verbrecher war immerhin mal eine Variante. Ich seufzte.

»Aber nein, Herr Becker, ich kenne Sie doch!«

»Dann kennen Sie mich also *doch!*«, folgerte Boris messerscharf und aufgebracht.

»Aber natürlich kenne ich Sie!«

»Und warum untersuchen Sie mich dann???«

»Das ändert doch nichts, Herr Becker. Ich *muss* Sie untersuchen!«

»Leck mich doch am Ärmel!«

Das war unser letztes Treffen.

Boris, du fehlst mir.

Auf der Flucht

Manchmal verläuft ein Teil der Weltpolitik direkt durch den Flughafen Frankfurt. Nicht die ganz große Weltpolitik, es ist also nicht so, dass sich der Präsident der Vereinigten Staaten mit dem wunderlichen Ahmadinedschad aus dem Iran vor unseren Augen umarmt, während wir ihm den Koffer durchleuchten. Und es ist auch nicht so, dass Gerhard Schröder so langsam durch unsere Kontrolle schlurft, dass der Einweiser schreit: »Gib Gas, Gerd!« – und vier Wochen später stellt sich raus, dass genau dieser Satz in ihm die Idee für den Wechsel zu Gazprom auslöste. Es sind eher die Sack- und Nebengassen der Politik, die bei uns verlaufen. Und das sind oft sogar sehr hässliche Nebengassen, in die man nicht gerne reinguckt.

Wir waren am Transitschalter, als wir das Paar sahen. Sie waren Afrikaner, schon etwas älter – vielleicht sahen sie auch nur älter aus, wegen der grauen Haare. Er war dünn, trug einen richtig abgewetzten, glänzenden Anzug, dunkelblau, es dürfte sein einziger gewesen sein, und er war offensichtlich auch schon seit einiger Zeit nicht mehr aus ihm rausgekommen. Unter dem Anzug schimmerte ein braun-rot kariertes Hemd, unten aus den Hosenbeinen schauten Socken hervor, die wahrscheinlich irgendwann mal weiß gewesen waren. Die Füße steckten in schwarzen Schuhen, mit denen er viel gelaufen war, und wie der Blick des Mannes verriet, mitunter sehr schnell und sicher oft nicht freiwillig.

Die Frau trug eine umbrafarbene Toga. An den Armen, die aus der Toga ragten, konnte man sehen, dass die Frau darunter vermutlich noch dünner war als der Mann. Über ihr Gesicht zog sich ein kunstvolles Muster aus Schönheitsnarben, und es war gut möglich, dass sie tatsächlich einmal sehr schön gewesen war und es gelegentlich noch immer sein konnte. Aber in diesem Moment, an unserer Kontrollstelle, war in ihrem Gesicht nur Angst. Die Augen waren weit aufgerissen, sie scannten unablässig die Umgebung, und sogar hier, in Frankfurt, mitten in Deutschland, war alles bedrohlich. Ein junger, schwarzer Lufthansa-Dolmetscher begleitete das Paar. Er erklärte uns, dass die beiden aus Somalia kamen und in die USA weiterfliegen sollten. Dem Paar erklärte er, dass wir nur eine Sicherheitskontrolle wären und dass sie nichts zu befürchten hätten. Von ihrer Reaktion her hätte er ihnen genauso gut sagen können, dass wir ihre Kinder als Geiseln hielten.

Sie hatten einen Koffer dabei, und wir baten sie, ihn auf das Rollband zu stellen. Sie mühten sich redlich, also halfen wir ihnen. Der Koffer war monsterschwer. Manchmal glaube ich wirklich: Je ärmer die Menschen sind, desto schwerer sind ihre Koffer. Der Monitor enthüllte große Mengen von irgendeiner organischen Masse.

Also guckten wir rein.

Als ich den Reißverschluss zurückzog, stieg aus den Tiefen des Koffers ein unschöner muffiger Geruch. Ich zog mir gleich mal ein neues Paar Gummihandschuhe über und griff beherzt hinein. Meine Hand tauchte in eine breiige Masse. Ich schob meine Hand weiter, um festzustellen, wie tief die Breischicht war.

Sie war tief.

Mein halber Unterarm versank in einem Morast, der eine leicht beige-elfenbeinfarbene Tönung hatte. Der Modder war ungebackenem Leberkäse nicht unähnlich, roch aber ganz anders. Die Masse war lauwarm, das konnte daher stammen, dass sie vielleicht schon gärte. Unten stieß ich auf Grund. Der Grund war rund – flaschenförmig. Mehrere Flaschen.

Ich fragte die beiden via Dolmetscher, worin ich da eigentlich gerade herumwühlte.

Es war kein Gift, es war kein Sprengstoff, kein totes Tier. Es war das Banalste, das Simpelste, das Wichtigste, was Menschen mitnehmen können, die auf der Flucht sind. Brot, also: mehrere Schichten somalisches Fladenbrot, und mehrere Liter Wasser. Die Flaschen waren ausgelaufen, das Brot hatte sich vollgesogen, und obwohl inzwischen Wasser und Brot völlig unbrauchbar waren, hatten die zwei es nicht über sich gebracht, den Matsch zu entsorgen.

Ich schob die Masse zur Seite, um die Untersuchung abzuschließen. Weshalb ich nochmal fündig wurde. Ich entdeckte ein Messer mit Holzgriff. Nichts Dramatisches, nicht gefährlicher als das Modell, das auch Großväter ihren Enkeln schenken, sagen wir: vor der ersten Wanderung. Aber die verrostete Klinge war über zwölf Zentimeter lang, und so mussten wir es ihnen abnehmen.

Und die beiden standen einfach nur da und haben geweint.

Ich stand hinter meinem Nachschautisch, mit dem Messer in der Hand, es schnürte mir den Hals zu. Ich sagte mir immer wieder, dass sie dort, wo sie jetzt hinflogen, in Sicherheit sein würden.

Und mir war plötzlich genauso klar, dass dort, wo sie herkamen, vermutlich noch eine Menge Leute versuchten, sich irgendwohin in Sicherheit zu bringen. Die hastig etwas Fladenbrot einpackten und Wasser, und die wohl von Glück sagen konnten, wenn ihnen wenigstens die Flaschen nicht ausliefen.

 **Shopping**

Der Flughafen ist ein Einkaufsparadies. 24 Stunden am Tag geöffnet, sieben Tage die Woche, 365 Tage im Jahr. Es gibt nichts, was man am Frankfurter Flughafen nicht kaufen kann. Dicke Zigarren, sündteuren Schmuck, jahrhunderte-alte Weine, und wenn einige sich denken: »Was soll's, ich bleib doch damit sowieso an der Handgepäckkontrolle hängen!«, dann gibt's jetzt gute Neuigkeiten: Im Angebot ist natürlich auch der eine oder andere Kontrolleur.

Bitte?
Wieso ich das hier so einfach verrate?
Komisch.
Ich hätte wetten können, Sie wollen wissen, wie man das macht. Wie man einen Kontrolleur kauft. Na ja, vielleicht später.
Also gut: Warum kann ich das hier einfach verraten?

Weil es für die Personalchefs am Flughafen überhaupt keinen Sinn machen würde, mich zu fragen, wer nun von meinen Kollegen Geld genommen hat und wer nicht. Wer Zigaretten eingesteckt hat oder nicht. Klar, sie könnten die Leute ausfindig machen und bestrafen, sie anzeigen – aber die Leute, die in den Tagen darauf eingestellt würden, würden genauso handeln. Jeder Kopf hat seinen Preis, und dieser Preis ist ganz schön gesunken. Die Personalchefs und Flughafenbarone müssen das am besten wissen, denn die haben den Preis schließlich so schön gedrückt.

Es gab mal eine Zeit, da wurde man bei den Sicherheitsdiensten der Fraport-Töchter ganz gut bezahlt. Wer lange genug dabei war, die Angestellten der ersten Stunde sozusagen, der erhielt inzwischen Stundenlöhne von fünfzehn, zwanzig Euro. Das ist lange her. Ich habe noch ein paar von diesen Leuten gekannt, bevor man sie mit Abfindungen aus ihren unbefristeten Verträgen herausgekauft hat. Der letzte war ein Mann, Mitte, Ende vierzig, der mir mehrfach berichtete, was er jetzt wieder für ein verlockendes Angebot bekommen hätte, damit er endlich einwilligte. Die Leute, die danach kamen, Leute wie ich, verdienten pro Stunde zwischen acht und zehn Euro, inzwischen sind es knapp über zehn Euro. Das sind im Monat höchstens, allerhöchstens 2000 Euro brutto.

Das ist ein Gehalt, mit dem man als Familienvater nur schwer über die Runden kommt, das gilt nicht nur für Sicherheitsleute wie Luftassis. Die Polizisten, die ich kenne, einfache Dienstgrade, wie sie für die alltägliche Sicherheit zuständig sind, verdienen auch nicht viel mehr. Und teilweise dürfen sie davon auch noch ihre eigene Ausrüstung bezahlen. Das ist wirklich wahr: schusssichere Westen zum Beispiel. Vom Staat gibt es nur die Uraltmodelle, tonnenschwer und steif wie Hemdkragen. Ich hab mir mal aus Neugier so eine Weste dreißig Minuten lang umgehängt, da kriegt man weiche Knie. Wenn ein Polizist eine schusssichere Weste möchte, mit der er sich ducken kann oder am Ende gar jemanden verfolgen, dann muss er sie selbst kaufen, rund 1000 Euro sind da schnell weg. Es ist kein Wunder, dass die meisten Polizisten genauso Nebenjobs haben wie die Luftassis. Sie arbeiten bei Sicherheitsdiensten, jobben als Taxifahrer oder fahren Mietwagen für Hertz oder Avis wieder zu den Ursprungsstationen. Ist ja klar, wenn irgendwer bei Limburg einen Wagen mietet und damit zum Flughafen fährt, muss der Wagen auch irgendwann wieder zurück. Das macht dann mitunter schon mal der Herr Wachtmeister nach Schichtende. Und wenn jemand mal grob einschätzen will, wie dringend Leute wie Luftsicherheitsassistenten oder Polizisten Geld brauchen, dann muss er sich nur den Stundenlohn ansehen, für den sie diese Karren zurückfahren: fünf Euro. So was macht natürlich keiner auf Steuerkarte, weil er sonst am Ende noch draufzahlt.

Bitte?
Also, ich hätte wetten können, dass Sie jetzt wissen wollen, wie man einen Kollegen besticht.
Aber Sie haben ja Recht: Haben wir denn gar keine Berufsehre?

Berufsehre? Wo soll die denn herkommen? Wir haben ein Gehalt, mit dem man in der Bevölkerung so viel Ansehen genießt wie ein Hartz-IV-Empfänger. Und das ist auch ein Gehalt, bei dem die Kündigung ihren Schrecken verliert, denn einen neuer Job mit diesem Stundenlohn ist nicht weiter schwer zu finden. Wo soll hier Stolz auf den Job wachsen? Oder Berufsehre?

Die soll es ja tatsächlich mal gegeben haben. Eine Zeit, in der Unbestechlichkeit ein Wert an sich war, vor allem bei Beamten und anderen Offiziellen und Halboffiziellen. Wenn auch nicht vor dreißig Jahren, dann wenigstens vor fünfzig oder vor zweihundertfünfzig Jahren, im alten Preußen. Das ist ein Irrtum. Auch zu der Zeit hatte jeder Kopf seinen Preis, aber damals hat der Staat diesen Preis bezahlt. Der Preis war Geld und Ehre.

Wer damals in Preußen Beamter war, hatte eine gesicherte Stellung, er wurde regelmäßig bezahlt, und schon diese Regelmäßigkeit war mehr, als viele Bauern und Handwerker und Tagelöhner vorweisen konnten. Er wurde außerdem auch gut bezahlt. Und er genoss hohes Ansehen. Beamter zu sein war so gut wie Arzt zu sein, und die Familie war stolz auf ihren Vater, Sohn, Bruder. Das waren so viele Vorteile, dass kein halbwegs geistig gesunder Mensch sie wegen eines kleinen Vorteils nebenher riskiert hätte – das ist die simple, schlichte Wahrheit hinter dem Beamtenethos und der Unbestechlichkeit. Und die Frage ist: Was passiert, wenn man jemandem all diese Vorteile wegnimmt? Dann passieren Geschichten wie die Geschichte von Herbert.

Herbert war ein Polizist aus Erfurt. Am Frankfurter Flughafen sind viele Polizisten aus Erfurt und generell aus dem Osten Deutschlands. Nicht aus Begeisterung, sie müssen da arbeiten, weil sie erst ab einer gewissen Mindesteinsatzzeit das Recht haben, heimatnah eingesetzt zu werden. Mir hat mal ein Polizist gesagt, dass er erst fünf Jahre am Frankfurter Flughafen abzuleisten hat, bevor er mit einem Job bei sich zu Hause in Thüringen rechnen kann. Fünf Jahre am Flughafen – so was verstärkt natürlich die Dankbarkeit gegenüber dem Arbeitgeber ungemein.

Herbert war ein gemütlicher Dicker und unser Chef. Alle Polizisten sind unsere Chefs, denn wir arbeiten ja im Auftrag der Bundespolizei. Und Herbert erzählte uns, was er so in den nächsten Tagen vorhatte, da hatte er nämlich frei. Seine freien Tage verbrachte Herbert nicht bei seiner Familie, sondern auf einer Baustelle, Schlitze schlagen. Für Nichtfachleute: Herbert jobbte schwarz und schlug bei Neubauten lange Kanäle in die Wand, in die man dann die Stromkabel verlegen konnte. Einer von vielen Jobs, die man so nebenher machen kann, nicht schlimmer als andere.

Dann kam ein englischer Passagier zu uns. Er war Bauarbeiter auf Montage und wollte nach Hause. In seinem Gepäck hatte er eine Hilti-Schlagbohrmaschine. Das ist der Porsche der Schlagbohrmaschinen, da kriegen Hand- und

Heimwerker feuchte Augen, kostet 750 Euro, locker das Zehnfache irgendeiner 08/15-Maschine. Und wir mussten sie ihm abnehmen. Werkzeug mitzunehmen ist verboten, auch wenn der Zugang zu 230-Volt-Steckdosen im Flugzeug deutlich beschränkt ist. Die Hilti blieb also vorerst bei uns, nach Ende der Schicht hatten wir sie dem Einsatzleiter zu übergeben. Es sei denn, unser Chef sagte was anderes. Was er in diesem Fall auch tat. Der Freizeit-Schlitzeschläger Herbert sagte lässig: »Ich bring die schon mal weg«, nahm das Köfferchen und verschwand. Die Hilti ist natürlich nie wieder aufgetaucht. Ärger gab's deswegen nicht. Wer hätte den auch machen sollen?

Denn jeder Kopf hat seinen Preis, und bei uns gibt es niemanden, der nicht schon mal schwach geworden wäre. Ich bin da natürlich keine Ausnahme. Allerdings nicht bei einer Hilti und auch nicht bei Spirituosen. Das finden andere vielleicht reizvoll. Ich hingegen bin eher anfällig für Zigaretten.

Ich war allein an einer Transitkontrollstelle, wir waren mit der Kontrolle fertig, ich habe nur nochmal zum Abschluss nachgesehen, ob wir nichts vergessen hatten, und fand etwas, das ein Passagier liegen gelassen hatte: eine Tüte aus dem Duty-free-Shop. In der Tüte waren eine Flasche guter, aber nicht superguter Whisky, und eine Stange Marlboro.

Ordnungsgemäß hätte die Tüte aufs Fundbüro gehört. Aber diese Stange Zigaretten blinzelte so verführerisch, dass ich von einem Bein aufs andere trat. Ich guckte den Transitgang auf und ab. Ich war allein mit dem Tütchen, kein Mensch war zu sehen. Ich habe so lange mit meinem Gewissen gerungen, bis eine Kollegin kam.

»Was hast 'n du da?«

»Na ja, die Tüte hier, die hat jemand stehen lassen …«

Sie sah sich um. Den Gang entlang nach vorn, dann nach hinten.

»Klare Sache – die ist uns!«

Das war ein Angebot. Die Kollegin hätte hinterher immer behaupten können, sie hätte einen blöden Witz gemacht. Jetzt war es meine Sache, Stellung zu beziehen. Den Witz abzunicken – oder zu beenden, indem ich empört protestierte.

Dazu war ich nicht prinzipienfest genug. Ich entschied mich für eine ziemlich windelweiche Zwischenlösung und sagte nichts. Das konnte man als stummes Einverständnis werten. Andererseits griff ich aber auch nicht zu. Was ganz günstig war, weil jetzt einige befreundete Kollegen des Weges kamen.

»Was habt ihr denn da Schönes?«

»Whisky, Zigaretten«, zählte die Kollegin strahlend auf, »das wird brüderlich geteilt!«

So schnell konnte man nicht gar nicht gucken, da war die Sache gegessen. Mit dem Whisky gingen die Mädels auf die Toilette und füllten ihn – Whiskyfreunde lesen jetzt bitte weg – in zwei Halbliterflaschen, in denen vorher Fanta gewesen war, und die Stange Marlboro war ratzfatz aufgerissen. Und schon ging's hier nicht mehr um das Aneignen einer ganzen Stange Zigaretten, sondern nur noch einer Schachtel oder zwei. Einer Schachtel, die genauso aussah wie die, die ich sowieso dabeihatte. Die ich auch gekauft haben konnte. Also nahm ich mir eben zwei Schachteln.

Tja, und jetzt dürfen Sie mitgrübeln:

Wo genau hätten Sie zugegriffen?

Später, wenn Ihnen jemand nur eine der Zigaretten angeboten hätte?

Oder einen Schluck Whisky?

Oder hätten Sie früher zugegriffen, als noch die ganze Stange zu haben war?

Und nicht schummeln!

Diese Versuchungen prasseln unablässig auf alle ein, die

hier arbeiten. Und die Übergänge sind keineswegs immer so schleichend. Ich erinnere mich, dass ich eines Tages mit einer Menge neuer, junger Kollegen Dienst hatte, als ein weiterer Kollege zu uns kam und verkündete:

»Aufgepasst: Wenn jemand was braucht, sagt er bei uns Bescheid. Bevor irgendwer hier einen Laptop oder so kauft, bitte bei mir melden. Halber Einkaufspreis, alles klar?«

Ich nahm den Herrn dann mal unauffällig zur Seite und fragte ihn:

»Sag mal, hast du sie noch alle? Du kennst hier kein Schwein und posaunst herum, was du alles vertickst – spinnst du komplett?«

»Was soll die Aufregung«, sagte er, »das machen doch alle. Das ist doch quasi schon offiziell!«

So ganz offiziell war's denn doch nicht, einige Wochen später sind einige Herrschaften gegangen worden. Aber ganz abgesehen davon, dass der Mann seinen Job riskierte – wie konnten die Anfänger bei uns irgendetwas anderes denken als: »Da schau her, jetzt sagt es sogar schon der routinierte Kollege. Dann kann's ja nicht so schlimm sein, wenn man mal was mitnimmt.«

Bitte?
Also langsam bin ich richtig stolz auf Sie.
Sie sind der anständigste Leser, den man sich nur wünschen kann! Ich hätte jetzt längst gefragt, wie man denn nun den Kollegen …
Und Sie fragen nach der Aufsicht.
Sind Sie denn überhaupt nicht neugierig?
Gar kein kleines bisschen? Also so was …

Natürlich gibt es eine Aufsicht. Die Aufsicht ist der Einsatzleiter. Der Einsatzleiter ist ein Mann, der im Monat – wie bereits erwähnt – 100 Euro mehr verdient als wir. Ein oder zwei Euro mehr pro Tag immunisieren einen natürlich keinen Deut besser gegen Anfechtungen aller Art. Ich erinnere mich noch an einen Einsatzleiter, der sofort versucht hat, sich einen an der Kontrolle vergessenen Ferrari-Laptop zu sichern. Er hat ihn in seinen Raum gebracht (was erlaubt ist), er hat ihn ein wenig versteckt aufbewahrt (was noch nicht verboten ist), wo ihn dann ein Kollege entdeckte – was zu unbequemen Nachfragen führte. Ein Beweis war das immer noch nicht, ab da verdiente er allerdings wieder 100 Euro weniger im Monat, brutto. Es gibt aber eine noch schönere Geschichte, die verdeutlicht, wie die finanzielle Lage bei uns aussieht.

Wenn bei uns überraschend große Geldbeträge gefunden werden, haben wir Anweisung, sofort die Kontrollstelle zu schließen und die nächsten Passagiere an die anderen Stellen zu verweisen. Eines Tages waren wir da zugange, als Else, die an der Einweiserposition arbeitete, auf einmal abrupt das Lining vorzieht, diese Stoffbänder aus den Blechsäulen, die man beliebig aufstellen kann. Sie bat hektisch die Passagiere an den Nachbarzugang, rief den Einsatzleiter, der sofort dazukam, und präsentierte ihm aufgeregt ihren großen Geldbetrag.

»Ich habe zehn Euro gefunden.«

Zu hören war ein vielstimmiges Aufstöhnen, der Einsatzleiter hielt sich zurück.

»Sehr schön«, sagte er, nahm ihr den Schein aus der Hand und schob ihn für alle gut sichtbar grinsend in seine Hosentasche:

»Ich werde Sie in meinem Bericht lobend erwähnen.«

Dann drehte er sich um und ging.

Ich gebe zu, Else war doof wie ein Holzpellet. Aber man kann es auch so sehen: Wie wenig muss man verdienen, dass man zehn Euro für einen großen Geldbetrag hält? Und wie leicht muss so jemand in Versuchung zu führen sein? Also vergisst Else das nächste Mal vielleicht, den Zehneuroschein abzugeben. Und vielleicht hat sie den ja auch gar nicht zufällig gefunden.

Weil ihn jemand extra für Else da hingelegt hat.

Weil der Jemand sich an fünf Fingern einer Hand abzählen kann, dass das hier ganz gut funktionieren könnte. Weil alles da ist, was man zur Bestechung braucht.

Geringes Gehalt.

Ständige Versuchung.

Alles voller Leute, die der Versuchung nachgeben, so dass sich selbst der Anständigste spätestens nach einem Vierteljahr vorkommt wie der letzte Idiot.

Und als einziges Risiko die Aussicht, einen erbärmlich bezahlten Job zu verlieren.

Was?
Also langsam werden Sie mir richtig unheimlich.
Wieso man die Leute nicht einfach besser bezahlt?
Was ist denn das für eine Frage?
Sind Sie am Ende einer von der Gewerkschaft?

Wenn Sie die Auftraggeber fragen, die FraSec meinetwegen, die Fraport-Tochter, die die Sicherheitsleute zur Verfügung stellt, dann werden die natürlich sagen, dass es nicht anders geht. Sonst explodieren die Kosten, werden sie sagen. Man kann die Passagiere ja nicht endlos für die Sicherheit zahlen lassen, werden sie sagen. Na gut, ich bin kein Wirtschaftswissenschaftler, ich bin kein Manager, ich bin kein Personaler, aber ich kann ein bisschen zählen und multiplizieren. Mehr als 50 Millionen Passagiere fertigt der Frankfurter Flughafen in jedem Jahr ab. Jeder dieser Passagiere zahlt von seinen Fluggebühren etwa sechs Euro für die Sicherheit. Die Airlines sammeln das Geld über den Ticketverkauf ein und geben es an den Flughafen weiter, die Airlines stecken davon nichts ein. Das macht 300 Millionen Euro im Jahr, die für die Sicherheit zur Verfügung stehen. Und wo bleibt dieses Geld?

Am Frankfurter Flughafen arbeiten 1500 Luftsicherheitsassistenten, die bestenfalls 2000 Euro brutto im Monat verdienen. Macht mit Sozialabgaben und allem Drum und Dran vielleicht 30 000, 35 000 Euro Kosten für den Arbeitgeber pro Nase im Jahr. Multipliziert mit 1500 sind das allenfalls 45 bis 50 Millionen Euro Personalkosten, da sind dann auch die berauschenden 100 Euro mit drin, die die Einsatzleiter monatlich zusätzlich bekommen. Man muss kein Alan Greenspan sein, um festzustellen, dass hier bei 300 Millionen Euro Einnahmen 250 Millionen Euro übrig bleiben. Da fließt dann ein bisschen was in die Schulung, in die Geräte, in die Räume, keine Ahnung, ob sich der Flughafen noch an den Kosten der Polizei beteiligen muss, aber selbst wenn das so wäre, kann ich mir nicht vorstellen, dass da weniger übrig bleibt als: viel. Ich glaube zwar nicht, dass jemand das Geld einfach so nach Hause trägt, das ist bei Gebühren meines Wissens nicht erlaubt. Aber er wird das Geld so ausgeben, dass an den richtigen Stellen das Richtige hängen bleibt. Und das ist definitiv nicht bei den Leuten, die das Ganze kontrollieren. Und deshalb läuft ja auch alles so, wie es läuft.

Also – das freut mich jetzt wirklich.
Ich dachte schon, Sie fragen nie mehr.
Schön, dass Sie's doch noch getan haben.
Obwohl es verboten ist.
Aber menschlich.
Dann verrat ich's Ihnen.

Also: Bestechen erfordert Mitdenken. Ein geladenes M-16-Sturmgewehr kriegt kein Mensch der Welt durch die Handgepäckkontrolle. Was Sie durchschummeln wollen, ist also verboten, aber harmlos und teuer. Noch vor einiger Zeit war das zum Beispiel der Edelcognac, der mit schöner Ersparnis aus dem Duty-free-Shop kam, aber von der Menge her nicht durch die Flüssigkeitskontrolle durfte. Derzeit ist das wieder erlaubt, weil Duty-free-Ware als vorkontrolliert gilt. Das kann sich aber stündlich ändern. Deshalb nehmen wir hier ein kleines Symbolprodukt, harmlos und teuer, sagen wir: acht Gläser Nutella aus flüssigem Gold. Damit kommen Sie zur Handgepäckkontrolle.

Viele Unerfahrene denken, hier wäre Bestechung komplett unmöglich. Zu viele Leute, alles Zeugen, aber das ist Unsinn. Wir sind alle beschäftigt, hoch konzentriert, da weiß keiner, was der Kollege macht. Und Sie müssen sich ja auch nicht auf alle konzentrieren, sondern nur auf den Richtigen. Hmmmm, wer könnte das jetzt sein …? Der Einweiser?

Richtig: Der Einweiser kann's nicht sein. Soll man dem einen Zwanziger zustecken und murmeln: »Sagen Sie mal Ihren Kollegen Bescheid, ich hab in der Tasche acht Gläser goldenes Nutella, die sollen mich durchlassen!«? Und der Einweiser tuschelt dann alles im Stille-Post-Prinzip weiter: »Psst, psst, gleich kommt goldenes Nutella, weitersagen, das geht okay, Passagier hat bezahlt«?

Viel zu aufwendig. Viel zu viele Mitwisser. Der Einweiser scheidet aus. Wer kommt dann? Der Monitorer.

Der Monitorer kann's aber auch nicht sein. Wie wollen Sie sich mit dem verständigen? Wollen Sie sich über den Durchleuchter beugen und schreien: »Hey, das mit dem goldenen Nutella, das geht schon klar, und diesen Schein hier stecken Sie in Ihre Kaffeekasse!« Nein, Unsinn.

Der Kollege an der Handsonde? Vollkommen ausgeschlossen. Wenn der in Ihren ausgebeulten Taschen goldenes Nutella findet, dann pfeift es und er *muss* nachfragen, was das ist. Dann haben Sie vor aller Ohren die schönste Diskussion am Hals. Und wenn alle dann zu Ihnen hinsehen, stecken Sie ihm einen Schein zu und sagen »Stimmt so!«? Nein, nein, das geht auch nicht. Wer bleibt? Der Mann am Nachschautisch?

Na, geht doch. Den müssen Sie jetzt einschätzen. Wenn's so ein hibbeliger, ein übernervöser und superkorrekter ist, der selbst schon total panisch wirkt, dann vergessen Sie's. Wenn er verschlafen oder langsam aussieht, auch. Sie brauchen einen, der ruhig ist, selbstbewusst, nicht überdreht, der eine gewisse Mindestreaktionsgeschwindigkeit ausstrahlt, der den Job schon lang genug macht, so dass ihm nichts Menschliches fremd ist.

Der öffnet also Ihre Tasche.

Und jetzt ist Ihr Moment.

Jetzt müssen Sie cool bleiben.

Und Sie sagen:

Nichts.

Bei Profis wird da kein Wort gewechselt. Die beugen sich vielleicht kurz vor, stützen sich auf dem Tisch auf und lächeln freundlich. Freundlich, nicht überheblich, nicht so, als wüssten sie, dass sie vermutlich weit mehr verdienen als der Kollege hinter dem Schalter. Wenn man hier mit der Graf-Koks-Attitüde auftreten will, nach dem Motto »Hey, ich kann mir alles kaufen!«, dann muss man für die Demütigung schon extra zahlen – sonst riskiert man, dass der Kollege sich denkt: »*Du* nicht, mein Lieber, *du* nicht!« Aber die, die es charmant und lässig machen, die heben dann eine Hand, während sie sich aufstützen, so dass man den Geldschein darunter sieht. Dann macht der Kollege die Tasche wieder zu, und so zügig, wie der Profi die Tasche wegnimmt, ist der Geldschein verschwunden. Das merkt kein Mensch, wenn man es richtig macht. Und schlimmstenfalls sagt er: »Das goldene Nutella muss aber hierbleiben. Übrigens haben Sie da Geld liegen gelassen.« Was aber so gut wie nicht vorkommt, wenn Sie es richtig anstellen.

Wenn Sie sich blöd anstellen, geht allerdings nichts. Die Nerven zum Bestechen müssen Sie mitbringen. Wenn Sie zu den Menschen gehören, die schon beim Schwarzfahren in der U-Bahn zu schwitzen anfangen, lassen Sie's besser. Fangen Sie nicht unter der Torsonde an, nach Ihrem Geldbeutel zu kramen. Kommen Sie um Gottes willen nicht mit Münzen, wissen Sie, wie laut so was klimpert? Halten Sie den Schein bereit, und wenn Sie jetzt fragen, wie Sie an den Schein kommen sollen, weil der doch im Röntgengerät ist, dann lassen Sie's auch besser bleiben. Den Schein haben Sie natürlich schon *vorher* rausgeholt, nein, nicht in der Warteschlange, *noch* vorherer, im Auto oder im Taxi oder zu Hause.

Fragen Sie nicht blöd nach: »Ist das dann okay so?«

Schreien Sie auch nicht herum: »Oooh, wie schön, dass alles in Ordnung ist, Herr Wachtmeister, ich gehe dann jetzt mal mit meiner Tasche zum Flugzeug. Lalala!«

Und bitte verzichten Sie auf Schauspieleinlagen wie: »Müssen Sie alles so genau kontrollieren? Sie Blockwart! Ich werde mich beschweren! *(pst, alles klar, ist alles nur gespielt, damit die anderen nichts merken, zwinkerzwinker)* Sie Pedant! *(Sie sind super, kommen Sie mit Ihrer Frau mal zum Essen, hier ist meine Karte)* Frechheit!«

Die dreisteste Nummer hat mal ein nicht mehr ganz junger Mann abgeliefert, der war vielleicht so Ende dreißig, Anfang vierzig, blendend gelaunt, in einem beigefarbenen Cordanzug mit beigefarbenem Hut auf. Form – Frank Sinatra, Wirkung – Hausmeister Krause. Gesprächig, in breitestem Pfälzer Dialekt. Na ja, und ich hatte grade Zeit und dachte: Schauste ihn dir halt an. Manchmal braucht's gar keinen Verdachtsmoment, sondern nur einen am Nachschautisch, dem ein bisschen langweilig ist. Und wenn der Zeit hat, wenn grad kein Passagier kommt, dann macht der auch schon mal beides, Nachschautisch und in dem Fall: Schuhe ausziehen. Da kümmert sich sonst ja der Sonder drum, aber mir war's halt fad. Und prompt fällt aus dem Schuh ein Tütchen Haschisch.

»Was haben wir denn da …?«

»Gutes Gras, echt.«

»Ja, kann schon sein, aber warum schleppen Sie das denn ins Flugzeug?«

»Na, ich flieg nach London. Und da hab ich gedacht, damit ich da ein bisschen locker ankomme, rauch' ich mal unterwegs was.«

»Sagen Sie, wann sind Sie denn das letzte Mal geflogen?«

»Ach, schon eine ganze Weile her …«

»Dann hab ich hier eine Neuigkeit für Sie: Im Flieger darf man inzwischen nicht mehr rauchen!«

»Nicht?«

»Nein. Und Fernseher sind jetzt flach.«

»Schade. Mensch, wissen Sie was?« – und damit drückte er mir launig das Päckchen in die Hand – »Dann behalten Sie's einfach. Ich schenk's Ihnen !«

Ein netter Kerl. Aber so geht's natürlich trotzdem nicht. Ich hab dann meine Einsatzleiterin gerufen, Resi.

»Ja, super«, strahlte der Cordanzug, und es fehlte nicht viel, da wäre er Resi um den Hals gefallen, »rauchen wir ein Gemeinschaftspfeifchen. Habt ihr hier so 'n Zimmer, wo wir ein bisschen unter uns sind?«

Gemeinsam haben wir ihm dann sanft beigebracht, dass das mit dem Englandflug erst mal nicht mehr so wichtig ist. Und dass wir vor dem Gemeinschaftspfeifchen noch ein paar andere Leute fragen müssen, wie zum Beispiel die beiden Herren dort von der Bundespolizei. Die haben ihn dann mal mitgenommen, eine kleine Ordnungswidrigkeit aufgenommen, denn sooo schlimm ist das heute mit dem Haschisch auch nicht mehr. Aber wir lernen daraus: Wenn Sie schon jemandem von uns was in die Hand drücken wollen, warten Sie nicht damit, bis es Ihnen aus den Schuhen fällt. Und quasseln Sie nicht so viel.

Mund halten!

Tasche nehmen!

Gehen!

Bleibt nur noch eine Frage.

Die wichtigste Frage.

Wie viel gibt man?

Ein Schein muss es sein.

Und wenn Sie jetzt sagen: »Heißt das, ein Fünfer reicht?«

Dann muss ich leider sagen: »Nicht auszuschließen.«

Ich würde gerne sage, dass es mehr ist. Dass man bei uns schon mindestens einen Vorstandsposten bei Bilfinger & Berger auf den Tisch legen muss. Aber so dick haben wir's nicht. Ein Fünfer netto ist eine Stunde Arbeit. Der Fünfer birgt allenfalls ein gewisses Restrisiko – für den Anbieter. Wenn man ihn zu großkotzig rüberschiebt, kann der Kollege das für eine Beleidigung halten. Mit einem Zehner fahren Sie besser, da ist für den Kollegen in den allermeisten Fällen die Beleidigung dann inklusive. Aber eigentlich ist beides gleich schlimm.

Denn hier, an diesem Schein, können Sie genau ablesen, was unsere Sicherheitskontrollen wert sind. 1500 Luftsicherheitsassistenten tummeln sich am Frankfurter Flughafen, plus Polizei, Hunde, alles. Und mit fünf Euro kann man den ganzen Mechanismus aushebeln.

Da können Sie gerne sagen: Ach, das ist doch nur Parfüm oder Schnaps oder sonst was. Aber so ist es nicht. Normalerweise haben Sie Recht, aber tatsächlich verändert sich hier die Aufgabe des Luftassis vollständig. Statt zu kontrollieren, schätzt er nämlich jetzt nur noch nach dem Augenschein, ob er da einen harmlosen Menschen vor sich hat, dem es um den

Cognac leidtut – oder einen Terroristen, der so tut, als wäre er ein harmloser Mensch, dem es um den Cognac leidtut. Für fünf Euro reduziert sich die gesamte Sicherheit auf die Menschenkenntnis des Luftassis. Und ich schwöre Ihnen: Da sind Leute drunter, denen würden Sie keinen Dackel auch nur für fünf Minuten anvertrauen.

Was würde aber nun passieren, wenn man einen Teil der 250 Restmillionen Ihrer Sicherheitsgebühren dazu nutzen würde, um das Gehalt der Luftsicherheitsassistenten zu verdoppeln? Dann steht hinter der Kontrolle einer, der 4000 Euro brutto kriegt für einen recht abwechslungsreichen Job, für schöne Sozialleistungen.

Und dann können Sie nochmal an den Schalter kommen und mit Ihrem Fünfer wedeln. Da lacht der Kollege nur. Dann wedeln Sie mit einem Zehner, einem Zwanziger. Einem Fünfziger.

Und dann sagt der Kollege:

»Sagen Sie mal, für fünfzig Euro können Sie doch den Cognac genauso gut im Kaufhof holen. Da sparen Sie ja gar nichts mehr. Kann's sein, dass es Ihnen hier gar nicht um Cognac geht? Machen Sie mal die Tasche auf!«

Und so sollte es ja wohl eigentlich sein, oder?

 **Das war's**

Eigentlich wollte ich ja Einsatzleiter werden. Ich weiß, ich weiß, ich habe nicht immer gut von Einsatzleitern geredet. Und es stimmt nach wie vor, dass sich auf den Einsatzleiterposten allerhand Würstchen tummeln. Aber ohne ein Jahr oder zwei als Einsatzleiter kommt man in diesem System nicht weiter nach oben, und das war es, was ich letzten Endes anstrebte. Ich will mich hier nicht als der große Weltverbesserer aufspielen, aber ehrlich gesagt wollte ich ursprünglich auch kein Buch schreiben, sondern einfach nur Spaß am Job haben und dabei vielleicht manches von dem Unsinn abstellen, den ich miterlebt hatte. Und ich war auch auf einem ganz guten Weg.

Einsatzleiter wird man, wenn einen andere Einsatzleiter empfehlen. Dazu müssen sich drei Einsatzleiter zusammentun und einen Schrieb verfassen, etwa der Art »Wir, die hier versammelten und unterzeichnenden Einsatzleiter, tun kund, dass Achim Lucchesi einen guten Einsatzleiter abgeben müsste. Wenn Sie also mal wieder einen brauchen, nehmen Sie den!« Und tatsächlich haben sich drei Einsatzleiter dazu zusammengefunden und in einem Brief an ihre Vorgesetzten eben das gesagt. Eine Reaktion darauf folgte nicht, aber das zieht sich in großen Betrieben ja oftmals so hin. Und wie die Wochen ins Land gingen und sich mein erstes Jahr am Flughafen dem Ende näherte, kam tatsächlich Post von der FraSec. Ein Brief mit dem Inhalt, dass mein Jahresvertrag nicht verlängert würde. Ich möge doch bitte zeitig meinen Resturlaub nehmen und meine Klamotten abgeben.

Für eine Beförderung war diese Reihenfolge etwas verwirrend.

Also rief ich mal beim Betriebsrat an. Und fragte, wie ich denn Einsatzleiter werden sollte, wenn ich gar nicht mehr dort arbeiten würde. Das wussten sie auch nicht. Sie guckten ratlos in meine Akte, in der allerhand Belobigungen herumkugelten, und versprachen, sich mal kundig zu machen. Es hätte wohl betriebsinterne Gründe, deuteten sie an. Und obwohl sie noch eine halbjährige Verlängerung rausverhandelten, war damit allerhand gesagt. Mir fiel schlagartig die Geschichte bei meiner alten Firma Heym ein, wo ebenfalls nach einem Jahr Schluss war. Ich habe mich noch mit einigen Leuten unterhalten, und dann konnte ich mir ziemlich genau ausrechnen, was los war.

Man muss ja nur mal sehen, was sich beim Luftsicherheitsassistenten Lucchesi nach einem Jahr ändert. Schlechter arbeiten wird er wohl nicht. Aber er wird teurer, und das gleich dreifach. Erstens kann man Zeitverträge nicht beliebig verlängern. Spätestens nach der zweiten Jahresverlängerung muss man den Mann fest anstellen. Dann wird man ihn schwerer los, er kann Elternzeit nehmen, wenn seine Frau schnell noch ein Kind kriegt, und so weiter – lauter unschöne Sachen. Zweitens kostet er jeden Monat 1500 Euro mehr, ohne dass er mehr kriegt.

Denn der Herr Lucchesi stammte ja vom Arbeitsamt, und dafür, dass man ihn aus der Arbeitslosenstatistik entfernte, ließ sich die FraSec seinen Lohn im ersten Jahr mit 1500 Euro bezuschussen. Bedeutet: Man hatte ein Jahr lang einen vollwertigen Luftsicherheitsassistenten, für den man im Grunde selber tatsächlich nur ein Praktikantengehalt drauflegen brauchte. Und drittens hat der Herr Lucchesi einen Nachteil: Er ist schon ausgebildet.

Es hat ziemlich gedauert, bis ich begriffen habe, weshalb

der letzte Punkt ein Nachteil sein soll. Dann fiel mir zweierlei ein.

Erstens fiel mir ein, dass ich nicht der Einzige war. Das ganze Jahr hindurch hofften Hunderte Luftsicherheitsassistenten, dass ihr Vertrag verlängert würde. Und das ganze Jahr hindurch fluchten Hunderte, weil sie den blöden Brief kriegten, den auch ich bekommen hatte: »Wir bedauern, Ihnen mitteilen zu müssen, blablabla.«

Und zweitens fiel mir ein, dass die FraSec ja ein Ausbildungszentrum unterhält, in dem sie 1200 Leute ausbilden kann. Jahr für Jahr. Und so viele neue Leute muss man erst mal unterbringen. Obendrein sorgt jeder FraSec-Mitarbeiter, der bereits ausgebildet ist, dafür, dass ein Platz in diesem 1200-Mann-Zentrum leer bleibt. Und zunächst würde man sagen: Schön für die FraSec, da spart sie ja Geld! Aber umgekehrt wurde ein Schuh draus – es kostete die FraSec Geld. Denn das Geld für die Ausbildung zahlte nicht die FraSec, das zahlte im Regelfall das Arbeitsamt. Zusätzlich zur 1500-Euro-Lohnförderung.

Berechtigter Einwand: Aber das traf doch nur bei den Leuten zu, die vorher arbeitslos gewesen waren.

Das ist richtig. Absolut richtig sogar.

Aber andere Leute habe ich unter den Luftsicherheitsassistenten der FraSec nicht kennengelernt. Während der ganzen knapp zwei Jahre nicht.

Im Gegenteil: Auch die verstärkten Bemühungen der Agentur für Arbeit um die Vermittlung Arbeitsloser über fünfzig haben sich damals sofort im Altersschnitt der neuen Luftsicherheitsassistenten niedergeschlagen. Ich habe Leute gesehen, die ich kurz vor dem Ruhestand vermutet habe – bis mir der Einsatzleiter sagte, dass die gerade erst ihren vierten Tag hinter sich hätten.

Jetzt kann man ja sagen, dass das nicht schlimm ist. Natürlich versucht ein Unternehmen, seine Kosten zu senken oder seinen Gewinn zu erhöhen, und wenn der Staat etwas fördert, dann nimmt man's halt mit. Blöd ist nur, wenn andere Leute darunter leiden, und damit meine ich noch nicht mal den Steuerzahler, sondern den Passagier.

Denn man darf bei alldem nicht vergessen: Die FraSec soll ja eigentlich vor allem Sicherheit produzieren für Menschen, die fliegen wollen. Tatsächlich aber produziert die FraSec stattdessen jedes Jahr vor allem mehrere Hundert Neulinge, mit denen sie die erfahrenen Kräfte ersetzt. Das hätte fatal enden können und kann es noch immer, denn die meisten Leute sind erst nach einem Jahr überhaupt so halbwegs eingearbeitet.

Erst dann hat man so langsam alle Kontrollstellen kennengelernt. Erst dann hat man so richtig zu unterscheiden gelernt, was man vernachlässigen kann und worauf man sich am besten konzentriert. Erst dann weiß man, wie man unauffällig Sky-Marshalls kontrolliert, ohne sie zu enttarnen. Oder wie man auch beim B-C-Gang nachmittags um zwei aufmerksam bleibt, obwohl so wenig Sauerstoff in der Luft ist, dass man am liebsten bewusstlos zusammenbrechen möchte. Erst dann haben viele die Sicherheit, ruppigen Passagieren selbstbewusst entgegenzutreten. Denn einige haben zunächst Angst, wenn man sie anschreit. Oder im umgekehrten Fall: Ich erinnere nur mal an Hans, den Kollegen, der einen verdächtigen Gegenstand nicht meldete, weil der Passagier so freundlich war.

Geholfen hat mir diese Erkenntnis nichts. Mein Vertrag wurde ein halbes Jahr verlängert, aus dem dann mit einigen Fortbildungen nochmal knapp ein Jahr geworden ist. Und das war's dann. Ich sage übrigens auch nicht, dass das die Schuld der doofen FraSec ist, aus betriebswirtschaftlicher Sicht ist das ganz normal, was man daran sieht, dass hin und wieder auch jemand anders die Ausschreibungen für ein Terminal gewinnt. Und nicht etwa mit dem Argument, sie wären sicherer, sondern mit dem Argument, sie wären kostengünstiger. Dieses Geschäft wollen eben auch andere machen. Wie gesagt, betriebswirtschaftlich rechnet sich so was, nur sinnvoll ist es eben nicht.

Meinen letzten Tag habe ich am Gate D 50 verbracht. Mit einer Truppe, aus der ich höchstens ein oder zwei Leute vom Sehen kannte. Und dann, nach der letzten Maschine, der Qantas nach Australien um fünf Minuten vor Mitternacht, machten wir die Kontrollstelle dicht. Ich sagte »Tschüs dann«, und bin gegangen. Im Bauch hatte ich ein Gefühl aus Gott sei Dank, Leck mich am Arsch und Schade.

An der S-Bahnhaltestelle war um die Zeit nicht viel los. Es war die Zeit, in der die kleinen Kippmüllbehälter in der Bahn bereits randvoll waren. Viele zu kleinen Papierbällen gepresste Bäckertüten, Bananenschalen, zerdrückte Pappbecher. Ich hatte einen Vierersitz allein für mich und meine Tasche. Eine Zeitung vom Tag lag dort, aber die Ausgabe hatte ich schon gelesen. Also hab ich aus dem Fenster in die Nacht geschaut.

Die Bahn fuhr los. Ich sah zu, wie die Haltestelle, an der ich zwei Jahre lang ausgestiegen war, langsam vorbeiglitt. Der Zug beschleunigte. Der Flughafen lag hinter mir, vor mir die Zukunft, im Dunkeln. Tiefe Symbolik.

Ganz, ganz tief.

Ich hab an Jerry gedacht und meine türkischen Mädels. Ich dachte an meine kurze Nazi-Karriere und an die Tonnen von Nutella, die ich vom Markt genommen hatte. Und an die Dame mit dem mobilen Elektrosexvertrieb.

Und dann musste ich lächeln.

Die Schauplätze am Frankfurter Flughafen

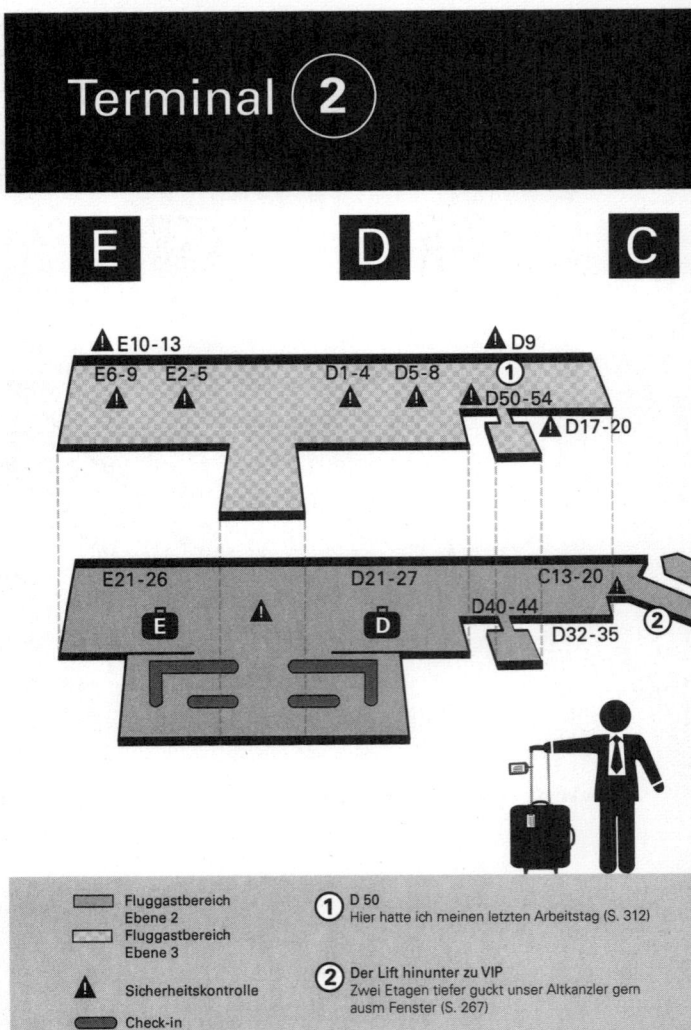

Terminal (2)

E   D   C

▲ E10-13   ▲ D9
E6-9 E2-5   D1-4 D5-8 (1)
▲   ▲   ▲   ▲ ▲ D50-54
                              ▲ D17-20

E21-26   D21-27   C13-20 ▲
E   ▲   D   D40-44   (2)
                    D32-35

Legende:

Fluggastbereich
Ebene 2
Fluggastbereich
Ebene 3

▲ Sicherheitskontrolle

Check-in

(1) D 50
Hier hatte ich meinen letzten Arbeitstag (S. 312)

(2) Der Lift hinunter zu VIP
Zwei Etagen tiefer guckt unser Altkanzler gern
ausm Fenster (S. 267)

Terminal ①

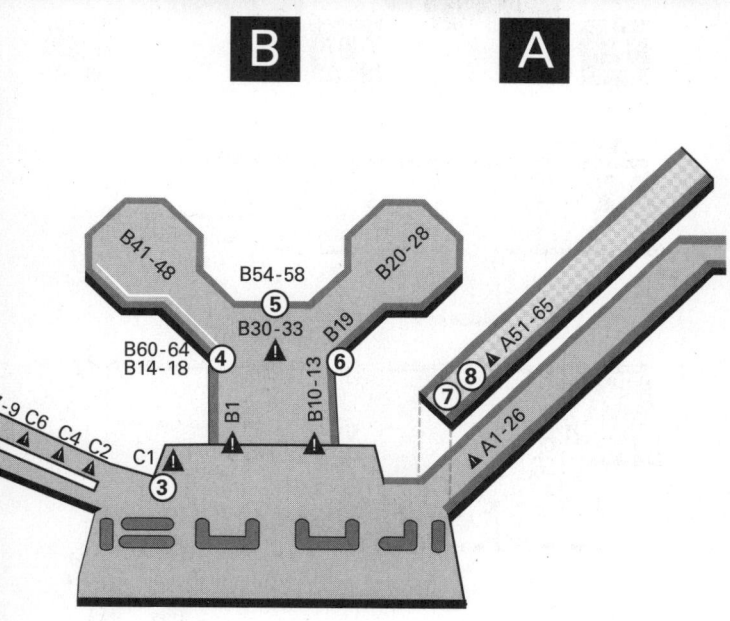

B   **A**

B41-48

B54-58

B20-28

B30-33

B60-64
B14-18

B19

A51-65

7-9 C6 C4 C2

B1

B10-13

C1

A1-26

③ **C 1:**
Hier gab's die Russendisco und Reginas
Gammelfisch (S. 276, S. 111)

④ **B-C-Gang:**
Hier gab's kein Licht, keine Luft und jede
Menge Vietnamesen im Gegenverkehr (S. 98)

⑤ **B 54:**
Hier hab' ich leider den Sky-Marshal enttarnt
(sorry!) (S. 177)

⑥ **B-Mitte oder auch Hell's Kitchen:**
Für jeden 2. Fluggast die überflüs-
sigste Kontrollstelle der Welt. (S. 61)

⑦ **A 52:**
Hier zwiebelte der große Jerry Weber
renitente Fluggäste (S. 192)

⑧ **A 54:**
Hier gab's drei Tage lang den
dümmsten Check-In der Welt. (S. 213)